Ausgleich von Verkehrsunfallschäden im Licht internationaler Reformprojekte

Untersuchungen zur Einführung einer obligatorischen Unfall- und Sachversicherung

Von

Dr. Dirk Güllemann

DUNCKER & HUMBLOT / BERLIN

Gedruckt 1969 bei Alb. Sayffaerth, Berlin 61
Printed in Germany
D 6

DIRK GÜLLEMANN

Ausgleich von Verkehrsunfallschäden im Licht internationaler Reformprojekte

Schriften zum Wirtschaftsrecht

Band 11

Meinen lieben Eltern
und Frauke

Vorwort

Der Schadenausgleich bei Verkehrsunfällen zählt zu den zentralen Problemen jeder modernen Rechtsordnung. Im In- und Ausland mehren sich die Stimmen derer, die für eine grundlegende Neukonzeption des Entschädigungssystems eintreten. Über die internationalen Reformbestrebungen, die bei uns mit dem Stichwort „Haftungsersetzung durch Versicherungsschutz" umschrieben werden, will die vorliegende Arbeit informieren und zugleich einen eigenen kritischen Beitrag leisten.

Die Arbeit wurde im Sommersemester 1968 von der Universität Münster als Dissertation angenommen. Spätere Veröffentlichungen, so die im Herbst erschienene Habilitationsschrift von Dr. Eike von Hippel, wurden im Rahmen des Möglichen berücksichtigt. Die Vorschläge der „American Insurance Association" und das „Projekt Bedour" konnten nur erwähnt werden.

Die Anregung zu dem Thema gab Herr Professor Dr. *Andreas Heldrich,* Direktor des Instituts für Rechtsvergleichung an der Universität Münster. Ihm möchte ich für seine großzügige Förderung, vor allem bei der Anfertigung und Veröffentlichung der Arbeit, auch an dieser Stelle herzlich danken. Dem Bundesjustizministerium, das durch eine bedeutende Zuwendung aus Bundesmitteln die Publikation ermöglicht hat, und Herrn Ministerialrat a. D. Dr. Johannes Broermann, der die Arbeit in sein Verlagsprogramm aufgenommen hat, sage ich gleichfalls meinen verbindlichen Dank. Schließlich danke ich den Freunden vom Institut für Rechtsvergleichung, ferner dem HUK-Verband, der Mannheimer Versicherung, der Iduna Versicherungsgesellschaft und dem ADAC für zahlreiche sachkundige Anregungen und Informationen. Bei der technischen Fertigstellung hat mir vor allem Frau Riedel aus Münster in dankenswerter Weise geholfen.

Dortmund, im Juli 1969

Dirk Güllemann

Inhaltsverzeichnis

Abkürzungsverzeichnis

A.	= Anmerkung
A.A.I.A.	= Automobile Accident Insurance Act of the Province of Saskatchewan
A.A.I.A. Explained	= Saskatchewan's Automobile Accident Insurance Act Explained
A.B.A.J.	= American Bar Association Journal
AcP	= Archiv für die civilistische Praxis
ADAC	= Allgemeiner Deutscher Automobilclub
ADSp	= Allgemeine Deutsche Spediteurbedingungen
A.J.Comp.L.	= American Journal of Comparative Law
AKB	= Allgemeine Bedingungen für die Kraftverkehrsversicherung
A.L.R.	= American Law Reports
Anh.	= Anhang
App.	= Appeal Court
Ark.	= Arkansas
ARS	= Arbeitsrechts-Sammlung
Art.	= Artikel, article
AtomG	= Gesetz über die friedliche Verwendung der Kernenergie und den Schutz gegen ihre Gefahren v. 23. 12. 1959
AUB	= Allgemeine Unfallversicherungs-Bedingungen
Aufl.	= Auflage
BAG	= Bundesarbeitsgericht
BAGE	= Entscheidungen des Bundesarbeitsgerichts
BAnz.	= Bundesanzeiger
BBG	= Bundesbeamtengesetz i. d. F. v. 22. 10. 1965
Bd.	= Band
BGB	= Bürgerliches Gesetzbuch v. 18. 8. 1896
BGBl.	= Bundesgesetzblatt
BGH	= Bundesgerichtshof
BGHZ	= Entscheidungen des Bundesgerichtshofes in Zivilsachen
c.	= chapter
Cc	= Code civil
C.A.	= Court of Appeal
Cal.L.R.	= California Law Review
C.L.J.	= Cambridge Law Journal
Can.B.R.	= Canadian Bar Review
Cass.ch.réun.	= Chambres réunies de la Cour de Cassation
Cass.civ.	= Cour de Cassation, Chambre civile

Col.L.R.	= Columbia Law Review
Conn.B.J.	= Connecticut Bar Journal
Curr.L.Pr.	= Current Legal Problems
D.	= Recueil Dalloz
DAR	= Deutsches Autorecht
Der Junior	= Berufsbildung in der Versicherungswirtschaft, Beilage zur Zeitschrift Versicherungswirtschaft
D.H.	= Recueil hebdomadaire Dalloz
Diss.	= Dissertation
DJ	= Deutsche Justiz, Rechtspflege und Rechtspolitik
DJT	= Deutscher Juristentag
DR	= Deutsches Recht
DRiZ	= Deutsche Richterzeitung
D.P.	= Recueil périodique et critique Dalloz
Eliz. 2	= Elizabeth II
Fußn.	= Fußnote
Ga.	= Georgia
Gaz.Pal.	= Gazette du Palais
Geo. 6	= George VI
GZS	= Großer Senat in Zivilsachen
Harv.L.R.	= Harvard Law Review
HUK	= Haftpflicht-, Unfall- und Kraftverkehrsversicherung
IAV	= Internationales Archiv für Verkehrswesen
Ill.	= Illinois
Int.Comp.L.Q.	= International and Comparative Law Quaterly
i. V. m.	= in Verbindung mit
J.Comp.L. & Int.L.	= Journal of Comparative Legislation and International Law
J.C.P.	= Juris-Classeur périodique
J.T.	= Journal des Tribunaux
J.T. (Lausanne)	= Journal des Tribunaux (Lausanne)
J.S.B.Cal.	= Journal of the State Bar of California
JuS	= Juristische Schulung
JW	= Juristische Wochenschrift
JZ	= Juristenzeitung
KF	= Karlsruher Forum, Beiheft zur Zeitschrift Versicherungsrecht
KFG	= Kraftfahrzeuggesetz v. 3. 5. 1909
KG	= Kammergericht
Law and Cont. Problems	= Law and Contemporary Problems
Louis.L.R.	= Louisiana Law Review
L.R.	= Law Reports
lt.	= laut
LVG	= Luftverkehrsgesetz v. 22. 10. 1965
Mass.L.Q.	= Massachusetts Law Quarterly
MDR	= Monatsschrift für Deutsches Recht
Minn.	= Minnesota
Minn.L.R.	= Minnesota Law Review

m. w. N.	= mit weiteren Nachweisen
N.D.	= North Dakota
N.E.	= North Eastern Reporter
N.F.	= Neue Folge
NJW	= Neue Juristische Wochenschrift
N.W.	= North Western Reporter
N.Y.S.	= New York Supplement
N.Z.	= Neumanns Zeitschrift für Versicherungswesen
OLG	= Oberlandesgericht
ÖJZ	= Österreichische Juristenzeitung
PflichtVersG	= Gesetz über die Pflichtversicherung für Kraftfahrzeughalter (Pflichtversicherungsgesetz) v. 5. 4. 1965
RAG	= Reichsarbeitsgericht
RdA	= Recht der Arbeit
RdK	= Das Recht des Kraftfahrers
Rev. droit cont.	= Revue de droit contemporain
Rev. droit pénal et de crim.	= Revue de droit pénal et de criminologie
R.G.A.T.	= Revue générale des assurances terrestres
Rev. gén. des ass. et resp.	= Revue générale des assurances et des responsabilités
Rev. int. dr. comp.	= Revue internationale de droit comparé
RG	= Reichsgericht
RGBl.	= Reichsgesetzblatt
RGZ	= Entscheidungen des Reichsgerichts in Zivilsachen
RHG	= Gesetz, betreffend die Verbindlichkeit zum Schadensersatz für die bei dem Betriebe von Eisenbahnen, Bergwerken usw. herbeigeführten Tötungen und Körperverletzungen (Reichshaftpflichtgesetz) v. 7. 6. 1871
R.S.O.	= Revised Statutes of Ontario
R.S.S.	= Revised Statutes of Saskatchewan
R.T.	= Revue trimestrielle de droit civil
RVKBl.	= Reichs-Verkehrs-Blatt
RVO	= Reichsversicherungsordnung v. 1911 in der Fassung v. 15. 12. 1924
s.	= section
Scand. Studies in Law	= Scandinavian Studies in Law
S.E.	= South Eastern Reporter
SHG	= Gesetz über die Haftpflicht der Eisenbahnen und Straßenbahnen für Sachschäden v. 29. 4. 1940 in der Fassung v. 16. 7. 1957
SJZ	= Schweizerische Juristen-Zeitung
StVG	= Straßenverkehrsgesetz v. 19. 12. 1952
So.	= Southern Reporter
s. o.	= siehe oben
subs.	= subsection
SVG	= Bundesgesetz über den Straßenverkehr v. 19. 12. 1958

S.W.	= South Western Reporter
Texas L.R.	= Texas Law Review
U.Chi.L.R.	= University of Chicago Law Review
U.Pa.L.R.	= University of Pennsylvania Law Review
U.S.	= United States Supreme Court
VersR	= Versicherungsrecht. Juristische Rundschau für die Individualversicherung
VersRundschau	= Die Versicherungsrundschau. Zeitschrift der Österreichischen Gesellschaft für Versicherungsfachwissen
VersWiss	= Zeitschrift für die gesamte Versicherungswissenschaft
Vol.	= Volume
VVG	= Gesetz über den Versicherungsvertrag v. 30. 5. 1908
VW	= Versicherungswirtschaft
Wasserhaushaltsgesetz	= Gesetz zur Ordnung des Wasserhaushalts v. 27. 7. 1957
Yale L.J.	= Yale Law Journal
ZAkDR	= Zeitschrift der Akademie für Deutsches Recht
ZBJV	= Zeitschrift des bernischen Juristenvereins
ZfV	= Zeitschrift für Versicherungswesen
ZHR	= Zeitschrift für das gesamte Handels- und Wirtschaftsrecht
zit.	= zitiert
ZPO	= Zivilprozeßordnung v. 30. 1. 1877
ZSR	= Zeitschrift für Schweizerisches Recht

Einleitung

Das 20. Jahrhundert wird von der Technik bestimmt. Ihr hat die moderne Industriegesellschaft nicht nur einen nie gekannten Wohlstand zu verdanken. Ungeahntes Leid verbirgt sich hinter der Tatsache, daß allein bei Verkehrsunfällen in Europa und in den USA jährlich über 100 000 Menschen ihr Leben verlieren und mehr als 3,2 Millionen Personen verletzt werden[1].

Seit jeher haben Gefahrenträger und Gefahrexponierte versucht, in Form genossenschaftlicher Zusammenschlüsse Unglücksschäden auf größere Risikogemeinschaften abzuwälzen[2]. Mit den Bismarckschen Sozialreformen gewann der Gedanke, zum Zwecke der Schadensteilung Solidargemeinschaften zu bilden, weltweite Anerkennung und eröffnete — begünstigt durch ein Klima kollektiver Daseinsangst — das „Jahrhundert der Versicherung“[3]. Während die „klassischen “Ursachen sozialer Not — Arbeitsunfall, Krankheit, Invalidität und Tod — nach Einführung der Sozialversicherung ihre finanziellen Schrecken verloren haben, wird — besonders außerhalb unserer Grenzen — zunehmend in Zweifel gezogen, ob das derzeitige System des Schadensausgleichs bei Verkehrsunfällen den Erfordernissen unseres Zeitalters entspricht. Im Mittelpunkt der Diskussion steht die Frage, ob die zivilrechtliche Haftung einen geeigneten Maßstab für die Lastenverteilung bei Unfallschäden abgibt oder ob nicht eine Direktversicherung der potentiellen Unfallopfer unter Abkehr von dem Prinzip der Individualhaftung eine gerechtere und zweckmäßigere Regulierung dieser Massenschäden erlaubt. Viele Reformer befürworten die offene Ersetzung des Haftpflichtrechts und der Haftpflichtversicherung der Gefahrenträger durch eine Unfallversicherung der Gefahrexponierten. Orientiert an dem Leitbild der sozialen Unfallversicherung entwickeln sie Reformvorschläge, deren Konzeption in Grundsatz- und Detailfragen teilweise erhebliche Unterschiede aufweist.

Die vorliegende Arbeit soll in ihrem *ersten* Teil zunächst dem deutschsprachigen Leser einen umfassenden Überblick über die ausländischen Reformmodelle vermitteln, der sich eine Darstellung der deutschen Reformdiskussion anschließt. Damit soll der jüngst durch Veröffent-

---

[1] *Fochler-Hauke*, Der Fischer Weltalmanach 1967, S. 342.

[2] Vgl. *Esser*, Grundlagen 1941, S. 120 ff.

[3] *Donati*, laut Bericht VW 1967, 340.

lichungen von *Bosonnet*[4], *Müller-Stüler*[4a], *Hauss*[5], *Kämmer*[6], *Weitnauer*[7], *Eike von Hippel*[8], *Marschall von Bieberstein*[9], *Bloembergen*[10] und *Deutsch*[11] neu entfachten Erörterung in Deutschland ein breites Anschauungsmaterial zugeführt werden. Die weltweiten Entwicklungstendenzen, die bereits in Frankreich[12], England[13], Israel[14], Neuseeland[15], Kanada[16] und in den USA[17] zur Berufung staatlicher Kommissionen geführt haben, lassen auch im Interesse der Rechtsvereinheitlichung eine rechtsvergleichende Umschau angezeigt erscheinen.

Die Fülle der ausländischen Reformbeiträge zwang jedoch zu einer strengen Sichtung, um den darstellenden Teil in faßbaren Grenzen zu halten. Zum einen wurden nur solche Verbesserungsvorschläge ausgewählt, die sich zu konkret ausgestalteten Reformplänen verdichtet haben. Zum anderen beschränkte sich der Verfasser auf Rechtsordnungen, die wegen ihrer vergleichbaren kulturellen und sozialen Verhältnisse[18] — insbesondere ähnlichem Stand der Motorisierung — am ehesten eine fruchtbare Nutzziehung für die deutsche Diskussion erwarten lassen. Deshalb fanden ausschließlich amerikanische, kanadische, fran-

---

[4] Diss. Zürich 1965.

[4a] S. 75 ff.

[5] VersWiss 1967, 151.

[6] VersWiss 1967, 169; VersR 1967, 12.

[7] Rev. int. dr. comp. 1967, 821 ff.; DB 1968, 879 ff.

[8] NJW 1967, 1729; Habilitationsschrift 1968.

[9] S. 191 ff.; VersR 1968, 509.

[10] DRiZ 1968, 34.

[11] JZ 1968, 721.

[12] Vgl. *Tunc*, S. 7.

[13] Vgl. *Hauss*, VersWiss 1967, 152 m. w. N. in Fußn. 2.

[14] "Inter-Ministerial Committee Report on Questions of Traffic and Work Accidents", 1 Israel Law Review 636 (1966).

[15] "New Zealand Report of Committee on Absolute Liability", Wellington (1963); ferner "Compensation for Personal Injury in New Zealand, Report of the Royal Commission of Inquiry", Wellington (1967); vgl. dazu *Keeton & O'Connell*, S. 193 Fußn. 1 und S. 197 Fußn. 26; *Kämmer*, VersWiss 1967, 171; *Tunc*, Rev. int. dr. comp. 1968, 697.

[16] Die in den Provinzen Alberta, Nova Scotia und Ontario eingesetzten Kommissionen erarbeiteten folgende Studien: "Report of the Special Committee Appointed at 1948 Session of the Alberta Legislature to Study All Phases of Automobile Insurance", Edmonton, Alberta; "Report of the Nova Scotia Royal Commission on Automobile Insurance", Halifax (1957); "Ontario Legislative Assembly, Final Report (1963)", s. u. 1. Hauptteil A.II.8.

[17] Zunächst in den Staaten North Dakota und Wisconsin, nunmehr aber auch auf Bundesebene; vgl. "Report on Automobile Liability Insurance by Legislative Research Committee of North Dakota", Bismarck (1950); ferner "Report of the Committee on Motor-Vehicle Accidents of Wisconsin Legislators (1953), following a study made of Saskatchewan's Automobile Accident Insurance Act", Madison, Wisconsin; s. u. 1. Hauptteil A.II.1.

[18] Vgl. zur Methode der funktionellen Rechtsvergleichung *Esser*, Grundsatz und Norm, S. 349 f.

zösische, schweizerische und deutsche Reformpläne Berücksichtigung. Es sei aber vermerkt, daß in neuerer Zeit auch in Dänemark[19], Schweden[20], England[21], den Niederlanden[22], Belgien[23], Israel[24], Australien[25], Neuseeland[26] und Südafrika[27] eine grundsätzliche Neuordnung des Schadensausgleichs bei Verkehrsunfällen erwogen wird und sogar in Polen[28] und Finnland[29] erfolgreich durchgeführt worden ist. Um den Bezugspunkt der Verbesserungsvorschläge zu verdeutlichen, wird jeweils ein knapper Abriß des geltenden Rechts vorangestellt. Er wird ergänzt durch einen Seitenblick auf das soziale Schutzsystem in Deutschland, das für die Entschädigung der Verkehrsopfer stets bedeutungsvoller wird[30].

Der *zweite* Teil der Arbeit ist den grundlegenden Problemen gewidmet, die sich beim Ausgleich von Verkehrsunfallschäden ergeben. Das Kfz-Haftpflichtrecht wird in seiner Verbindung mit der obligatorischen Haftpflichtversicherung einer kritischen Prüfung unterzogen. Es folgt eine Strukturanalyse der Reformpläne, die eine Antwort auf die Frage zu geben versucht, ob und in welcher Weise eine Grundsatzreform eine

---

[19] Vgl. *Ussing,* 1 A. J. Comp. L. 359 (1952); ders., Rev. int. dr. comp. 1955, 485.

[20] Vgl. *Strahl,* 3 Scand. Studies in Law 199 (1959); ders., Svensk Juristtidning 1967, 638; *Jan Hellner,* "Tort Liability and Liability Insurance", 6 Scand. Studies in Law 129 (1962); ders., "Skadestandsrattens reformering", Svensk Juristtidning 1967, 673.

[21] Zu den wegweisenden Vorträgen von Kronanwalt Sir John Foster vom 12. 2. 1965 und Lord Chief Justice Parker vom 16. 2. 1965 vgl. *Kämmer,* VersR 1967, 12 ff.; *Payne,* 13 Curr. L. Pr. 85 ff. (1960); neuestens *J. A. Jolowicz,* "Liability for Accidents", C.L.J. 1968, 50; ferner das *Projekt Street,* das im Rahmen der sog. Penguin Books erschienen ist, vgl. dazu *Tunc,* Rev. int. dr. comp. 1968, 523 ff.

[22] Vgl. *Bloembergen,* "Naar een nieuw ongevallenrecht", Antrittsvorlesung, Leiden 1965; ders., DRiZ 1968, 34 m. w. N. Fußn. 4. Im Juni 1967 befaßt sich die Niederländische Juristenvereinigung mit diesem Thema; zum Abstimmungsergebnis vgl. *Bloembergen,* DRiZ 1968, 38 Fußn. 34. Vgl. ferner *Annette E. Bosscher,* "La nouvelle loi sur l'assurance en cas d'incapacité de travail aux Pays-Bas", Droit Social 1967, 588.

[23] Vgl. *de Casterlé,* J. T. 1965, 573; ders. J. T. 1966, 418; weitere Nachweise bei *Bloembergen,* DRiZ 1968, 34 Fußn. 4.

[24] Vgl. *Yadin,* 13 A. J. Comp. L. 276 ff. (1964) m. w. N. 290 Fußn. 38.

[25] Vgl. *Kämmer,* VersR 1967, 13; ferner *v. Hippel,* S. 43 Fußn. 4.

[26] Vgl. Fußn. 15.

[27] Vgl. *Suzman,* Arthur, Motor Vehicle Accidents: Proposals for a System of Collective Responsibility Irrespective of Fault, 72 South African Law Journal 374 ff. (1955).

[28] Zu dieser am 1. 1. 1962 in Kraft getretenen Reglung vgl. *v. Hippel,* S. 57 m. w. N. Fußn. 24.

[29] Zum Verkehrsversicherungsgesetz v. 26. 6. 1959 vgl. *v. Hippel,* S. 58 m. w. N. Fußn 29.

[30] z. B. infolge der steigenden Tendenz der von der gesetzlichen Unfallversicherung erfaßten Wegeunfälle, vgl. *Heimbücher,* VW 1967, 1242.

vom Standpunkt der Gerechtigkeit und Zweckmäßigkeit überlegene Lösung der zu meisternden Ordnungsaufgaben erzielen kann. Der Verfasser, der in weiten Teilen seiner Untersuchung Neuland betrat, ist sich bewußt, daß er angesichts der vielschichtigen Problematik nur auf die wichtigsten Aspekte eines Systemwechsels eingehen konnte. Er hofft allerdings, zu einer der „Schicksalsfragen"[31] unseres Rechts eine Alternative aufgezeigt zu haben, die zumindest den Blick für die Konturen des überkommenen Systems zu schärfen vermag.

[31] *v. Hippel*, NJW 1967, 1729.

Erster Hauptteil

Darstellung der Reformpläne

A. Nordamerika

I. Grundzüge des amerikanischen Entschädigungssystems

1. Materielles Haftpflichtrecht

Der zivilrechtliche Schadensausgleich bei Verkehrsunfällen vollzieht sich in den Vereinigten Staaten weitgehend nach allgemeinem Deliktsrecht, dem *law of torts*[1]. Seine aus der richterlichen Spruchpraxis gewonnenen Regeln gelten mangels Bundeskompetenzen allein im Gebiet der einzelnen Bundesstaaten[2], was sich allerdings infolge ihrer weitreichenden Übereinstimmung nur bei der Entscheidung von Einzelfragen stärker auswirkt[3]. Das Common Law wird durch einzelstaatliches Gesetzesrecht *(statute law)* ergänzt. Ähnlich ist die Rechtslage in Kanada[4]. Das in den einzelnen Provinzen — außer Quebec[5] — anwendbare Common Law wird jedoch in stärkerem Maße durch Gesetzesrecht derogiert. Die dadurch bedingten Abweichungen vom Schadensersatzrecht der Vereinigten Staaten werden im folgenden berücksichtigt; einer gesonderten Betrachtung bleibt das Entschädigungssystem der Provinz Saskatchewan vorbehalten[6].

a) Die Haftung für Schäden, die durch ein Kraftfahrzeug verursacht werden, setzt ein Verschulden (*fault*) auf Seiten des Anspruchsgegners bzw. derjenigen Personen voraus, für die dieser verantwortlich ist. Eine Haftung ohne Verschulden (*strict liability*) hat sich in vielen US-Bundesstaaten im Anschluß an den englischen „leading case" *Rylands v. Fletcher*[7]

---

[1] Vgl. dazu die Dissertation von *Artmaier*, s. Literaturverzeichnis.

[2] Der US Supreme Court hat in Erie Railroad Co. v. Tompkins, 304 U.S. 64 (1938), entschieden, daß bei fehlender Gesetzgebungskompetenz des Bundes auch kein bundeseinheitliches Richterrecht bestehen kann.

[3] Vgl. *Zweigert-Kötz*, S. 40; *Artmaier*, S. III.

[4] Vgl. *Keeton & O'Connell*, S. 192.

[5] Auf eine Darstellung des vom Code civil beeinflußten Haftpflichtrechts der Provinz Quebec konnte verzichtet werden, da es nicht Bezugspunkt der hier interessierenden Reformpläne ist.

[6] s. u. 1. Hauptteil A. II. 4.

[7] *Rylands v. Fletcher*, (1868) L. R. 3 H.L. 330; vgl. dazu *Vogler*, s. Literaturverzeichnis.

zwar für Schäden durchsetzen können, die durch besonders gefährliche Sachen oder Tätigkeiten verursacht werden[8]. Die Rechtsprechung hat es aber abgelehnt, diese Regel auf Kraftfahrzeuge anzuwenden[9]. Das American Law Institute, das das Fallrecht durch Herausgabe von Restatements in die Gestalt allgemeiner Regeln zu kleiden versucht, folgt dieser Praxis. Der in den §§ 519, 520 des Restatement über Deliktsrecht entwickelte Haftungstatbestand, der auf der Entscheidung Rylands v. Fletcher fußt[10], kennt nur für außergewöhnlich gefährliche Tätigkeiten[11] eine strict liability. Der Eigentümer eines Kraftfahrzeugs fällt nicht unter die verschärfte Haftung, da es sich bei Kraftfahrzeugen um Gegenstände von allgemeiner Verbreitung handelt[12]. Wer einen Verkehrsunfall erleidet, kann also — abgesehen von dem Fall vorsätzlicher Schädigung — nur dann Ersatz seines Schadens verlangen, wenn er die Voraussetzungen des Deliktstatbestandes der *negligence*[13] nachzuweisen vermag. Der Fahrzeugführer muß gegen eine durch Rechtsprechung oder Gesetz anerkannte Sorgfaltspflicht *(duty to take care)* verstoßen. Diese Pflichtverletzung *(negligence* im engeren Sinne oder *breach)* muß in einem rechtlich relevanten Kausalzusammenhang *(legal cause)* zu dem eingetretenen Schaden stehen. Das erforderliche Maß an Sorgfalt wird durch einen Vergleich mit dem hypothetischen Verhalten eines durchschnittlich vorsichtigen Verkehrsteilnehmers unter gleichen Umständen ermittelt[14]. Es gilt also ein objektiver Standard, der sich an dem Bild des *reasonable man*[15] orientiert. Die Praxis stellt an das Verhalten der Kraftfahrer sehr hohe Anforderungen[16]. Manche Kritiker[17] weisen darauf hin, die Rechtsprechung halte zwar noch formal an dem Verschuldensprinzip fest, nähere sich in ihren Ergebnissen aber einer Haftung ohne Verschulden *(negligence without fault)*. Indes bleiben bedeutsame Unterschiede zu einer

---

[8] Vgl. *Prosser*, S. 524 ff.

[9] Vgl. *Lewis v. Amorous*, 3 Ga. App. 50, 59 S. E. 338 (1907); *Prosser*, S. 579.

[10] *Prosser*, 2. Aufl. 1955, S. 335.

[11] Sog. *ultrahazardous activity*.

[12] Restatement, Torts, 1938, § 520 bezeichnet eine Tätigkeit nur dann als außergewöhnlich gefährlich, wenn sie nicht von allgemeiner Verbreitung ist ("not a matter of common usage"). Restatement, Torts, 1938, § 520 Comment e lehnt ausdrücklich eine strict liability für Kraftfahrzeuge ab.

[13] Unter *negligence* versteht das anglo-amerikanische Schrifttum sowohl den Deliktstatbestand (negligence im weiteren Sinne) als auch die Schuldform der Fahrlässigkeit, vgl. *Prosser*, S. 146.

[14] Restatement, Second, Torts, § 283: "Unless the actor is a child, the standard of conduct to which he must conform is that of a reasonable man under like circumstances."

[15] Restatement, Second, Torts, § 283; auch Comment c; *Prosser*, S. 154.

[16] Vgl. *Grad*, 50 Col. L. R. 303 (1950); *Nixon*, 3 Law and Contemporary Problems 476 und 490 (1936).

[17] Vgl. *Ehrenzweig*, S. 11; ders. Negligence Without Fault, S. 2 und 22 (1951); ders. Ersatzrecht-Versicherung, S. 10; *Grad*, 50 Col. L. R. 303 (1950).

Gefährdungshaftung, wie sie den kontinental-europäischen Rechtsordnungen bekannt ist: Bei Unfällen, die auf nicht erkennbare technische Defekte des Kraftfahrzeugs — z. B. Versagen der Bremsen[18] — oder ein plötzliches körperliches Versagen des Kraftfahrzeugführers — z. B. infolge eines Herzanfalls[19] — zurückzuführen sind, werden dem Geschädigten Ersatzansprüche versagt. Auch trifft den Geschädigten die Beweislast für die Tatsachen, aus denen auf einen Sorgfaltsverstoß des Schädigers geschlossen werden kann. Die mitunter erheblichen prozessualen Schwierigkeiten, denen sich der Geschädigte auch bei der Durchsetzung begründeter Ersatzforderungen gegenübersieht, sind allerdings in Kanada teilweise behoben worden. Die Straßenverkehrsgesetze der einzelnen Provinzen haben zugunsten unfallgeschädigter Fußgänger eine Umkehr der Beweislast vorgenommen[20]. In den USA, wo entsprechende Regelungen fehlen, werden die Beweisschwierigkeiten dagegen nur in seltenen Fällen durch die sog. *res-ipsa-loquitur*-Doktrin gemildert[21]. Die den Grundsätzen des Anscheinsbeweises ähnelnde Regel, die nach herrschender Auffassung eine Fahrlässigkeit des Schädigers indiziert, greift bei nicht aufklärbarem Sachverhalt nur dann ein, wenn das Schadensereignis normalerweise nicht ohne menschliches Versagen einzutreten pflegt und andere Ursachen — wie das Verhalten des Geschädigten oder Dritter — mit hinreichender Wahrscheinlichkeit ausgeschlossen werden können[22]. Gelingt der Schuldnachweis, so kann sich der Fahrzeugführer nach dem — in den meisten Bundesstaaten geltenden — Grundsatz der *contributory negligence* von jeder Ersatzpflicht befreien, indem er sich auf ein mitwirkendes Verschulden des Anspruchstellers beruft[23]. Dieser Ausschlußgrund — von *Ehrenzweig*[24] als „grausamste und unbegreiflichste Doktrin des Common Law" bezeichnet — entfällt dann, wenn der Schädiger die letzte und eindeutige Möglichkeit zur Verhinderung des Unfalls besaß. Wenngleich die Gerichtspraxis aus Billigkeitsgründen zur Nichtanwendung dieser stark umstrittenen[25] Regel neigt[26], ist sie nur in wenigen US-Bundesstaaten ausdrücklich zugunsten des Prinzips der Schadensteilung *(comparative negligence)* ersetzt worden[27]. Die kana-

---

[18] *Reuter v. Olson*, 79 N. D. 834, 59 N. W. 2d 830 (1953); *Otto v. Sellnow*, 233 Minn. 215, 46 N. W. 2d 641 (1951).

[19] *Hoggatt v. Melin*, 29 Ill. App. 2d 23, 172 N. E. 2d 389 (1961).

[20] Vgl. *Wright*, C. L. J. 1961, 55.

[21] Vgl. *Artmaier*, S. 26.

[22] Vgl. Restatement, Second, Torts, § 328 D; *Prosser*, S. 233.

[23] Vgl. Restatement, Second, Torts, § 467.

[24] Ersatzrecht-Versicherung, S. 13 Fußn. 21.

[25] Vgl. *Nixon*, 3 Law and Contemporary Problems 483 (1936); *2 Harper & James*, S. 1207 und 1209 Fußn. 12.

[26] Vgl. *2 Harper & James*, S. 1207 und 1209 Fußn. 12.

[27] Vgl. Restatement, Second, Torts, § 467 Comment Special Note; *Prosser*, 2. Aufl. 1955, S. 298 f.

dischen Provinzen haben sämtlich das Prinzip der Schadensteilung bei beiderseitigem Verschulden eingeführt[28].

Falls der Eigentümer sein Fahrzeug einer anderen Person zum Gebrauch überlassen hat, kann er neben dem Fahrzeugführer regelmäßig nur bei eigenem Verschulden oder einem Verschulden seines weisungsgebundenen Gehilfen *(vicarious liability)* in Anspruch genommen werden. Einige US-Bundesstaaten[29] und sämtliche kanadische Provinzen[30] haben allerdings sog. *consent statutes* erlassen, nach denen der Eigentümer bei berechtigter Benutzung seines Fahrzeugs stets neben dem fahrlässig handelnden Fahrzeugführer haftet. In etwa der Hälfte der US-Bundesstaaten wird dem Eigentümer auf Grund der *family purpose*-Lehre eine Haftung auferlegt, wenn er das Kraftfahrzeug seinen Familienangehörigen zur Verfügung stellt und diese damit schuldhaft einen Verkehrsunfall verursachen[31].

Die Haftung des Fahrzeugführers für Schäden im Rahmen einer Gefälligkeitsfahrt ist innerhalb der Vereinigten Staaten und Kanadas unterschiedlich geregelt. Die Skala reicht von einem völligen Haftungsausschluß — so z. B. in Ontario[32] — über eine Haftungsbeschränkung bis zur normalen Verschuldenshaftung. Die in den meisten kanadischen Provinzen[33] und vielen US-Bundesstaaten[34] geltenden *guest statutes* beschränken die Haftung des Fahrzeugführers auf Fälle schwerwiegenden Verschuldens. Soweit Common Law Anwendung findet — wie in der Mehrzahl der US-Bundesstaaten[35] — schuldet der Fahrzeugführer dem Gast regelmäßig die gleiche Sorgfalt wie unbeteiligten Dritten.

b) Der verantwortliche Schädiger hat dem Geschädigten den gesamten, aus der Pflichtverletzung resultierenden Schaden zu ersetzen[36]. Darunter fallen zunächst alle Vermögensschäden, wie Einkommensverluste oder Aufwendungen für Arzt- und Krankenhauskosten[37]. Sie sind regelmäßig in Form einer einmaligen Kapitalleistung zu vergüten[38]. Dem Betroffenen wird darüber hinaus ein großzügiger Ausgleich für die immateriellen Folgen einer Körperverletzung gewährt, der neben dem phy-

---

[28] Vgl. *Wright*, 26 Can. B. Rev. 70 (1948).

[29] Vgl. 2 *Harper & James*, S. 1424 f.

[30] Vgl. *Wright*, C. L. J. 1961, 56 (Fußn. 49).

[31] Vgl. *Prosser*, 2. Aufl. 1955, S. 369.

[32] R.S.O. 1950, c. 167 s. 50.—(2).

[33] Vgl. *Linden*, 15 A. J. Comp. L. 303 f. (1966/67).

[34] Vgl. 2 *Harper & James*, S. 951 ff.

[35] Vgl. *Artmaier*, S. 43.

[36] Vgl. 2. *Harper & James*, S. 1301.

[37] Vgl. 2 *Harper & James*, S. 1316 ff.

[38] Vgl. 2 *Harper & James*, S. 1303 f.

sischen Schmerz (*pain and suffering*)[39] auch psychische Beeinträchtigungen umfaßt, z. B. Schock- und Angstreaktionen[40]. Verminderte Heiratschancen infolge einer Unfallverletzung können ebenfalls in Rechnung gestellt werden[41]. Bei Fahrzeugschäden sind außer den Reparaturkosten der verbleibende Minderwert (*depreciation*)[42] und — ausgenommen Arkansas[43] — die entgangenen Gebrauchsvorteile zu ersetzen[44]. Der Nutzungsausfall ist auch dann erstattungsfähig, wenn es sich nicht um ein Geschäftsfahrzeug handelt[45] und der Geschädigte kein Ersatzfahrzeug angemietet hat[46].

2. Haftpflichtprozeß

In den USA[47] und in der kanadischen Provinz Ontario[48] werden die Schadensersatzprozesse erster Instanz ganz überwiegend vor einem aus zwölf bzw. sechs[49] Mitgliedern bestehenden Geschworenengericht ausgetragen. Die *jury* ist zwar auf die Entscheidung von Tatfragen beschränkt, während das Gericht (*court*) für die Beurteilung der Rechtsfragen zuständig ist[50]. Der Ausgang des Prozesses wird aber entscheidend durch das Votum der Geschworenen bestimmt. Es ist allgemein bekannt, daß die Geschworenen in zweifelhaften Fällen zugunsten der Verkehrsopfer entscheiden[51], weshalb die Öffentlichkeit an der Beibehaltung dieser Institution stark interessiert ist[52].

3. Haftpflichtversicherung

In der überwältigenden Mehrzahl der US-Bundesstaaten und der kanadischen Provinzen besteht für den Kraftfahrzeugeigentümer keine gesetzliche Pflicht zum Abschluß einer Haftpflichtversicherung[53]. Nur die

---

[39] Vgl. *2 Harper & James*, S. 1321 ff.

[40] Vgl. *Prosser*, S. 350; *2 Harper & James*, S. 1031 f.

[41] Vgl. *2 Harper & James*, S. 1321.

[42] Vgl. Annotation, 169 A.L.R. 1085 und 1112 f. (1947).

[43] Kane v. Carper-Dover Mercantile Co., 206 Ark. 674, 177 S.W. 2d 41 (1944).

[44] Vgl. *2 Harper & James*, S. 1314 f.; Annotation, 169 A.L.R. 1088 ff. und 1117 ff. (1947).

[45] Vgl. Annotation, 169 A.L.R. 1088 ff. und 1117 ff. (1947).

[46] Pitarri v. Madison Ave. Coach Co., 68 N.Y.S. 2d 741 (1947); Mayer v. Cohn, 12 Ohio App. 134, 31 C.A. 191 (1919); abweichend Carkuff v. Geophysical Service La. App. 179 So 490 (1938).

[47] Vgl. *2 Harper & James*, S. 871 ff.

[48] Die übrigen kanadischen Provinzen haben dagegen die *jury* in der Zivilgerichtsbarkeit beseitigt, vgl. *Linden*, 15 A. J. Comp. L. 304 (1966/67).

[49] So nur in Ontario.

[50] Vgl. Restatement, Second, Torts, §§ 328 B, 328 C.

[51] Vgl. *2 Harper & James*, S. 892; *Nixon*, 3 Law and Contemporary Problems 477 Fußn. 7 und 490 (1936).

[52] *Lambert*, Insurance Law Journal 169 (1964).

[53] Vgl. zur Haftpflichtversicherung in den USA *Köhler*, VW 1966, 907.

amerikanischen Staaten[54] Massachusetts, New York und North Carolina sowie die kanadische Provinz Saskatchewan[55] haben eine obligatorische Haftpflichtversicherung eingeführt. Die Mindestdeckungssummen[56] betragen in Massachusetts und North Carolina bei Personenschäden $ 5 000 für einen Verletzten und bei mehreren Verletzten pro Unfall $ 10 000, in New York $ 10 000 bzw. $ 20 000; Sachschäden müssen nur in New York und North Carolina bis zu einer Höhe von $ 5 000 versichert werden. In Saskatchewan beträgt die Mindestdeckungssumme für Personen- und Sachschäden $ 35 000[57]. In den übrigen amerikanischen Bundesstaaten und kanadischen Provinzen sind allerdings sog. *Financial Responsibility Laws* ergangen[58], die einem Runderlaß des Reichs- und Preußischen Verkehrsministers vom 11. 7. 1936[59] ähneln. Jeder Kraftfahrer muß durch Sicherheitsleistung oder durch Vorlage einer Haftpflichtversicherungspolice seine Solvenz nachweisen, wenn er an einem Unfall mit bestimmtem Personen- oder Sachschaden beteiligt war oder wenn er einen schweren Verstoß gegen die Verkehrsregeln begangen hat[60]. Andernfalls können Führerschein und Fahrzeugzulassung entzogen werden[61]. Während sich die älteren Financial Responsibility Laws mit einer Solvenzgarantie für zukünftige Schadensfälle begnügten[62], verlangen die neueren Gesetze diesen Nachweis bereits für den ersten Unfall[63].

Einzelstaatliche Gesetze verwehren es dem Versicherer im Interesse des Geschädigten, seine Leistungen von der ordnungsgemäßen Zahlung der Versicherungsprämien abhängig zu machen[64]. In Kanada[65] und Massachusetts[66] sind dem Versicherer alle Einreden aus dem Versicherungsvertrag abgeschnitten.

---

[54] Vgl. *Keeton & O'Connell*, S. 27.

[55] s. u. 1. Hauptteil A. II. 4 c).

[56] Vgl. *Keeton & O'Connell*, S. 77 und S. 84.

[57] s. u. 1. Hauptteil A. II. 4 c).

[58] Vgl. *Mehr & Cammack*, S. 460; *Keeton & O'Connell*, S. 102 und 192. Gebräuchlich ist auch die Bezeichnung „Safety Responsibility Laws", vgl. *Ehrenzweig*, S. 13; Ersatzrecht-Versicherung, S. 11; *Marx*, 42 A.B.A.J. 424 (1956).

[59] K. 1.9814, RVKBl. B, S. 261. Wer wegen fehlender Haftpflichtversicherung berechtigte Schadensersatzforderungen nicht befriedigen konnte, galt als ungeeignet zum Führen von Kraftfahrzeugen. Damit wurde vor Einführung der obligatorischen Kfz-Haftpflichtversicherung bereits ein „mittelbarer Versicherungszwang" (*H. Möhring*, RdK 1938, 281) ausgeübt.

[60] Vgl. *Keeton & O'Connell*, S. 103.

[61] Vgl. *Mehr & Cammack*, S. 461. Allein in New York wurden deshalb 1950 etwa 58 000 Führerscheine entzogen, vgl. *Ehrenzweig*, Adjustment, S. 10.

[62] Da sie den „ersten Biß" auf das Verkehrsopfer zuließen, bezeichnete man die Gesetze als *first bite statutes*, vgl. *Marx*, 42 A.B.A.J. *424* (1956); ferner *Ehrenzweig*, Ersatzrecht-Versicherung, S. 11 Fußn. 14.

[63] Vgl. *Keeton & O'Connell*, S. 103.

[64] Vgl. *Prosser*, S. 566; *Ehrenzweig*, 43 Cal. L. R. 21 (1955).

[65] Vgl. *Wright*, C.L.J. 1961, 54.

[66] *Taylor*, S. 63.

Der Verletzte hat bei Zahlungsunfähigkeit des Schädigers ein direktes Forderungs- und Klagerecht gegen den Versicherer[67]. Eine *direct action* wird in sämtlichen kanadischen Provinzen[68] und den amerikanischen Bundesstaaten Wisconsin und Louisiana[69] sogar allgemein zugelassen.

Versichert sind nach der Standard-Versicherungspolice der Eigentümer und jeder berechtigte Fahrer, der im Besitz eines Führerscheins ist[70]. Manche Policen enthalten die Klausel, daß Haftpflichtansprüche der Ehegatten gegeneinander nicht gedeckt sind[71].

4. Ergänzende Entschädigungseinrichtungen

North Dakota, New Jersey, Maryland, Michigan und fast alle kanadischen Provinzen haben sog. Unsatisfied Judgement Funds eingerichtet[72]. Aus diesem staatlichen Fonds werden die Verkehrsopfer entschädigt, die wegen fehlender Versicherung oder Nichtfeststellbarkeit des Fahrzeugs ihre berechtigten Ersatzansprüche nicht durchsetzen können[73]. Eine Leistungsverpflichtung besteht nur im Falle eines Personenschadens[74]. Der Schaden muß $ 100 übersteigen und wird bis zu Höchstbeträgen von $ 10 000 bzw. $ 20 000 ersetzt[75].

Seit 1956 bieten amerikanische Versicherungsgesellschaften in allen Bundesstaaten — außer Massachusetts — Policen an, die dem Versicherten gegen einen geringen Zuschlag Deckung in Höhe seines berechtigten Schadensersatzanspruches gewähren, falls er seine Haftpflichtforderung wegen fehlender Versicherungsdeckung nicht realisieren kann[76]. Ein Verschulden des nicht versicherten Schädigers wird vermutet[77]. Diese *Uninsured Motorist Insurance* deckt nur Personenschäden bis zu einer bestimmten Höhe. In New Hampshire, Oregon, South Carolina und Virginia ist ein Kraftfahrer, der sich gegen Haftpflicht versichern möchte, kraft Gesetzes verpflichtet, gleichzeitig diese Zusatzversicherung abzuschließen[78].

---

[67] Vgl. *Prosser*, S. 566.

[68] Vgl. *Wright*, C.L.J. 1961, 54.

[69] Vgl. *Prosser*, S. 566; ferner *Ehrenzweig*, S. 17 f.

[70] Vgl. *Taylor*, S. 64 ff. (68).

[71] Vgl. *Taylor*, S. 68 f.

[72] Vgl. *Keeton & O'Connell*, S. 110 und 192.

[73] Vgl. *Keeton & O'Connell*, S. 110.

[74] Vgl. *Mehr & Cammack*, S. 463.

[75] Vgl. *Keeton & O'Connel*, S. 110; *Mehr & Cammack*, S. 463.

[76] Vgl. *Mehr & Cammack*, S. 463; *Keeton & O'Connel*, S. 110 ff.; *Köhler*, VW 1966, 910.

[77] Vgl. *Marx*, 42 A.B.A.J. 425 (1956).

[78] Nachweise bei *Keeton & O'Connell*, S. 110 Fußn. 147. In den genannten Staaten besteht kein unmittelbarer Zwang zum Abschluß einer Kfz-Haftpflichtversicherung (s. o. 1. Hauptteil A. I. 3.), folglich auch nicht zum Abschluß

5. Stellungnahme

Im Vergleich zu den kontinental-europäischen Rechtsordnungen ist das Opfer eines Verkehrsunfalls in den Vereinigten Staaten[79] und den meisten kanadischen Provinzen[80] schlechter gesichert. Da — abgesehen von Teilbereichen — eine Sonderhaftung des Kraftfahrzeugeigentümers fehlt und Verkehrsunfälle den allgemeinen Deliktsregeln unterstehen, muß dem Fahrzeugführer stets ein vorwerfbares Fehlverhalten nachzuweisen sein. Dem Geschädigten wird folglich das Risiko nicht fahrlässig herbeigeführter Unfälle aufgebürdet, die z. B. durch nicht erkennbare technische Mängel des Fahrzeugs oder ein plötzliches körperliches Versagen des Fahrzeugführers bedingt sind. Den Geschädigten trifft die volle Beweislast für die Tatsachen, aus denen auf ein schuldhaftes Verhalten des Fahrzeugführers geschlossen werden kann[81]. Dieser Nachweis ist bei Fehlen von Zeugen oder anderen Beweismitteln häufig schwer zu erbringen[82]. Soweit es zu einer streitigen Auseinandersetzung um die Schadensersatzpflicht des Fahrzeugführers kommt, kann der Geschädigte zwar — insbesondere bei bestehender Haftpflichtdeckung — mit dem Wohlwollen der Geschworenenbank rechnen. Bei jedem gerichlichen Verfahren — auch soweit es ohne Laienbeteiligung stattfindet — muß er jedoch mehr oder weniger lange Wartezeiten bis zu einem Urteilsspruch und damit erhebliche Verzögerungen bei der Schadensabwicklung in Kauf nehmen. Die Gerichte größerer Städte zeigen sich der steigenden Prozeßflut kaum gewachsen und sind bei der Behandlung der eingereichten Klagen nicht selten Jahre im Rückstand[83]. Das in den USA übliche Erfolgshonorar für den eigenen Rechtsanwalt[84] schmälert die — wenngleich z. T. großzügig bemessene — Entschädigung beträchtlich[85]. Viele Verkehrsgeschädigte schließen deshalb auf außergerichtlichem Wege einen oft ungünstigen Vergleich mit der gegnerischen Versicherung ab, da sie auf eine rasche Schadensabwicklung angewiesen sind und ihnen

der Zusatzversicherung. Da die überwiegende Zahl der Kraftfahrer aber freiwillig und auf Grund der „Financial Responsibility Laws“ eine Haftpflichtversicherung abschließt (s. u. 1. Hauptteil A. I. 5.) wird die Verpflichtung zum Abschluß der Zusatzversicherung dennoch häufig praktisch.

79 Zum folgenden *Keeton & O'Connell*, S. 1 ff.; *Ehrenzweig*, S. 3 ff.; *Artmaier*, S. 115 ff.

80 Zur Situation in Saskatchewan, s. u. 1. Hauptteil A. II. 4.

81 Zur teilweise abweichenden kanadischen Rechtslage, s. o. 1. Hauptteil A. I. 1. a).

82 Kritisch bereits *Marx*, 10 A.B.A.J. 496 (1924).

83 Zum Problem der *court congestion* in den USA vgl. *Keeton & O'Connell*, S. 13 ff.; bezügl. Kanada vgl. *Wright*, C. L. J. 1961, 53.

84 Diese sog. *contingent fees* sind in Kanada verboten, vgl. *Keeton & O'Connell*, S. 193.

85 Nach *Prosser*, S. 581, entfällt ein Drittel der Entschädigung auf Honorarkosten. *Marx*, 10 A.B.A.J. 495 (1924), und der Columbia Report, S. 152, sprechen von 25 bis 50 %.

bekannt ist, daß die Versicherer es bei höheren Forderungen häufig auf mehrinstanzliche Prozesse ankommen lassen[86].

Unbefriedigend ist ferner, daß in den meisten US-Bundesstaaten ein mitwirkendes Verschulden des Geschädigten zur völligen Abweisung der Schadensersatzklage führt. Wenn der Eigentümer sein Fahrzeug einem Dritten zum Gebrauch überlassen hat, haftet er regelmäßig nur dann neben dem Fahrzeugführer, wenn entsprechende *consent statutes* ergangen sind. Das Fehlen einer gesamtschuldnerischen Haftung in den meisten amerikanischen Bundesstaaten erweist sich als besonders schmerzliche Lücke im Verkehrsopferschutz, da der Geschädigte nicht selten wegen mangelnder Solvenz des Fahrzeugführers keine Befriedigung erlangen kann.

Unzureichend ist sodann der Ausbau des Schutzsystems auf der Versicherungsebene. 47 Staaten der Union und 9 Provinzen Kanadas haben bis heute auf die obligatorische Einführung einer Haftpflichtversicherung für Kraftfahrzeugeigentümer verzichtet. Der Erlaß der *Financial Responsibility Laws* bietet keine hinreichende Gewähr, daß der Geschädigte seine berechtigte Ersatzforderung tatsächlich durchzusetzen vermag. Noch 1960 gab es in den USA 15 % unversicherte Kraftfahrzeuge im Verkehr, d. h. für mehr als 11 Mio. Kraftfahrzeugeigentümer bestand keine Versicherungsdeckung[87]. Im Jahre 1950 verursachten aber unversicherte Kraftfahrzeuge allein in New York Personenschäden in Höhe von $ 10 Millionen[88]. In den Staaten mit obligatorischer Haftpflichtversicherung reichen die vorgeschriebenen Mindestdeckungssummen bereits bei mittelschweren Verkehrsunfällen nicht zur Befriedigung der Schadensersatzansprüche aus[89]. Schließlich sei auf die — mindestens teilweise systembedingten — hohen Verwaltungskosten der Versicherungsgesellschaften hingewiesen, die auf die Versicherungsnehmer abgewälzt werden und häufig die effektiv ausgezahlten Versicherungsleistungen übertreffen[90].

II. Reformen[91]

1. Überblick

Frühzeitig empfand man in den Vereinigten Staaten das überkommene Entschädigungssystem als reformbedürftig. Bereits 1924 empfahl Richter

---

[86] So bereits der Columbia Report, S. 146; ferner *Keeton & O'Connell*, S. 2.

[87] Vgl. *Keeton & O'Connell*, S. 65 f.

[88] Vgl. *Ehrenzweig*, S. 7.

[89] Ein schwerer Personenschaden erfordert nach Angaben von *Prosser*, S. 579, 585 mehr als $ 50 000.

[90] *Conard* u. a., S. 8; *Keeton & O'Connell*, S. 3.

Robert S. Marx[92] eine Grundsatzreform, die sich an das Vorbild der gesetzlichen Arbeitsunfallversicherung anlehnt. 1932 wurde von einem Komitee, das an der Columbia Universität gebildet worden war, ein umfangreicher Bericht zur Neuordnung des Entschädigungssystems veröffentlicht[93]. Dieser sog. *Columbia Plan* löste eine lebhafte Diskussion[94] aus und beeinflußte entscheidend die späteren Reformbestrebungen. Auch die Gesetzgeber von New York[95], Virginia, Wisconsin und Connecticut befaßten sich mit dem Vorschlag[96]. Er wurde allerdings nirgends in den Vereinigten Staaten vom Gesetzgeber verabschiedet. Die Gesetzgebung in der benachbarten kanadischen Provinz Saskatchewan verdankt dem Columbia Plan starke Impulse[97]. Dort wurde im Jahre 1946 ein staatliches Unfallversicherungssystem ins Leben gerufen[98], das — unabhängig von dem Verschulden eines Unfallbeteiligten — eine automatische Entschädigung jedes Verkehrsopfers vorsieht. Diese in der Welt zum ersten Mal[99] durchgeführte Grundsatzreform befruchtete die weitere Diskussion, die nach zahlreichen Veröffentlichungen[100] neuerdings in ein entscheidendes Stadium getreten zu sein scheint. Marksteine in dieser Entwicklung sind die Arbeiten von *Albert A. Ehrenzweig* (1954), *L. Green* (1958) sowie *Keeton* und *O'Connell* (1965)[101]. Der Ausgleich von Verkehrsunfallschäden steht nicht nur im Brennpunkt wissenschaftlichen Interesses, sondern hat auch zur Berufung staatlicher Untersuchungskommissionen in den USA und Kanada geführt[102]. Daraus ragt der 1963 veröffentlichte Bericht der Sonderkommission der kanadischen Provinz Ontario[103] hervor. Weiterhin hat sich ein Ausschuß der kalifornischen Anwaltskammer mit diesem Problem befaßt und 1965 einen Bericht vorgelegt[104].

---

[91] Überblicke über die Reformpläne finden sich bei *Prosser*, S. 577 ff. (585 ff.) und *Keeton & O'Connell*, S. 124 ff.

[92] Vgl. Literaturverzeichnis.

[93] Vgl. Literaturverzeichnis.

[94] Vgl. Literaturverzeichnis.

[95] Der Staat New York änderte deshalb sogar seine Verfassung, vgl. *Malone*, 12 Louis. L. R. 236 (1952).

[96] Vgl. *Grad*, 50 Col. L. R. 318 (1950).

[97] Vgl. *Marx*, 42 A.B.A.J. 425 (1956).

[98] s. u. 1. Hauptteil A. II. 4.

[99] Inzwischen sind Polen und Finnland gefolgt, vgl. *v. Hippel*, S. 57 ff.

[100] Vgl. Literaturangaben bei *Conard* u. a., S. 15 ff.; *Ehrenzweig*, S. 61 ff.; *Keeton & O'Connell*, S. 543 ff. Die neuesten Vorschläge stammen von *Hofstadter & Pesner* sowie *Franklin*, s. Literaturverzeichnis.

[101] Vgl. Literaturverzeichnis.

[102] s. o. Einleitung.

[103] Vgl. Literaturverzeichnis.

[104] Vgl. Literaturverzeichnis; von einer Wiedergabe wird wegen der Kürze des Plans abgesehen.

Inzwischen sind die von Keeton und O'Connell entwickelten Vorschläge — vor allem durch die Presse — einer breiteren Öffentlichkeit bekannt geworden und liegen den Parlamenten verschiedener amerikanischer Staaten zur Beratung vor[104a]. Wenngleich diese — wie die meisten anderen — Reformpläne auf die Ablehnung der Anwaltschaft und eines Teils der Versicherungswirtschaft gestoßen sind[104b], scheinen sie nunmehr politisch durchaus in den Bereich der Realisierbarkeit gerückt zu sein. So hat sich der frühere Präsident *Johnson* in der „Botschaft über die Lage der Nation" vom 18. 1. 1968 und in einer weiteren Botschaft vom 6. 2. 1968 für eine grundlegende Neuordnung des Schadensausgleichs bei Verkehrsunfällen ausgesprochen und wenig später eine Untersuchungskommission eingesetzt[104c]. Unlängst hat auch die *„American Insurance Association"*, eine bedeutende Vereinigung von 168 amerikanischen Versicherungsunternehmen, eine eigene Forschungsgruppe berufen, die den „Basic Protection" Plan von Keeton und O'Connell und allgemein das Problem der Entschädigung von Verkehrsopfern untersuchen soll[104d].

2. Vorschläge von Robert S. Marx

Judge *Robert S. Marx* gehört zu den frühesten Verfechtern[105] einer umfassenden Neuordnung des Entschädigungssystems auf der Grundlage einer obligatorischen Unfallversicherung. In zahlreichen Veröffentlichungen[106] — hauptsächlich aus der Mitte der zwanziger und fünfziger Jahre — greift er das überkommene Haftpflichtsystem als lückenhafte, ungerechte und praktisch unbefriedigende Lösung an, die nach seiner Auffassung den Erfordernissen des Zeitalters des Massenverkehrs weder in sozialer noch wirtschaftlicher Hinsicht gewachsen ist[107]. Im

---

[104a] Vgl. näher *Tunc*, Rev. int. dr. comp. 1968, 514, vor allem Fußn. 8—9.

[104b] Vgl. *Tunc*, Rev. int. dr. comp. 1968, 514; ders., Droit Social 1969, 137 und 139 f.

[104c] Vgl. *Tunc*, Rev. int. dr. comp. 1968, 514. Diese Kommission steht unter Leitung von *Daniel P. Moynihan*, einem entschiedenen Befürworter von Reformen, der inzwischen persönlicher Berater Präsident *Nixons* geworden ist, vgl. *Tunc*, Droit Social 1969, 137 und 139.

[104d] Sie hat sich in ihrer im September 1968 veröffentlichten Studie, die in der vorliegenden Arbeit nicht mehr berücksichtigt werden konnte, für eine radikale Änderung des geltenden Entschädigungssystems ausgesprochen, vgl. näher *Tunc*, Droit Social 1969, 137 ff.

[105] Die ersten Anregungen, die Prinzipien der Arbeitsunfallversicherung auf den Bereich der Verkehrsunfälle zu übertragen, stammen von *Chamberlin* (1898), zit. bei Prosser, S. 585 Fußn. 41, *Carman*, 4 Minn. L. R. 1 (1919) und *Rollins*, 4 Mass. L. Q. 392 (1919).

[106] Vgl. besonders die Ausführungen in 10 A.B.A.J. 494 (1924), 11 A.B.A.J. 731 (1925) und 42 A.B.A.J. 421, 477 (1956). Zur Kritik an Marx vgl. *Ryan & Greene*, 42 A.B.A.J. 117 (1956) m. w. N. S. 118 Fußn. 16.

[107] *Marx:* "I have no hesitancy in indicting the whole legal system of liability ... that it is inadequat, ... incomplete, ... hazardous, ... unjust, and uncertain," 10 A.B.A.J. 494 (1924); ferner 11 A.B.A.J. 732 (1925).

Interesse einer sicheren und schnellen Entschädigung setzt sich Marx für die Übernahme des Modells der gesetzlichen Arbeitsunfallversicherung ein[108]. Sein Vorschlag geht dahin, jeden Eigentümer eines Kraftfahrzeugs vor seiner Teilnahme am Straßenverkehr zum Abschluß einer Versicherung zu verpflichten, die jedem Opfer eines Verkehrsunfalls ohne Berücksichtigung der Schuldfrage bestimmte Schadensersatzleistungen zu erbringen hat[109].

a) Voraussetzung für die Gewährung von Unfallgeld ist lediglich der Eintritt eines Unfalls infolge des Betriebs eines Kraftfahrzeugs[110]. Es ist gleichgültig, wer den Unfall erlitten hat und durch welche Umstände er herbeigeführt worden ist:

„... the policy limits would include compensation in every case, to every victim of every automobile accident occuring on the highways, whether passenger, owner, operator or pedestrian ..."[111].

Ausgenommen sind nur Fälle willentlicher Selbstschädigung und vorsätzlicher Verletzung eines Gesetzes[112].

b) Die Versicherungsleistungen sind in erster Linie zur Deckung von Personenschäden bestimmt und umfassen freie ärztliche Behandlung, freien Krankenhausaufenthalt und freie Arzneimittel, ein Entgelt für Arbeitsunfähigkeit sowie eine Abfindung der Angehörigen bei tödlichen Unfällen[113].

Die Kosten für ärztliche Behandlung, Krankenhausaufenthalt und Arzneimittel werden in vollem Umfang von der Versicherung getragen[114].

Bei vollständiger oder teilweiser Arbeitsunfähigkeit wird dem Verletzten — entsprechend dem Vorbild der *workmen's compensation acts* — ein Teil des entgangenen Arbeitseinkommens nach festgelegten Pauschalsätzen vergütet[115]. Die Entschädigungssumme berechnet sich nach dem Arbeitsverdienst und dem Grad der Arbeitsbeeinträchtigung[116]. Als Richtzahl für einen arbeitsunfähigen Lohnempfänger nannte Marx 1925 einen Tagessatz von $ 4[117]. Bezog der Verletzte kein Arbeitseinkommen, so erhält er entsprechend der Schwere der Verletzungen bestimmte

---

[108] 11 A.B.A.J. 732 (1925); zu den Parallelen zwischen Arbeits- und Verkehrsunfällen eingehend 42 A.B.A.J. 477 ff. (1956).

[109] 10 A.B.A.J. 497 (1924); 11 A.B.A.J. 732 (1925).

[110] 11 A.B.A.J. 732 (1925).

[111] 42 A.B.A.J. 482 (1956).

[112] 11 A.B.A.J. 733 (1925).

[113] 11 A.B.A.J. 733 (1925); 42 A.B.A.J. 482 (1956).

[114] 42 A.B.A.J. 482 (1956).

[115] 42 A.B.A.J. 479 (1956).

[116] 42 A.B.A.J. 479 (1956).

[117] 11 A.B.A.J. 732 (1925).

Pauschalleistungen[118]. Für die erste Woche der Arbeitsunfähigkeit wird keine Entschädigung gezahlt[119]. Die Entschädigungsbeträge verstehen sich als Nettoleistungen, die sich — abweichend vom geltenden System[120] — nicht mehr um Gerichts- und Anwaltskosten vermindern[121].

Bei einem tödlichen Unfall erhalten die Angehörigen eine einmalige Abfindung, die Marx 1925[122] auf $ 6 500 veranschlagte.

Ein Schmerzensgeld wird nicht gezahlt[123].

Für die automatische Deckung aller Sachschäden, vornehmlich also von Kraftfahrzeugschäden, ist nach Auffassung von Marx zwar kein gleich starkes soziales und wirtschaftliches Bedürfnis wie bei Personenschäden gegeben[124]. Es stehe jedoch nichts im Wege, eine zusätzliche Sachversicherung zu schaffen, die erheblichere Sachschäden[125] decken könne.

c) Ferner bleibt die Frage offen, ob der Verletzte seinen von der Unfallversicherung nicht ersetzten Schaden nach Deliktsrecht gegenüber dem Schädiger geltend machen darf. Falls man keine einheitliche Konzeption unter vollständiger Ersetzung des Haftpflichtsystems anstrebe, sollten Deliktsansprüche auf die Fälle grober Rechtsverstöße und auf die in den *workmen's compensation acts* genannten Ausnahmen beschränkt werden[126]. Der Geschädigte müßte sich außerdem die bereits erhaltenen Versicherungsleistungen auf seine Forderung anrechnen lassen[127].

d) Nach anfänglichem[128] Eintreten für einen staatlichen Versicherungsfonds rückt Marx später[129] von dieser Entscheidung ab und überläßt es ausdrücklich dem einzelstaatlichen Gesetzgeber, ob die vorgeschlagene Versicherung in privatwirtschaftlicher oder staatlicher Form betrieben werden soll. Die unterschiedlichen Organisationsformen in der Arbeitsunfallversicherung bewiesen die Realisierbarkeit beider Alternativen.

---

118 Das gilt z. B. für Hausfrauen, Studenten und Arbeitslose, vgl. 42 A.B.A.J. 479 (1956).

119 11 A.B.A.J. 733 (1925).

120 s. o. 1. Hauptteil A. I. 5.

121 11 A.B.A.J. 733 (1925).

122 11 A.B.A.J. 732 (1925).

123 *Marx:* "The purpose of compensation insurance is to make good all or part of the economic loss, supply the social need, and pay for medical attention to relieve the pain and suffering", 42 A.B.A.J. 481 (1956).

124 42 A.B.A.J. 481 (1956).

125 *Marx:* "...where the damage was substantial", 42 A.B.A.J. 482 (1956).

126 *Marx:* "The author... would only permit a lawsuit in cases where an injured workman can now bring a suit against his employer, or where there is wanton or criminal violation of the law", 42 A.B.A.J. 481 (1956).

127 42 A.B.A.J. 481 (1956).

128 10 A.B.A.J. 497 (1924).

129 11 A.B.A.J. 733 (1925); 42 A.B.A.J. 481 (1956).

In jedem Fall müßten durch eine zentrale Registrierung aller Unfälle und eine systematisch betriebene Erforschung der Unfallursachen wirkungsvolle Methoden zur Unfallbekämpfung entwickelt werden[130]. Erfolge bei der Verhütung von Arbeitsunfällen ermutigten zu verstärkten Anstrengungen. Gegebenenfalls könnte man das Interesse der Kraftfahrer an der Unfallverhütung durch eine Selbstbeteiligung von $ 100 oder $ 200 wachhalten[131].

e) Marx erwartet von einer Grundsatzreform günstige finanzielle Auswirkungen auf das Prämienniveau. Durch die Rationalisierung der Schadensabwicklung, die nicht länger die Klärung der Schuldfrage voraussetzt und bei der die Bestimmung des Schadensumfangs durch Tabellensätze erleichtert wird, könnten die Versicherungsgesellschaften hohe Verwaltungskosten einsparen[132]. Trotz verbesserter Versicherungsleistungen sei deshalb mit spürbaren Prämiensenkungen zu rechnen[133]. Schließlich komme die Vereinfachung des Systems den Opfern von Verkehrsunfällen und der Öffentlichkeit auch insofern zugute, als der Schadensersatz nicht erst im Prozeßwege unter erheblichem Kosten- und Zeitaufwand erstritten werden müßte.

3. Der Columbia Plan

Klassisches Dokument der frühen Reformdiskussion ist der 1932 veröffentlichte *Report by the Committee To Study Compensation for Automobile Accidents to the Columbia University Council for Research in the Social Sciences*[134]. Dieser unter dem Namen Columbia Plan bekannt gewordene Bericht wurde nach mehrjährigen Vorbereitungsarbeiten[135] von einem unabhängigen Gremium namhafter Juristen[136] unter Feder-

---

[130] 11 A.B.A.J. 734 (1925).

[131] 11 A.B.A.J. 734 (1925).

[132] Während die Kfz-Haftpflichtversicherung nur 1/3 der Prämieneinnahmen auf Entschädigungsleistungen verwende, sei bei der Umstellung auf ein Unfallversicherungssystem eine Steigerung auf 90 % zu erwarten, 11 A.B.A.J. 733 (1925).

[133] Die durchschnittlichen Prämien für die Haftpflichtversicherung (Deckung: $ 10 000/20 000 für Personenschäden, $ 5000 für Sachschäden) beliefen sich 1955/56 auf $ 140. *Marx* schätzt die Prämien bei einem Systemwechsel auf $ 30, 42 A.B.A.J. 479 (1956).

[134] Kurze Zusammenfassungen finden sich bei *Smith*, 32 Col.L.R. 785 ff. (1932) sowie *Keeton & O'Connell*, S. 125 ff. Aus der umfangreichen Diskussion vgl. *Smith, Lilly & Dowling*, 32 Col.L.R. 785 ff. (1932); *Grad*, 50 Col.L.R. 300 ff. (1950); *Ehrenzweig*, S. 21 f.; *Marx*, A.B.A.J. 422 ff. (1956); *James*, 59 Col.L.R. 408 (1959); *Ryan & Greene*, 42 A.B.A.J. 117 ff. (1956); *Payne*, 13 Current Legal Problems 98 ff. (1960).

[135] Die Kommission nahm nach ihrer konstituierenden Sitzung vom 15. 11. 1928 im Juni 1929 ihre Tätigkeit auf, vgl. Columbia Report, S. 2.

[136] Mitglieder dieses Gremiums waren neben Arthur A. Ballantine: Joseph P. Chamberlain, Charles E. Clark, Myles A. Dawson, Walter F. Dodd, Victor J.

führung von *Arthur A. Ballantine* erstellt, der bereits 1916 einen ähnlichen Plan für die Opfer von Eisenbahnunfällen entwickelt hatte[137]. Der Bericht enthält zunächst eine umfassende Zusammenstellung faktischer Daten über die Entschädigung von Verkehrsopfern, die aus 8 849 Einzelfällen gewonnen wurden[138]. Die Kommission gelangt zu dem — auch in neueren empirischen Untersuchungen bestätigten[139] — Ergebnis, daß der Verletzte nur bei bestehender Haftpflichtversicherung mit einer Entschädigung rechnen könne[140]. Die Schadensregulierung werde durch lange Wartezeiten[141] und häufige Rechtsstreitigkeiten mit hohen Anwalts-[142] und Gerichtskosten gekennzeichnet. Der Hauptgrund liege in den Schwierigkeiten bei der Beurteilung der Schuldfrage und der Bemessung des Schadensumfangs[143]. Der Unfallhergang sei — selbst bei Anwesenheit von Zeugen — wegen der Schnelligkeit des Geschehens nur schwer feststellbar[144]. Resigniert stellte die Kommission fest:

"The result of a jury trial in the ordinary automobile accident case is largely a matter of chance[145]."

Kritisch beurteilt die Kommission die Praxis der Versicherer, sich in kleinen Schadensfällen großzügig zu zeigen, dagegen den Opfern schwerer Unfälle unzureichende Entschädigungsangebote zu unterbreiten, die diese zur Vermeidung längerer Verzögerungen notgedrungen akzeptierten[146].

Diesen Unzulänglichkeiten könne durch Annahme eines Entschädigungsplans begegnet werden, der sich an das Vorbild der ursprünglichen amerikanischen Arbeitsunfallversicherungsgesetze anlehnt. Danach wird dem Eigentümer eines Kraftfahrzeugs eine reine Kausalhaftung für Personenschäden auferlegt, die nach bestimmten Pauschalsätzen zu vergüten sind[147]. Gleichzeitig soll er kraft Gesetzes eine Haftpflichtversiche-

---

Dowling, Henry S. Drinker, Shippen Lewis, William Draper Lewis, Robert S. Marx, Ogden L. Mills, William A. Schander, Bernard L. Shientag, Horace Stern und Henry W. Taft. Vgl. nähere Angaben bei *Smith,* 32 Col.L.R. 785 Fußn. 1 (1932).

[137] Vgl. Literaturverzeichnis.

[138] Columbia Report, S. 8 f.

[139] Vgl. *James & Law,* 26 Conn.B.J. 81 (1952); weitere Nachweise bei *Marx,* 42 A.B.A.J. 423 f. (1956) und *Keeton & O'Connell,* S. 39 ff.

[140] Ohne Versicherungsdeckung erhalten nur 25 %, bei schweren Unfällen nur 7 % der Verkehrsopfer Schadensersatz, vgl. Columbia Report, S. 90.

[141] Die Hälfte aller Schadensfälle wird nicht innerhalb von 6 Monaten, ein Drittel nicht innerhalb eines Jahres abgewickelt, vgl. Columbia Report, S. 151.

[142] Die Kommission nennt einen Betrag von 25—50 %, der als Erfolgshonorar an den Anwalt gezahlt wird, vgl. Columbia Report, S. 152.

[143] Vgl. Columbia Report durchgehend.

[144] Vgl. Columbia Report, S. 137.

[145] Vgl. Columbia Report, S. 32.

[146] Vgl. Columbia Report, S. 146.

[147] Columbia Report, S. 138: "The general purpose of the compensation plan

rung abschließen, bevor sein Fahrzeug zum Straßenverkehr zugelassen wird[148].

a) Wer durch den Betrieb eines Kraftfahrzeugs verletzt oder getötet wird, hat gegenüber dem Eigentümer des Fahrzeugs Anpruch auf Ersatz des daraus entstehenden Schadens. Es ist gleichgültig, durch wessen Schuld der Unfall verursacht worden ist.

„Every owner of a motor vehicle shall pay compensation for disability or death from personal injury caused by the operation of such motor vehicle, without regard to fault as a cause of the injury or death ...“[149].

Eine Ersatzpflicht ist ausgeschlossen, falls das Fahrzeug ohne Zustimmung des Eigentümers benutzt worden ist[150] oder der Verletzte den Unfall vorsätzlich herbeigeführt hat[151]. Die Kommission stellt es frei, die Haftpflicht auf Kollisionsunfälle zu beschränken, so daß beispielsweise aus Unfällen, die auf Blendwirkung entgegenkommender Fahrzeuge zurückzuführen sind, keine Ersatzansprüche hergeleitet werden könnten[152]. Bei der Beteiligung mehrerer Fahrzeuge an einem Verkehrsunfall gilt folgende Regelung[153]: Verletzte Fahrgäste richten ihre Ansprüche gegen den Eigentümer des Fahrzeugs, in dem sie befördert wurden. Außerhalb des Fahrzeugs befindlichen Personen haften alle Fahrzeugeigentümer gesamtschuldnerisch. Der verletzte Eigentümer selbst wendet sich mit seinen Ersatzansprüchen an die Eigentümer der anderen beteiligten Fahrzeuge. Abgesehen von Kollisionsunfällen werden nach dem Columbia Plan keine Schäden gedeckt, die der Eigentümer oder ein sonstiger Führer des Fahrzeugs selbst erleiden[154]. Der Ausschluß dieser Schadensfälle wird mit der Furcht vor möglichem Mißbrauch und verfassungsrechtlichen Bedenken gegenüber einer zwangsweisen Eigenvorsorge begründet[155]. Ferner ist für die Opfer aus Unfällen mit anschließender Fahrerflucht keine Regelung getroffen[156].

---

is to impose on the owners of motor vehicles a limited liability, without regard to fault, for personal injury or death caused by the operation of their motor vehicles.".

148 Columbia Report, S. 138, 143.

149 So der von *Shippen Lewis* formulierte Gesetzentwurf, der zwar nicht als offizielle Meinungsäußerung der Kommission anzusehen ist, aber weitgehend von ihr unterstützt wird, vgl. Columbia Report, S. 237.

150 Columbia Report, S. 138, 237.

151 Columbia Report, S. 140, 237.

152 Columbia Report, S. 139.

153 Columbia Report, S. 139.

154 Columbia Report, S. 139.

154 Columbia Report, S. 140. Nach den Untersuchungen der Kommission waren dies weniger als 10 % aller Unfälle.

155 Columbia Report, S. 140.

156 Columbia Report, S. 138.

b) Der Ersatzanspruch, dessen Durchsetzbarkeit durch Einführung einer Pflichtversicherung[157] gewährleistet ist, umfaßt inhaltlich die Kosten einer umfassenden medizinischen Versorgung, einen Ausgleich für die Zeit der Arbeitsunfähigkeit und bei tödlichen Unfällen eine Abfindung der Angehörigen. Die Leistungsskala ist dem damaligen Arbeitsunfallversicherungsgesetz von New York nachgebildet[158]. Alternativ werden Versicherungsleistungen nach dem Arbeitsunfallversicherungsgesetz von Massachusetts in Erwägung gezogen[159]. Im einzelnen ist vorgesehen:

Die Kosten für die medizinische Versorgung werden ohne zeitliche Begrenzung in vollem Umfang ersetzt[160].

Die Verletzten erhalten während der Dauer ihrer Arbeitsunfähigkeit[161] wöchentliche Pauschalbeträge, die ihre Einkommensverluste ausgleichen sollen. Berufstätigen Personen werden vom 8. Tage[162] nach dem Unfall an zwei Drittel ihres wöchentlichen Einkommens gezahlt. Bei Personen ohne festes Einkommen dienen Richtzahlen als Berechnungsgrundlage. Für ständig Arbeitslose, Minderjährige, die nicht beruflich tätig sind, und Studenten gilt beispielsweise ein Satz von $ 8 als durchschnittlicher Wochenverdienst.

Bei ständiger teilweiser Arbeitsunfähigkeit *(permanent partial disability)* werden dem Geschädigten entsprechend dem Grad der körperlichen Funktionsbeeinträchtigung, die an Hand fester Tabellensätze ermittelt wird, für eine bestimmte Wochenzahl zwei Drittel des Einkommens gezahlt. Bei zeitweiliger Arbeitsbeeinträchtigung werden zwei Drittel des Verdienstunterschiedes vor und nach dem Unfall vergütet. Höchst- und Mindestsummen begrenzen die Leistungen, die unter Zugrundelegung der Skala von New York z. B. bei ständiger totaler Arbeitsunfähigkeit von wöchentlich $ 8 bis $ 25 reichen. Bei einer Erwerbsbeeinträchtigung infolge körperlicher Verunstaltung kann nach Billigkeitsgesichtspunkten ein Betrag bis $ 3500 bereitgestellt werden.

Bei Unfällen mit tödlichem Ausgang[163] sind den Hinterbliebenen außer den Beerdigungskosten, die bis zur Höhe von $ 200 zu erstatten sind, beim Tod des Ehemanns die in den einzelstaatlichen Arbeitsunfallversiche-

---

[157] Wenngleich der Columbia Report mehrfach von einer „compensation insurance" spricht (z. B. S. 138), kann ihr Charakter als Haftpflichtversicherung nicht zweifelhaft sein, vgl. Columbia Report, S. 143; *Prosser*, S. 586.

[158] Columbia Report, S. 137.

[159] Vgl. Columbia Report, S. 142.

[160] Columbia Report, S. 140.

[161] Zum folgenden Columbia Report, S. 140 f.

[162] Infolge dieser einwöchigen Wartefrist brauchen etwa der Hälfte aller Unfallopfer nur die Auslagen für Arzt-, Krankenhaus- und Arzneimittelkosten erstattet zu werden.

[163] Zum folgenden Columbia Report, S. 142.

rungsgesetzen vorgesehenen Leistungen zu erbringen. In Massachusetts hätten die Hinterbliebenen beispielsweise mit einer maximalen Abfindung von $ 6400 zu rechnen. Verunglückt die Ehefrau, so sind für die in dem Haushalt lebenden Angehörigen Beträge zwischen $ 500 und $ 1500 vorgesehen. Beim Tod eines minderjährigen Kindes erhalten die Eltern $ 500 bis $ 2500.

Ansprüche auf Schmerzensgeld entfallen[164].

c) Der Plan besitzt für den Bereich der Personenschäden Ausschließlichkeitscharakter, so daß dem Verletzten auch weiterreichende Ansprüche nach *Common Law* abgeschnitten sind[165]. Die Regulierung von Sachschäden untersteht dagegen weiterhin allein den Regeln des Deliktsrechts, d. h. besonders dem Schuldprinzip[166].

d) Die Kommission legt sich bezüglich der Organisation der Versicherung nicht fest. Der Gesetzgeber könne zwischen den Typen einer staatlichen, privaten oder gemischten Versicherung wählen[167].

Über Meinungsverschiedenheiten, die im wesentlichen nur hinsichtlich der Entschädigungshöhe zu erwarten seien, soll anstelle der Gerichte eine besondere Kommission oder eine Behörde in einem nicht förmlichen und raschen Verfahren befinden[168]. Gegen ihre Entscheidungen ist die Berufung zu den ordentlichen Gerichten zulässig.

e) In einer Überschlagsrechnung über die mit der angestrebten Reform verbundenen Kosten gelangt die Kommission zu folgendem Ergebnis[169]:

Im Vergleich zu den Versicherungsprämien in Massachusetts — dem damals einzigen Bundesstaat mit obligatorischer Haftpflichtversicherung — sei mit einer leichten Prämiensenkung von 2 bis 10 % zu rechnen, falls das Leistungssystem der Arbeitsunfallversicherung von Massachusetts übernommen werde. Das großzügigere System von New York verursache eine Prämienerhöhung von maximal 61 %.

Die Kommission erwartet von der Verwirklichung ihres Planes nicht nur eine verbesserte Sicherung der Verkehrsopfer, sondern auch eine Beschleunigung der Schadensabwicklung. Sie könne bei Unfällen mit zeitweiliger Arbeitsunfähigkeit innerhalb von drei Wochen abgeschlossen sein[170]. Die Vereinfachung des Entschädigungssystems durch Einführung einer reinen Kausalhaftung mit festgelegter Schadenshöhe entlaste

---

[164] Columbia Report, S. 143.

[165] Columbia Report, S. 143.

[166] Columbia Report, S. 138, 143; *Keeton & O'Connell*, S. 136.

[167] Columbia Report, S. 143.

[168] Columbia Report, S. 143, 153.

[169] Columbia Report, S. 158, 213 f.

[170] Columbia Report, S. 152.

die Gerichte und führe zu einer erheblichen Einsparung von Verwaltungskosten[171] und Ausgaben für Anwaltshonorare.

4. Der „Automobile Accident Insurance Act" von Saskatchewan

Zentrale Bedeutung für die moderne Reformdiskussion gewann ein Entschädigungssystem, das auf Grund des sog. *Automobile Accident Insurance Act*[172] am 1. April 1946 in der kanadischen Provinz Saskatchewan in Kraft getreten ist. Saskatchewan umfaßt ein Gebiet von mehr als der doppelten Größe der Bundesrepublik, das vorwiegend land- und forstwirtschaftlich genutzt wird[173]. Das weiträumige — von 950 000[174] Einwohnern bevölkerte — Land weist nur in den fünf Städten eine stärkere Verkehrsdichte auf. In dem strengen und langanhaltenden Winter kommt der Straßenverkehr, an dem heute etwa 250 000[175] Kraftfahrzeuge beteiligt sind, weitgehend zum Erliegen[176].

Der Gesetzgeber, der 1946 in Anlehnung an den Columbia Plan zunächst eine obligatorische Unfallversicherung eingeführt hatte, erweiterte stetig den Deckungsbereich der neuartigen Kraftverkehrsversicherung[177]. Am 1. April 1947 wurden eine *collision insurance*, d. h. eine auf Kollisionsschäden beschränkte Fahrzeugversicherung, am 1. April 1948 eine Haftpflichtversicherung, am 1. April 1949 eine Feuer- und Diebstahlversicherung und am 1. April 1951 eine umfassende Fahrzeugvollversicherung *(comprehensive insurance)* in das Schutzsystem eingefügt. Auch die Versicherungssummen wurden in der Folgezeit teilweise um mehr als das Doppelte erhöht[178]. Die ständigen Verbesserungen ließen eine

---

[171] Die Verwaltungskosten könnten nach Auffassung der Kommission auf 2 % der ausgezahlten Entschädigungen gesenkt werden, Columbia Report, S. 159.

[172] Der vollständige Titel des Gesetzes lautet: "An Act respecting Insurance against Certain Losses resulting from Certain Motor Vehicle Accidents." Es ist veröffentlicht in den Statutes of the Province of Saskatchewan, 1946, 10 Geo. 6, c. 11. Aus der umfangreichen Literatur zum Saskatchewan Plan seien hervorgehoben: A Report on the Study of Compensation for Victims of Automobile Accidents-Prepared, 1947, by a Special Committee of the Saskatchewan Government; die Berichte der staatlichen Untersuchungskommissionen von Alberta, North Dakota, Wisconsin und Nova Scotia, s. o. Einleitung; *Prosser*, S. 586 f.; *John Green*, 31 J.Comp.L. & Int.L. 39 ff. (1949); ders. 2 Chitty's Law Journal 38 ff. (1952); *Payne*, 13 Current Legal Problems 85 ff. (1960); *Keeton & O'Connell*, S. 140 ff.; *Grad*, 50 Col.L.R. 300 ff. (1950); *Marx*, 42 A.B.A.J 421 ff. (1956); *Ryan & Greene*, 42 A.B.A.J. 117 ff. (1956); *Ehrenzweig*, S. 22 m. w. N. in Fußn. 111; ders. Ersatzrecht-Versicherung S. 9 ff.; *Boettinger*, VersR 1952, 306 ff.; *Kämmer*, VersWiss 1967, 169 ff.; *Malone*, 12 Louis.L.R. 231 ff. (1960).

[173] Der Neue Brockhaus, Band 4, Stichwort „Saskatchewan", S. 453.

[174] Vgl. A.A.I.A. Explained, S. 26.

[175] Vgl. A.A.I.A. Explained, S. 17.

[176] Vgl. *Prosser*, S. 586.

[177] Zum folgenden A.A.I.A. Explained, S. 8.

[178] Nähere Angaben in A.A.I.A. Explained, S. 21 ff.

gänzliche Neufassung des Gesetzes notwendig erscheinen, die am 28. März 1963 erfolgte[179]. Nach einer Revision[180] sämtlicher Gesetze von Saskatchewan ist nunmehr die Veröffentlichung von 1965 maßgebend[181], die am 15. März 1967 durch eine weitere Novelle[182] leicht abgeändert worden ist. Das gegenwärtige Schutzsystem gewährleistet in drei Stufen einen annähernd lückenlosen Versicherungsschutz aller Verkehrsopfer. Kernstück des umfangreichen und sehr detaillierten Gesetzes, das jedem Kraftfahrer bei der jährlichen Registrierung seines Fahrzeugs in einer verständlich abgefaßten Broschüre mit Vorschlägen zur Unfallverhütung erläutert wird[183], ist eine obligatorische Unfallversicherung. Diese sog. *Part-II-Coverage*[184] wird durch eine Fahrzeugversicherung („Vollkasko") und eine Haftpflichtversicherung ergänzt. Auch der Abschluß dieser Versicherungen ist gesetzlich vorgeschrieben.

a) Die Unfallversicherung[185] deckt — unabhängig von einem möglichen Verschulden — alle direkten Personenschäden, die ein Verkehrsteilnehmer bei einem Autounfall in Saskatchewan erleidet. Dieser Schutz erstreckt sich auch auf Einwohner Saskatchewans, die mit ihrem Fahrzeug[186] in anderen Teilen Kanadas oder in den kontinentalen USA (d. h. nicht in Hawaii) verunglücken. Vorausgesetzt wird lediglich, daß sich das versicherte Fahrzeug im Zeitpunkt des Unfalls in Betrieb befand. Dagegen ist es gleichgültig, ob der Verletzte von dem Unfall innerhalb oder außerhalb des Fahrzeugs betroffen wurde. Alle Fahrzeuginsassen — d. h. Eigentümer, Fahrzeugführer, Familienangehörige und andere Fahrgäste — und alle nichtmotorisierten Verkehrsteilnehmer sind also in den Versicherungsschutz einbezogen.

Section 20.—(1) lautet:

„Subject to this Act, every person is hereby insured in the amounts hereinafter specified against loss resulting from bodily injuries sustained by him

---

[179] Veröffentlicht in Statutes of the Province of Saskatchewan, 1963, 12 Eliz. 2, c. 38.

[180] Diese erfolgte auf Grund des „Revised Statutes Act" v. 17. 3. 1964, 13 Eliz. 2, c. 1. Die Revision des gesamten geschriebenen Rechts bezweckt nach s. 11 dieses Gesetzes eine „consolidation of the law as contained in the Acts". Einzelne Bestimmungen können demnach ausdrücklich verändert werden.

[181] Revised Statutes of Saskatchewan, 1965, 13 Eliz. 2, c. 409 Vol. V.

[182] Statutes of the Province of Saskatchewan, 1967, 15 Eliz. 2, c. 89.

[183] Es handelt sich um den „Saskatchewan Auto Insurance and Safety Guide", der vom Saskatchewan Government Insurance Office und dem Highway Traffic Board jährlich gemeinsam herausgegeben wird, vgl. A.A.I.A. Explained, S. 39.

[184] Diese Bezeichnung entspricht dem Aufbau des Gesetzes, das nach zahlreichen einleitenden Legaldefinitionen und technischen Bestimmungen in Teil II die „Accident Insurance" (s. 18 ff.) behandelt. In Teil III folgen die „Comprehensive Insurance" (s. 33 ff.) und in Teil IV die „Bodily Injury Liability and Property Damage Liability Insurance" (s. 37 ff.).

[185] Vgl. zum folgenden s. 20 A.A.I.A.

[186] Dazu zählen auch Motorräder, Fahrräder mit Hilfsmotor und Traktoren, vgl. die Definition des „motor vehicle" in s. 2 (s) A.A.I.A.

directly, and independently of all other causes, through accidental means ... provided that the bodily injuries are suffered as a result of:

(a) driving, riding in or on, or operating a moving motor vehicle ... in Saskatchewan; or

(b) collision with or being struck, run down or run over by a moving motor vehicle ... in Saskatchewan."

Neben dem bereits in s. 20.—(1) ausgenommenen Fall versuchten oder vollendeten Selbstmords schließt s. 31 folgende Personen von den Leistungen der Unfallversicherung aus: Auswärtige Verkehrsteilnehmer, die mit einem nicht in Saskatchewan versicherten Kraftfahrzeug in Saskatchewan verunglücken[187]; Insassen von Trolleybussen, Eisenbahnen, Löschzügen, bestimmten Straßenbaufahrzeugen, Arbeitsmaschinen, nicht beim Farmbetrieb eingesetzten Traktoren u. ä.; Teilnehmer und Besucher von Wettveranstaltungen; schließlich Bedienstete des Bundes, die ein im Eigentum des Bundes stehendes Fahrzeug führen.

Wer nach dem *Workmen's Compensation (Accident Fund) Act* Entschädigungsansprüche stellen kann, erhält mit Ausnahme der Todesfallentschädigung keinerlei Versicherungsleistungen[188].

Personen, die im Rahmen des *Unemployment Insurance Act* Arbeitslosengeld erhalten, wird keine Vergütung für entgangenen Verdienstausfall gewährt[189].

Den Versicherten kann wegen Verletzung bestimmter Obliegenheiten eine Entschädigung versagt werden. Bei tödlichen Unfällen erhalten die Hinterbliebenen jedoch volle Versicherungsleistungen[190]. S. 32 nennt als wichtigste Obliegenheiten *(statutory conditions)* die Einhaltung des Verbots, ohne Führerschein zu fahren, nicht zugelassene Kraftfahrzeuge, Anhänger oder Auflieger zu benutzen und unter Einwirkung von Alkohol ein Kraftfahrzeug zu führen. In den genannten Fällen ist der Versicherer außerdem berechtigt, wegen der Leistungen, zu denen er Dritten gegenüber anläßlich eines Unfalls verpflichtet war, Rückgriff gegen den Verantwortlichen zu nehmen[191].

Die Unfallentschädigung setzt sich aus Pauschalsummen für Erwerbsausfall, Invalidität und Tod zusammen. Für Arzt-, Arzneimittel- und Krankenhauskosten sind keine Leistungen vorgesehen, da diese Kosten durch ein großzügiges Sozialversicherungsprogramm bereits gedeckt sind[192].

[187] Auswärtige Verkehrsteilnehmer sind dagegen als Fußgänger oder Insassen eines in Saskatchewan versicherten Fahrzeugs gegen Unfall versichert, vgl. A.A.I.A. Explained, S. 34.

[188] s. 31.—(2) A.A.I.A.

[189] s. 31.—(3) A.A.I.A.

[190] Vgl. A.A.I.A. Explained, S. 9.

[191] S. 78 A.A.I.A.

[192] Inbesondere durch den „Saskatchewan Medical Care Insurance Act“,

Schmerzensgeldansprüche sind ausgeschlossen.

Um den durch einen Verkehrsunfall bedingten Erwerbsausfall[193] auszugleichen, werden dem Verletzten — vom 8. Tage nach dem Unfall an gerechnet — wöchentliche Versicherungsleistungen (sog. *disability payments)* gewährt. Diese sind entsprechend dem Grad der Arbeitsbeeinträchtigung und der sozialen Stellung des Verletzten gestaffelt. Berufstätige Personen erhalten — ohne Rücksicht auf ihr tatsächliches Einkommen — bei vollständiger Arbeitsunfähigkeit wöchentlich (kanadische) $ 25 für eine Dauer von höchstens 104 aufeinanderfolgenden Wochen. Daneben können bei dauernden Körperschäden noch Kapitalleistungen bis $ 4000 beansprucht werden[194]. Bei teilweiser Arbeitsunfähigkeit, die voraussetzt, daß der Verletzte mindestens eine wichtige berufliche Aufgabe nicht mehr wahrnehmen kann, werden für den gleichen Zeitraum wöchentlich $ 12,50 gezahlt. Eine Hausfrau wird für eine Maximalzeit von 12 aufeinanderfolgenden Wochen mit einer Summe von $ 25 bei vollständiger und $ 12,50 bei teilweiser Arbeitsunfähigkeit entschädigt. Alle übrigen Personen, die auf Anweisung eines Arztes das Bett hüten müssen, erhalten für die Höchstdauer von 52 Wochen einen Betrag von $ 12,50.

Der Versicherer kann nach billigem Ermessen zusätzliche Entschädigungsleistungen bis zur Höhe von $ 2000 erbringen[195]. Diese Regelung soll insbesondere auswärtige Personen begünstigen, deren Krankenkosten bei einem Unfall in Saskatchewan nicht ausreichend gedeckt sind[196].

Führt der Unfall trotz ärztlicher Behandlung zu einer bleibenden körperlichen Beeinträchtigung[197] *(impairment of function of body)* — etwa zum Verlust von Körpergliedern —, so hat der Verletzte Anspruch auf eine Entschädigung bis zu einer Maximalhöhe von $ 4000. Die Entschädigungssumme ist von dem Invaliditätsgrad abhängig, der in einer detaillierten Tabelle aufgeschlüsselt ist. Die Tabelle enthält feste Quoten, die entsprechend der Bedeutung des betreffenden Körperteils im Verhältnis zum gesamten Körper abgestuft sind. Die vollständige Amputation des Fußes entspricht beispielsweise einem Invaliditätsgrad von 30 %,

R.S.S. 1965, 13 Eliz. 2, c. 255 Vol. IV, und den „Saskatchewan Health Insurance Act", R.S.S. 1965, 13 Eliz. 2, c. 257 Vol. IV; vgl. auch *Keeton & O'Connell*, S. 142 Fußn. 6.

[193] Vgl. zum folgenden s. 22 A.A.I.A.

[194] s. 21.—(5) und (6) A.A.I.A.; vgl. auch *Keeton & O'Connell*, S. 141 Fußn. 5. Zur Entschädigung bei dauernder körperlicher Beeinträchtigung vgl. die folgenden Ausführungen.

[195] s. 23.—(1) (a) A.A.I.A.

[196] *Keeton & O'Connell*, S. 142 Fußn. 6, A.A.I.A. Explained, S. 12. Zum Schutz auswärtiger Verkehrsteilnehmer in Saskatchewan vgl. oben Fußn. 187.

[197] Vgl. zum folgenden s. 21.—(5) A.A.I.A.

d. h. dem Verletzten sind in diesem Fall $ 1200 zu zahlen. Bei der Beeinträchtigung mehrerer Körperteile werden Quoten bis zur Höhe von 100 % addiert. Muß etwa außer dem Fuß auch der Arm zwischen Schulter und Ellenbogen amputiert werden (50 %) und verliert der Verletzte den Gehörsinn auf beiden Ohren (22,5 %), wird ihm der Höchstbetrag von $ 4000 vergütet. Bei Meinungsverschiedenheiten über Art und Ausmaß der Unfallverletzung kann ein von der Versicherung zu benennender Arzt ein beiderseitig verbindliches Gutachten erstatten[198].

Falls der Verkehrsunfall innerhalb von 90 Tagen zum Tod des Verletzten führt, wird den Angehörigen eine Abfindung bis zu einer Höhe von $ 10 000 gewährt[199]. Hatte der Unfall zunächst eine vollständige Arbeitsunfähigkeit zur Folge und trat in den folgenden 104 Wochen der Tod ein, werden die Entschädigungssummen für Arbeitsunfähigkeit und Tod addiert[200]. Der nächste unterhaltsberechtigte Hinterbliebene (sog. *primary dependant)* — z. B. die überlebende Witwe — erhält $ 5000[201]. Anderen weniger nah verwandten Personen (sog. *secondary dependants)* wird eine Summe von $ 1000 gezahlt. Für tödliche Unfälle der Ehefrau oder eines Kindes gelten besondere Berechnungsgrundlagen. So kann der Ehemann beim Tod seiner Ehefrau $ 2000 beanspruchen. Die Entschädigungsbeträge beim Tod eines Kindes variieren je nach Alter zwischen $ 100 und $ 1000. Beim Unfalltod eines 13jährigen Kindes wird den unterhaltsverpflichteten Eltern z. B. ein Betrag von $ 800 ausgezahlt.

Demjenigen, der die Beerdigungskosten getragen hat oder dafür aufkommen muß, wird eine Pauschale von $ 300 vergütet[202].

b) Zusammen mit der Unfallversicherung hat jeder Eigentümer eines in Saskatchewan zugelassenen Kraftfahrzeugs eine Vollkaskoversicherung abzuschließen. Diese sog. *Comprehensive Insurance* deckt jede Beschädigung und jeden Verlust des versicherten Kraftfahrzeugs und seiner Ausrüstung innerhalb Kanadas und der kontinentalen USA[203]. Die Versicherung umschließt jeden *„direct and accidental loss . . . or damage . . . from any peril“*[204]. Neben dem reinen Unfallschaden wird also auch das Risiko eines Diebstahls oder Brandes erfaßt[205]. Nicht versichert sind beispielsweise die in dem Fahrzeug befindlichen Kleidungsstücke oder das Radio[206]. Der Versicherte hat ähnliche Obliegenheiten wie im Rah-

---

198 s. 21.—(8) A.A.I.A.
199 s. 21.—(2) i. V. m. s. 24.—(1) A.A.I.A.
200 s. 21.—(1) A.A.I.A.
201 Vgl. auch zum folgenden s. 24 A.A.I.A.
202 s. 23.—(1) (b) A.A.I.A.
203 s. 35.—(1) A.A.I.A.
204 s. 35.—(1) A.A.I.A.
205 Vgl. A.A.I.A. Explained, S. 15.
206 s. 35.—(3) (e) und (f) A.A.I.A. Insofern sind die Ausführungen *Kämmers* (VersWiss 1967, 175) unzutreffend.

men der Unfallversicherung zu erfüllen. Als wichtigste Obliegenheit ist die Nichtbenutzung des Fahrzeugs unter Alkoholeinwirkung zu nennen[207]. Die Haftung des Versicherers ist durch den Zeitwert des Fahrzeugs vor dem Unfall begrenzt[208]. Bei Meinungsverschiedenheiten über die Höhe der Reparaturkosten können der Versicherte und der Versicherer auf ihre Kosten Sachverständige berufen, die unter Hinzuziehung eines von ihnen gewählten Schiedsrichters eine verbindliche Entscheidung treffen[209].

Um die Versicherung nicht mit Bagatellschäden zu belasten, ist in der Standardpolice eine Selbstbeteiligung *(deductible)* in Höhe von $ 200 vorgesehen[210]. Der Versicherte muß also die ersten $ 200 seines Sachschadens regelmäßig[211] selbst tragen, wenn er nicht von der — anschließend zu erörternden — Möglichkeit Gebrauch macht, nach allgemeinem Deliktsrecht Schadensersatzansprüche zu stellen.

c) Im Unterschied zum Columbia Plan sind dem Geschädigten Haftpflichtansprüche nach *Common Law*[212] nicht genommen. Neben den jedem Verkehrsopfer zustehenden begrenzten Versicherungsansprüchen kann der Geschädigte also vollen Ersatz seines Schadens verlangen, wenn er die erforderlichen Haftungsvoraussetzungen — insbesondere ein Verschulden des Schädigers — nachzuweisen vermag. Leistungen, die der Geschädigte bereits im Rahmen der gesetzlichen Unfall- und Kaskoversicherung erhalten hat, werden ihm auf die Haftpflichtforderung angerechnet[213]. Der Geschädigte wird deshalb zweckmäßigerweise nur dann nach Common Law gegen den Schädiger vorgehen, wenn sein Schaden entweder überhaupt nicht von der gesetzlichen Unfall- und Kaskoversicherung gedeckt wird (z. B. Schmerzensgeld), oder diese Leistungen nicht ausreichend sind (z. B. hohe Einkommensverluste). Die Erfahrung hat gezeigt, daß von der Möglichkeit, zusätzliche Haftpflichtansprüche zu stellen, verhältnismäßig selten Gebrauch gemacht wird. Von 1731 Klagen im Versicherungsjahr 1948/49 wurden nur 103, d. h. etwa 6 % auf außervertragliche Haftung gestützt[214].

---

[207] s. 36.—(2) A.A.I.A.

[208] s. 36.—(8) A.A.I.A.

[209] s. 36.—(9) A.A.I.A.

[210] Vgl. s. 35.—(3) A.A.I.A. und A.A.I.A. Explained, S. 15.

[211] Der Versicherungsnehmer hat jedoch die Möglichkeit, im Rahmen einer sog. *Auto Package Policy* eine geringere Selbstbeteiligung zu vereinbaren. Die Zusatzprämie beläuft sich bei dreijähriger Unfallfreiheit für den über 25 Jahre alten Eigentümer eines Privatfahrzeugs nach Stadttarif auf jährlich $ 30, vgl. A.A.I.A. Explained, S. 43.

[212] Vgl. dazu 1. Hauptteil A. I. 1.

[213] s. 77.—(1) A.A.I.A.

[214] Vgl. *Prosser*, S. 587.

Um Schadensersatzansprüche — insbesondere bei Unfällen außerhalb von Saskatchewan[215] — befriedigen zu können, muß jeder Eigentümer eines Kraftfahrzeugs seit dem 1. April 1948 eine Haftpflichtversicherung *(Third-Party-Liability-Coverage)* abschließen. Die Mindestversicherungssumme von $ 35 000 ist zur Deckung von Personen- und Sachschäden bestimmt, die der Versicherte oder ein anderer berechtigter Fahrer innerhalb Kanadas und der kontinentalen USA verursachen[216]. Personenschäden sind bis zur Höhe von $ 30 000 vorrangig vor Sachschäden zu ersetzen[217].

Seit 1957 kommt die Haftpflichtversicherung auch den Personen zugute, die durch ein nicht feststellbares Kraftfahrzeug verletzt oder getötet werden[218]. Anstelle des — nach Common Law ersatzpflichtigen — Kraftfahrers *(Hit-and-run-driver)* haftet das *Saskatchewan Government Insurance Office* in Regina bis zur Höhe von $ 35 000[219]. Leistungen, die der Verletzte bereits von der gesetzlichen Unfallversicherung erhalten hatte, sind anzurechnen. Die gleiche Regelung — allerdings unter Einschluß von Sachschäden — gilt seit 1964[220] bei Unfällen, die von nichtversicherten Fahrern verursacht werden[221]. Auf Grund dieser sog. *Uninsured Motor Vehicle Coverage* werden beispielsweise Personen geschützt, die bei der Benutzung des Fahrzeugs durch einen Unbefugten geschädigt werden[222].

In den Sonderfällen fehlender Versicherung und bei Anonymschäden kann die staatliche Versicherungsbehörde gegen den Verantwortlichen Rückgriff nehmen[223].

d) Die mit dem Automobile Accident Insurance Act eingeführte Kraftverkehrsversicherung wird in Form einer staatlichen Versicherung betrieben. Mit der Verwaltung ist das *Saskatchewan Government Insurance Office* mit Sitz in Regina betraut[224]. Diese staatliche Behörde *(crown corporation)*, die über 100 Schadensregulierer beschäftigt, hat ein Netz von sog. *Claims Service Centres* innerhalb der Provinz eingerichtet.

---

[215] Auf diesen Zweck der Haftpflichtversicherung wird in der Broschüre A.A.I.A. Explained, S. 13 besonders hingewiesen.

[216] s. 39.—(1) und (2) A.A.I.A.

[217] s. 39.—(3) A.A.I.A.

[218] A.A.I.A. Explained, S. 13 f.

[219] s. 48 A.A.I.A.

[220] A.A.I.A. Explained, S. 14.

[221] s. 49 A.A.I.A.

[222] Unfälle mit gestohlenen Fahrzeugen wurden bereits 1959 durch eine Sonderregelung erfaßt. Diese Sonderregelung ist nunmehr in der „Uninsured Motor Vehicle Coverage" aufgegangen, vgl. A.A.I.A. Explained, S. 14.

[223] s. 48.—(5) bzw. s. 51.—(4) A.A.I.A.

[224] Zum folgenden A.A.I.A. Explained, S. 15.

Kraftfahrzeugsachverständige und Schadensregulierer können dort rasch Art und Höhe des Unfallschadens feststellen, bevor das Kraftfahrzeug entweder von einer vom Versicherungsnehmer zu bestimmenden Werkstatt repariert oder bei Totalschaden einer von dem Versicherer unterhaltenen Verwertungsstelle *(salvage depot)* zugeführt wird. Jeder Kraftfahrer ist bei Unfällen mit Personenschaden oder Sachschaden über $ 100 verpflichtet, sofort die nächste Polizeidienststelle zu benachrichtigen[225]. Außerdem ist dem Versicherer bei einem Personenschaden innerhalb von 15 Tagen, bei einem Sachschaden innerhalb von 90 Tagen eine Schadensanzeige mit näheren Unfallangaben zu übermitteln[226]. Die Schadensabwicklung erfolgt dann ohne Verzögerung, da dem Versicherer feste Bearbeitungsfristen gesetzt sind, die z. B. bei Arbeitsunfähigkeit 30 Tage beträgt[227]. Regelmäßig konnten die Versicherungsleistungen bei leichten Verletzungen innerhalb von 2 Wochen, bei tödlichen Unfällen innerhalb von 6—8 Wochen ausgezahlt werden[228].

e) Trotz der umfassenden Versicherungsdeckung hat der Eigentümer eines Kraftfahrzeugs nur mäßige *Versicherungsprämien* zu erbringen. Die genaue Prämienhöhe ist sowohl von der Größe und dem Alter des Fahrzeugs als auch von der Unfallhäufigkeit abhängig[229]. Für ein Pkw-Modell 1966 mit einem Radstand von 100 inches (= 2,54 m), d. h. etwa der Breite des VW 1300, sind jährliche Versicherungsprämien in Höhe von $ 48 zu zahlen[230]. Dafür wird ein Versicherungsschutz mit folgenden Höchstsummen gewährt:

1. im Rahmen der Unfallversicherung:

   ein Kapitalbetrag von $ 4 000 für Invalidität, eine wöchentliche Rente von $ 25 bei Arbeitsunfähigkeit für 104 aufeinanderfolgende Wochen, eine Todesfallentschädigung von $ 10 000, eine Pauschale von $ 300 für Beerdigungskosten;

2. eine Vollkaskoversicherung mit einer Selbstbeteiligung von $ 200 und

3. eine Haftpflichtversicherung für Personen- und Sachschäden bis $ 35 000.

---

[225] s. 65.—(1) A.A.I.A.

[226] s. 32.4. bzw. 36.6. (b) A.A.I.A. Bei einer Inanspruchnahme nach Haftpflichtrecht muß der Versicherungsnehmer den Versicherer sofort benachrichtigen, s. 45.4. A.A.I.A.

[227] s. 32.8. (b) A.A.I.A.

[228] *Grad,* 50 Col.L.R. 323 (1950).

[229] Vgl. A.A.I.A. Explained, S. 26 f.

[230] A.A.I.A. Explained, S. 8. Bei einem Radstand von 100—120 inches (2,54—3,05 m) beläuft sich die Prämie auf $ 53, bei Fahrzeugen über 120 inches auf $ 60.

Wie außergewöhnlich günstig diese Prämiensätze sind[231], zeigt ein Blick auf den Großstadttarif deutscher Versicherungsunternehmen[232]. Im Jahre 1967 mußte für die Vollkaskoversicherung eines VW (40 PS) mit einer Selbstbeteiligung von 800,— DM bereits eine Jahresprämie von durchschnittlich 260,— DM gezahlt werden. Die gesetzliche Haftpflichtversicherung mit einer Deckungssumme von 250 000 DM kostete durchschnittlich 350,— DM.

Versicherungspflichtig ist in Saskatchewan neben dem Eigentümer eines Kraftfahrzeugs auch jeder Inhaber eines Führerscheins[233]. Für eine *operator's licence* sind jährlich $ 3 als Versicherungsprämie zu zahlen[234]. Dieser Betrag kann sich nach s. 5 A der am 15. 3. 1967 in Kraft getretenen Novelle[235] um jährlich $ 25 erhöhen, falls der Kraftfahrzeugführer durch sein alleiniges oder überwiegendes Verschulden einen Unfall verursacht hat, für den der Versicherer mindestens $ 50 an den Geschädigten zahlen mußte. Ein Prämienzuschlag kann nach s. 6 auch dann erhoben werden, wenn der Eigentümer oder Kraftfahrzeugführer eine außergewöhnlich hohe Gefahr für den Straßenverkehr bildet[236].

Verwaltungstechnisch wird der Abschluß der Kraftverkehrsversicherung in einfacher Weise kontrolliert: Die für ein Jahr gültige Zulassung des Kraftfahrzeugs und der Führerschein werden nur bei nachgewiesener Bezahlung der Versicherungsprämien erteilt[237].

Die Rationalisierung der Schadensabwicklung führte zu erheblichen *Kosteneinsparungen.* Die Verwaltungskosten der Versicherung sind niedrig und betragen durchschnittlich 17 % der Prämieneinnahmen. Private Versicherungsunternehmen haben durchschnittlich 20 % Verwaltungskosten[238]. Anwälte werden selten zu Rate gezogen. Man schätzt, daß nur bei 2 % aller Entschädigungsanträge ein Anwalt tätig wurde[239]. Für den Geschädigten, der einen wesentlichen Anteil seiner Entschädigung als Erfolgshonorar an den Anwalt abgeben mußte, bedeutet dies eine erhebliche Kosteneinsparung. Abgesehen davon werden die Gerichte von vielen Schadensersatzprozessen entlastet.

---

[231] *Marx,* 42 A.B.A.J. 426 (1956) bezeichnet die Kraftverkehrsversicherung in Saskatchewan als "lowest cost insurance with the greatest benefits in the North American continent".

[232] Im folgenden werden die Tarife eines mittelgroßen Unternehmens wiedergegeben.

[233] s. 3 A.A.I.A.

[234] A.A.I.A. Explained, S. 9. Die Kostenbeteiligung jedes Führerscheininhabers wird mit dem zusätzlichen Risiko begründet, das infolge seiner Teilnahme am Straßenverkehr entstehe, A.A.I.A. Explained, S. 34 f.

[235] Statutes of the Province of Saskatchewan, 1967, 15 Eliz. 2, c. 89.

[236] Vgl. A.A.I.A. Explained, S. 28: "(if he is) disproportionately hazardous".

[237] Vgl. s. 3 und s. 2 (q) A.A.I.A.

[238] A.A.I.A. Explained, S. 38.

[239] *Keeton & O'Connell,* S. 145.

Abschließend sei darauf hingewiesen, daß trotz der umfassenden Versicherungsdeckung kein Anstieg der Unfallzahlen in Saskatchewan zu beobachten war[240]. Der günstige Schadensverlauf erlaubte vielmehr eine ständige Verbesserung des Schutzsystems.

5. Ehrenzweige „Full Aid" Insurance

Der 1954 von *Albert A. Ehrenzweig* (Berkeley) veröffentlichte Reformplan mit dem Titel „Full Aid Insurance for the Traffic Victim"[241] unterscheidet sich von den genannten Reformmodellen vor allem darin, daß er ohne staatlichen Eingriff *auf freiwilliger Grundlage* von den Versicherungsgesellschaften durchgeführt werden soll. Da Ehrenzweig eine neue Pflichtversicherung ablehnte und insbesondere das Modell einer staatlichen Sozialversicherung verwarf, fand sein Plan auch bei den Versicherern eine positive Aufnahme[242]. Vorbild für Ehrenzweigs „Full Aid" Insurance waren sog. „First Aid" Klauseln in amerikanischen Haftpflichtversicherungspolicen[243]. Danach verpflichtet sich der Versicherer gegenüber dem Versicherungsnehmer ohne Rücksicht auf die Haftungslage zur sofortigen Deckung der Arzt-, Arzneimittel- und Krankenhauskosten, die als Folge eines Verkehrsunfalls entstehen. Diese Klausel soll zu einem neuen Versicherungstyp — der sog. Full Aid oder auch Ersatzrecht-Versicherung[244] — erweitert werden, die allmählich die Haftpflichtversicherung selbst ablösen soll. Bis zu einer endgültigen gesetzlichen Regelung wird als Zwischenlösung die Einfügung einer sog. „Ersatzrechts-Versicherungs-Option" in die Haftpflichtpolicen vorgeschlagen[245]. Soweit der Geschädigte von dieser Option Gebrauch macht, soll der Versicherungsnehmer von jeder persönlichen Inanspruchnahme nach Common Law freigestellt werden.

Anregungen zu dieser haftungsersetzenden Versicherungslösung empfing Ehrenzweig im wesentlichen von der Arbeitsunfall-, der Luftverkehrsunfall- und der Kundenversicherung[246]. Als vorbildlich hebt er die

---

[240] So *Marx*, 42 A.B.A.J. 426 (1956); *Ehrenzweig*, Ersatzrecht-Versicherung, S. 21 Fußn. 62. Die gegenteilige Behauptung von *Boettinger*, VersR 1952, 309 Fußn. 12 ist offensichtlich unzutreffend.

[241] s. Literaturverzeichnis. Der Plan wurde in kaum veränderter Fassung auch in 43 Cal.L.R. 1 ff. (1955) und in verkürzter deutscher Fassung in der Festschrift für Albert Ehrenzweig, 1955, S. 9 ff. veröffentlicht. Er wurde diskutiert von: *Boettinger*, VersR 1952, 306; *Esmein*, J.C.P. 1955. I. 1253; *James*, 43 Cal.L.R. 559 (1955); *Keeton & O'Connell*, S. 165; *Kalven*, 33 Texas L.R. 778 (1955); *Ryan & Greene*, 42 A.B.A.J. 117 (1956); *Oftinger*, SJZ 1955, 79; *Prosser*, S. 587.

[242] *Prosser*, S. 587.

[243] S. 23.

[244] Ersatzrecht-Versicherung, S. 22.

[245] S. 39 f.; Ersatzrecht-Versicherung, S. 22.

[246] S. 25 ff.; Ersatzrecht-Versicherung, S. 11.

Bestimmungen von § 29 g und h (heute: § 50) des deutschen Luftverkehrsgesetzes und § 39 a der Allgemeinen Deutschen Spediteurbedingungen hervor, die eine Haftungsfreistellung des Luftfahrtunternehmens bzw. Spediteurs im Rahmen einer Unfall- bzw. Sachversicherung vorsehen[247]. Diese Entschädigungsregelungen bewiesen die Entbehrlichkeit eines auf dem Prinzip der Haftung und Haftpflichtversicherung basierenden Systems. Negative Auswirkungen auf Verkehrssicherheit, Moral oder Versicherungskosten seien ausgeblieben. Die gegenwärtige Konzeption der Schadensregulierung bei Verkehrsunfällen sei reformbedürftig[248], da dem Schädiger nur bei nachgewiesenem Verschulden der von ihm verursachte Schaden zugerechnet werden könne. Trotz extensiver Auslegung des Verschuldensbegriffs durch die Rechtsprechung, die sich in ihren Ergebnissen vielfach einer Gefährdungshaftung *(negligence without fault)* nähere, sei es nicht gelungen, *„jenes beschämende und gefährliche Schauspiel"* zu beenden, *„in dem Richter, Anwälte, Parteien und Zeugen sich mit Hilfe von Rechtsvermutungen, technischem Sachverstand und Meineid täglich darum bemühen, Monate oder Jahre nach einem Unfall einen Sachverhalt festzustellen, dessen Ablauf selbst im Augenblick seines Geschehens nicht feststellbar gewesen wäre"*[249]. Das Schuldkriterium sei für die Schadensüberwälzung auch deshalb ungeeignet, weil häufig nur eine *„technisch unrichtige Reaktion in der Agonie des Zusammenstoßes"*[250] den Unfall verursacht habe. In dogmatischer Hinsicht kranke die Schuldhaftung an dem inneren Widerspruch zwischen Straf- und Ausgleichsfunktion, der auch auf die Einrichtung der Haftpflichtversicherung übergegangen sei[251]. Die Versicherung gebe zuviel, soweit sie den Schädiger gegen die Folgen seines eigenen Verschuldens schütze; sie gebe andererseits zu wenig, soweit sie bei fehlendem Haftpflichtanspruch dem Geschädigten ihren Schutz versage.

Der lückenhafte Schutz der Verkehrsopfer im Rahmen der Haftpflichtversicherung veranlasse diese zu eigener Versicherungsdeckung, so daß dasselbe Risiko häufig doppelt versichert werde[252]. Das Zusammentreffen von Kasko- und Insassenversicherung einerseits und Haftpflichtversicherung andererseits verursache jedoch unnötige Prämienkosten.

Eine Verbesserung des Entschädigungssystems sei — was *Möller* schon 1934 erkannt habe — bei einer „Überwindung der Haftpflichtversicherung" durch eine Unfallversicherung zu erwarten[253]. Hauptziel einer

---

[247] S. 26 ff.
[248] Zum folgenden S. 3 ff.
[249] Ersatzrecht-Versicherung, S. 13.
[250] Ersatzrecht-Versicherung, S. 13.
[251] Ersatzrecht-Versicherung, S. 10.
[252] S. 18 f.; Ersatzrecht-Versicherung, S. 18 f.
[253] Ersatzrecht-Versicherung, S. 10.

Rechtserneuerung müßte die Schaffung eines privatwirtschaftlich verwalteten Versicherungssystems sein, das dem Erfordernis sicherer und gleichmäßiger Entschädigung ohne Gefährdung der Verkehrssicherheit entspreche[254].

a) Im Rahmen der *Full Aid Insurance* sind Versicherungsleistungen zu erbringen, wenn durch den Gebrauch eines Kraftfahrzeugs ein Unfall mit Personenschaden entstanden ist. Ein Verschulden bei der Schadensverursachung — sei es auf Seiten des Schädigers oder des Verletzten — wird grundsätzlich nicht berücksichtigt. Bei vorsätzlicher oder grob fahrlässiger Schädigung ist der Täter, nicht jedoch sein Opfer vom Versicherungsschutz ausgeschlossen.

"Any owner or operator of an automobile who carries „full aid" accident insurance in statutory minimum amounts for all injuries inflicted by the operation of his vehicle, would, under a new Automobile Insurance Law be relieved from his common-law liability for ordinary (in contrast to criminal) negligence"[255].

Die Fahrzeuginsassen werden in gleicher Weise wie andere Verkehrsteilnehmer entschädigt[256]. Der Versicherungsschutz schließt auch Angehörige und andere unentgeltlich beförderte Personen ein[257].

b) Die Leistungsskala ist dem Modell amerikanischer Arbeitsunfallversicherungen unter besonderer Berücksichtigung des „Federal Employees' Compensation Act" nachgebildet[258]. Orientiert an den Bedürfnissen unterer Einkommensgruppen soll den Verletzten und ihren Angehörigen eine Vergütung gezahlt werden, die ein *Mindestmaß* an Wiedergutmachung gewährleistet[259]. Die Ersatzbeträge sind *pauschaliert*, um eine einfache, gleichmäßige und sichere Schadensberechnung zu ermöglichen. Sie setzen sich aus Leistungen für unfallbedingte Arbeitsunfähigkeit, Krankheitskosten und die Versorgung der Hinterbliebenen zusammen.

Bei vollständiger und dauernder Arbeitsunfähigkeit[260] werden dem Geschädigten für die Dauer seines Lebens wöchentlich $ 50 gezahlt. Anstelle einer Rente können der Versicherer oder der Geschädigte eine einmalige Kapitalabfindung verlangen. Der Verlust oder die Funktionsunfähigkeit beider Hände, Arme, Füße, Beine oder Augen wird prima facie als vollständige dauernde Arbeitsunfähigkeit gewertet.

---

[254] S. 20; Ersatzrecht-Versicherung, S. 22.

[255] S. 30.

[256] S. 38; Ersatzrecht-Versicherung, S. 23.

[257] S. 38.

[258] S. 35.

[259] S. 36. Personen mit höherem Einkommen ist es selbstverständlich unbenommen, eine Zusatzversicherung abzuschließen.

[260] S. 37.

Bei vorübergehender oder dauernder Beeinträchtigung der Arbeitsfähigkeit[261] sowie bei vorübergehender, vollständiger Arbeitsunfähigkeit werden entsprechend dem Grad und der Dauer der Beeinträchtigung Entschädigungsleistungen erbracht, die sich nach den Gliedertabellen der Arbeitsunfallversicherung berechnen. Bei der Übernahme der im Federal Employees's Compensation Act festgelegten Taxen ist beispielsweise beim Verlust eines Fußes für 205 Wochen, einer Hand für 244 Wochen oder eines Auges für 160 Wochen der wöchentliche Entschädigungsbetrag von $ 50 zu zahlen[262].

Die Krankenkosten werden pauschal nach festen Quoten ersetzt[263].

Bei tödlichen Unfällen[264] erhält der überlebende Ehegatte eine Rente in Höhe von 45 % des Wochenbetrages von $ 50 für die Dauer seines Lebens oder bis zur Wiederverheiratung, die sich für jedes Kind um 15 % auf maximal 75 % des Wochenbetrages erhöht. Der Hinterbliebene kann anstelle der Rente eine Abfindung in Höhe von $ 10 000 verlangen. Für Begräbniskosten wird ein Pauschalbetrag von $ 500 zur Verfügung gestellt[265].

Bei Meinungsverschiedenheiten treffen Sachverständige über die Frage der Schadensverursachung und die Höhe des eingetretenen Schadens eine verbindliche Entscheidung[266].

Nach dem Full Aid Plan wird kein Schmerzensgeld gezahlt.

Ehrenzweig stellt die Einführung einer einwöchigen Wartefrist zur Diskussion, von der eine Senkung der Entschädigungsanträge um 32 % und eine Senkung der Versicherungsprämien um 20 % zu erwarten seien[267]. Auch die Anrechnung anderweitiger Ersatzleistungen, z. B. aus Privatversicherungen, sei zu erwägen[268].

Der Reformplan soll zunächst auf die sozial vordringliche Aufgabe der Regulierung von Unfällen mit Personenschäden beschränkt bleiben[269]. Sachschäden werden also weiterhin nach den Regeln des *Common Law* abgewickelt[270]. Ehrenzweig lehnt allerdings die Ausdehnung seines Versicherungsplans auf Sachschäden nicht grundsätzlich ab[271].

---

[261] S. 37.
[262] S. 60 Fußn. 211.
[263] S. 37 f.
[264] S. 36 f.
[265] S. 37.
[266] S. 37; Ersatzrecht-Versicherung, S. 22.
[267] S. 38.
[268] S. 38.
[269] S. 29 und 30; Ersatzrecht-Versicherung, S. 22; vgl. ferner *Keeton & O'Connell*, S. 166 Fußn. 6. Unzutreffend *Boettinger*, VersR 1952, 307, der von einer Körper- *und* Sachschadenversicherung spricht.
[270] Vgl. S. 30; Ersatzrecht-Versicherung, S. 22.
[271] 43 Cal.L.R. 37 (1955).

c) Falls der Eigentümer für sein Fahrzeug die Full Aid Versicherung abgeschlossen hat, sind er und der Fahrzeugführer von jeder eigenen — auch weiterreichenden — Haftung nach Common Law befreit[272]. Ausgenommen sind nur Sachschäden und solche Personenschäden, die vorsätzlich oder grob fahrlässig verursacht worden sind. Wer allerdings auf Grund seiner Haftpflichtansprüche höhere Entschädigungsleistungen erhält, als es im Rahmen der Full Aid Versicherung der Fall gewesen wäre, muß 10 bis 50 % seiner Entschädigung an einen besonderen Fonds abgeben[273].

d) Dieser sog. *Uncompensated-Injury Fund* wird von den Versicherern gemeinsam verwaltet. Aus ihm werden die Verkehrsopfer entschädigt, die wegen fehlender Versicherungsdeckung oder Nichtfeststellbarkeit des Fahrzeugs keine Wiedergutmachung erhalten würden[274]. Der Fonds wird ferner aus Bußgeldern und Staatsmitteln finanziert[275]. Die Bußen sind nach strafrechtlichen Grundsätzen, d. h. unter Berücksichtigung der individuellen Schuld und der Vermögensverhältnisse festzusetzen. Mit diesen sog. *tort fines* werden Verkehrsteilnehmer belegt, die den Unfall vorsätzlich oder grob fahrlässig verursacht haben[276]. Auch gegen Schwarzfahrer und Diebe, deren Opfer nunmehr gleichfalls gesichert sind, werden Bußen verhängt[277].

e) Die neue Unfallversicherung soll in Form der Privatversicherung betrieben werden[278]. Der Abschluß der Versicherung wird nicht gesetzlich vorgeschrieben[279]. Der Einfluß des Staates auf die Prämienkalkulation und die Versicherungsbedingungen soll eng begrenzt bleiben[280].

f) Nach Ansicht Ehrenzweigs wird eine Grundsatzreform infolge der vereinfachten Schadensabwicklung zu einer beträchtlichen Kostensenkung führen[281]. Schuldfragen könnten regelmäßig auf sich beruhen. Die Schadenshöhe lasse sich tabellarisch leicht ermitteln. Damit werde der Anlaß vieler Streitigkeiten mit hohen gerichtlichen und außergerichtlichen Kosten beseitigt[282]. Schließlich entfielen auch die Aufwendungen für mehrfache Versicherungen[283].

---

[272] S. 30.
[273] S. 33.
[274] S. 30.
[275] S. 30.
[276] S. 33; Ersatzrecht-Versicherung, S. 22 f., besonders S. 23 Fußn. 73.
[277] Ersatzrecht-Versicherung, S. 23.
[278] S. 31.
[279] S. 31.
[280] S. 31.
[281] S. 32 und 35.
[282] S. 35.
[283] S. 35.

Als wichtigste Vorzüge seines Vorschlags, der seiner Meinung nach auch auf deutsche Verhältnisse übertragen werden könnte, nennt Ehrenzweig[284] die Ausdehnung des Versicherungsschutzes sowie die verkehrserzieherischen Wirkungsmöglichkeiten im Rahmen des Bußgeldverfahrens. Daneben werde die Schadensabwicklung erheblich beschleunigt und verbilligt, da auf eine — zum großen Teil unberechenbare — Feststellung der Schuldfrage und der Höhe des tatsächlichen Schadens zu verzichten sei.

6. Greens „Loss Insurance"

Im Jahre 1956 hatte *Leon Green* — seinerzeit Dekan an der Northwestern University School of Law — einen Entschädigungsplan für die Opfer des Straßenverkehrs entworfen, der 1958 unter dem Titel „Traffic Victims-Tort Law and Insurance" erschien[285]. Dem Reformplan geht eine breit angelegte Untersuchung über die Entwicklung des Haftpflichtrechts voraus, das nach Auffassung von Green einen starken Funktionswandel erfahren hat[286]. Gegenüber dem liberalen 19. Jahrhundert, das den Interessen der aufblühenden Industrie und des Verkehrs entgegengekommen sei („Protection of the Group"), sei heute der Schutz der individuellen Rechtsgütersphäre in den Vordergrund gerückt. Das Haftpflichtrecht ist nach seiner Ansicht ungeeignet, die technisch bedingten Massenschäden gerecht zu verteilen[287]. Der Schuldmaßstab versage gegenüber dem komplexen Verkehrsgeschehen, das mit seinen stets wachsenden Anforderungen längst die Fähigkeit der Verkehrsteilnehmer zu unfallfreiem Verhalten überholt habe. *"The duties (placed) upon the operator during any moment of his operation of a motor vehicle can scarcely be catalogued in a dozen pages"*[288]. Da sich das Unfallgeschehen häufig nicht restlos aufklären lasse[289], sei eine zuverlässige Schuldfeststellung nur schwer zu treffen. Die Unsicherheit in der Beurteilung der Haftungsfrage verursache viele Prozesse, die nicht selten zu Ungunsten der Verkehrsopfer entschieden würden[290]. Dieser unbefriedigende Rechtszustand müsse, wie es schon vor Jahrzehnten im Bereich der Arbeitsunfälle geschehen sei — durch eine grundlegende Reform unter stärkerer Betonung des Versicherungsgedankens verbessert werden. Statt den Unfallschaden mit

---

[284] Ersatzrecht-Versicherung, S. 23 f.

[285] Vgl. Traffic Victims, S. 6. Die Vorstellungen von *Green* fanden starke Beachtung, vgl. Judicial Council of California, S. 18 f.; *Kalven*, 26 U. Chi.L.R. 679 (1959); *Keeton & O'Connell*, S. 159; *Mansfield*, 73 Harv.L.R. 1243 (1960); *Morris*, 107 U.Pa.L.R. 435 (1959); *Ward*, 59 Col.L.R. 545 (1959).

[286] Vgl. Traffic Victims, S. 9 ff.

[287] Vgl. Traffic Victims, S. 63 ff. (80 f.).

[288] Vgl. Traffic Victims, S. 66.

[289] Vgl. Traffic Victims, S. 67.

[290] Vgl. Traffic Victims, S. 81, S. 101.

den Mitteln des Haftpflichtrechts und der Haftpflichtversicherung zu verteilen, sei die Einführung einer Personen- und Sachversicherung zu erwägen. Diese sog. *Motor Vehicle Comprehensive Loss Insurance* muß kraft gesetzlicher Anordnung für jedes Motorfahrzeug vor seiner Zulassung zum Straßenverkehr abgeschlossen werden.

a) Laut Plan[291] hat jeder Verkehrsteilnehmer Anspruch auf Versicherungsleistungen, wenn er durch den Gebrauch eines Kraftfahrzeugs verletzt oder getötet wird.

"The insurance coverage required for a motor vehicle shall be for the benefit of any person injured through its use and the beneficiaries of any person so killed"[292].

Der Nachweis eines Verschuldens wird nicht vorausgesetzt. Wenn der Verletzte sich einer strafbaren Handlung schuldig macht, die jedoch nicht in einem bloßen Verstoß gegen Verkehrsvorschriften bestehen darf, sind Versicherungsleistungen an ihn ausgeschlossen. Bei versuchtem oder vollendetem Selbstmord werden keine Vergütungen gezahlt[293]. Alle Personen, mögen sie innerhalb oder außerhalb des Fahrzeugs verunglückt sein, sind gleichermaßen anspruchsberechtigt. Auch der Eigentümer, Fahrer, die Familienangehörigen und andere Fahrgäste sind gegen Unfallschäden versichert.

"Such coverage shall include physical injury to the owner, operator, and occupants of the motor vehicle, pedestrians, other vehicles and their owners, operators and occupants, landowners, bystanders and any other person ..."[294].

Die Versicherung deckt auch Sachschäden, die auf Kollision, Feuer, Diebstahl und andere mit dem Gebrauch des Fahrzeugs zusammenhängende Umstände zurückzuführen sind[295].

Ist der Schaden durch mehrere Fahrzeuge verursacht worden, haften alle Versicherer auf Ersatz des entstandenen Schadens[296]. Die Versicherer decken auch Schäden, die durch auswärtige, unversicherte oder nichtfeststellbare Kraftfahrer herbeigeführt worden sind[297]. Den Versicherern steht in diesen Fällen ein Regreßrecht gegen den Fahrzeugführer zu[298].

b) Der gesamte unfallbedingte Personen- und Sachschaden wird vorbehaltlich einer Selbstbeteiligung von $ 100 in vollem Umfang ver-

---

[291] Der eigentliche Reformplan umfaßt nur 17 Seiten bei einem Gesamtvolumen von 103 Seiten.

[292] Traffic Victims, S. 88.

[293] Traffic Victims, S. 88.

[294] Traffic Victims, S. 88.

[295] Traffic Victims, S. 88.

[296] Traffic Victims, S. 88.

[297] Traffic Victims, S. 91 f.

[298] Traffic Victims, S. 92.

gütet[299]. Die Schadenshöhe wird in jedem Einzelfall konkret ermittelt. Ein System mit Pauschalleistungen wird wegen mangelnder Anpassungsfähigkeit an die unterschiedlichen Bedürfnisse der Betroffenen abgelehnt[300]. Die erwähnte Selbstbeteiligung des Geschädigten soll für eine Übergangszeit bei Personen- und Sachschäden eingeführt werden[301]. Es besteht kein Anspruch auf Schmerzensgeld[302]. Die Entschädigung wird als einmalige Kapitalleistung erbracht.

c) Eine zivilrechtliche Haftung der Unfallbeteiligten ist ausgeschlossen. Bei gleichzeitiger Leistungsverpflichtung von Arbeitsunfall- und Verkehrsunfallversicherung muß der Verletzte sein Wahlrecht ausüben[303].

d) Die Versicherung wird von der Privatwirtschaft unter staatlicher Aufsicht betrieben[304]. Der Gesetzgeber soll den Abschluß der Versicherung unter Androhung von Strafsanktionen[305] vorschreiben. Die Police wird nicht auf den Eigentümer, sondern auf das Fahrzeug selbst ausgestellt[306]. Es spielt deshalb keine Rolle, ob das Fahrzeug von einem berechtigten oder unberechtigten Fahrer benutzt wird. Außerdem ist bei einer Veräußerung keine Umschreibung der Police erforderlich.

Der Plan enthält noch zahlreiche verfahrensrechtliche Anregungen[307], die auf eine Verringerung der Prozesse vor den Geschworenengerichten und damit eine Beschleunigung und Verbilligung der Schadensabwicklung abzielen. So soll in einem besonders ausgestalteten gerichtlichen Vorverfahren die Sach- und Rechtslage ohne Beteiligung der Geschworenen erörtert und eine gerichtliche Entscheidung vorbereitet werden[308].

e) Nach Auffassung von Green sind mit einer grundlegenden Reform des Entschädigungssystems keine höheren Versicherungsprämien verbunden[309]. Auf Grund der vorgeschlagenen Selbstbeteiligung würden die Versicherer von einer Vielzahl kleinerer Ersatzforderungen befreit. Infolge der vereinfachten Schadensabwicklung ließen sich außerdem erhebliche Verwaltungskosten einsparen. Neben diesen wirtschaftlichen Erwägungen sei von der angestrebten Reform ein besserer Verkehrsopfer-

---

[299] Traffic Victims, S. 88.

[300] Traffic Victims, S. 88. "The classification of injuries with predetermined price tags would be farcical" (S. 99).

[301] Traffic Victims, S. 96.

[302] Traffic Victims, S. 88.

[303] Traffic Victims, S. 99.

[304] Traffic Victims, S. 83 f., 87 f.

[305] Traffic Victims, S. 87.

[306] Traffic Victims, S. 94.

[307] Traffic Victims, S. 89 f.

[308] Traffic Victims, S. 90 f., 96 ff.

[309] Traffic Victims, S. 92 f.

schutz ohne kostspielige und zeitraubende Haftpflichtprozesse zu erwarten[310].

7. Vorschläge von Morris und Paul

Unter Leitung von *Clarence Morris* und *James C. N. Paul* wurden in den Jahren 1959 und 1960 statistische Untersuchungen über die wirtschaftlichen Folgen von Verkehrsunfällen durchgeführt[311]. Bei der Prüfung von 500 Schadensfällen ergab sich eine weitreichende Übereinstimmung mit den Ergebnissen des Columbia Plans. Trotz Ausbreitung der Haftpflichtversicherung und verbesserter Sozialleistungen erhalten viele Verkehrsopfer noch immer keine (23,9 %) oder nur eine unzureichende Entschädigung[312]. In mehr als einem Drittel aller Fälle werden andererseits übermäßig hohe Entschädigungen gezahlt[313]. Bei der Schadensabwicklung treten vielfach erhebliche Verzögerungen auf. Etwa die Hälfte aller Fälle sind nach einem Jahr noch nicht abgeschlossen[314]. Ferner ist zu beobachten, daß unter Hinzuziehung von Anwälten die Chance zur Realisierung von Haftpflichtforderungen beträchtlich größer ist[315].

Auf Grund dieses Befundes entwickelten Morris und Paul einen im Jahre 1962 veröffentlichten Reformplan[316], der vor allem eine bessere Sicherung bei schwerwiegenden Unfallschäden („economic disaster cases") vorsieht. Zu diesem Zweck soll ein Zusatzfonds *(Supplementary Insurance Fund)* gebildet werden, der unter Einsatz geringer Verwaltungskosten eine rasche Entschädigung der Verkehrsopfer ermöglicht.

a) Dieser Fonds ist zu Leistungen verpflichtet, wenn infolge eines Verkehrsunfalls ein Mensch verletzt oder getötet wird:

"... (claimants) have to show that their injuries or their decedent's death arose out of and in the course of an automobile accident"[317].

Ein Verschulden braucht nicht nachgewiesen zu werden. Der Fonds ist berechtigt, gegenüber dem schuldhaft handelnden Verkehrsteilnehmer in vollem Umfang Rückgriff zu nehmen[318].

b) Die Entschädigung soll einen Teil des Verdienstausfalls und der Krankheitskosten decken. Bei tödlichen Unfällen wird eine Hinter-

---

310 Traffic Victims, S. 102.

311 110 U.Pa.L.R. 914 (1962).

312 110 U.Pa.L.R. 920 (1962).

313 110 U.Pa.L.R. 922 (1962).

314 110 U.Pa.L.R. 923, insbesondere Fußn. 18 (1962).

315 110 U.Pa.L.R. 924 (1962).

316 Zu dem 7 Seiten umfassenden Vorschlag vgl. 110 U.Pa.L.R. 926 ff. (1962); weiter *Keeton & O'Connell*, S. 180.

317 110 U.Pa.L.R. 931 (1962).

318 110 U.Pa.L.R. 928 (1962).

bliebenenrente gezahlt. Schmerzensgeldansprüche bestehen nicht. Sachschäden werden aus Kostengründen und mangels sozialer Notwendigkeit nicht ersetzt[319]. Bei Personenschäden ist entsprechend der Zielsetzung, nur in Fällen echter Not eine begrenzte Hilfe zu gewähren, eine Selbstbeteiligung von $ 800 vorgesehen[320]. Eine Kostenbeteiligung in dieser Höhe rechtfertigt sich nach Ansicht von Morris und Paul aus finanziellen Gründen, da zur Deckung kleinerer Schäden meist private Ersparnisse ausreichten oder ein vorübergehender Kredit aufgenommen werden könnte[321]. Vorbehaltlich dieser Einschränkung gewährt der Fonds folgende Leistungen:

Im Falle eines Verdienstausfalls[322] werden 85 % der durchschnittlichen Einkünfte ersetzt. Dabei wird der monatliche Höchstverdienst auf $ 600 festgelegt. Die Zahlungen werden mit Erreichen der Pensionierungsgrenze wegen der dann eingreifenden sozialen und privaten Altersversorgung eingestellt.

Die Krankheitskosten[323] werden zu 85 % erstattet.

Bei entsprechender Bedürftigkeit wird den Angehörigen des tödlich verunglückten Ernährers der Familie ein Teil des Einkommens 4 Jahre lang weitergezahlt[324]. Auch in diesem Fall wird nur ein Höchstverdienst von $ 600 anerkannt. Beim Unfalltod einer Mutter von minderjährigen Kindern wird eine Pauschalentschädigung gewährt[325].

Dem Geschädigten, der einen Anwalt mit der Durchsetzung seiner Ansprüche gegenüber dem Fonds beauftragt hat, sollen von diesem 85 % der Honorarkosten erstattet werden[326].

c) Der Verletzte bleibt weiterhin berechtigt, seine Haftpflichtansprüche in vollem Umfang gegenüber dem Schädiger geltend zu machen. Zur Vermeidung unverhältnismäßig hoher Versicherungsleistungen bei kleineren Schadensfällen unterliegen Haftpflichtansprüche folgenden Einschränkungen: Bei einem Gesamtschaden von weniger als $ 800 für Verdienstausfall und Krankheitskosten können auch nach *Common Law* keine Schmerzensgeldansprüche angemeldet werden[327]. Unterhalb dieser

---

[319] 110 U.Pa.L.R. 927 (1962).

[320] 110 U.Pa.L.R. 926 f. (1962).

[321] 110 U.Pa.L.R. 927 (1962).

[322] 110 U.Pa.L.R. 927 f. (1962).

[323] 110 U.Pa.L.R. 927 (1962).

[324] 110 U.Pa.L.R. 928 (1962).

[325] 110 U.PaL.R. 928 Fußn. 26 (1962).

[326] 110 U.Pa.L.R. 932 (1962). Die Hinzuziehung eines Anwalts kann etwa bei schwer nachweisbarer Kausalität zwischen Unfall und Schaden geboten sein, vgl. 110 U.Pa.L.R. 931 f. (1962).

[327] 110 U.Pa.L.R. 929 f. (1962).

$ 800-Grenze muß sich der Geschädigte ferner anderweitige Ersatzleistungen auf seine Schadensersatzforderung anrechnen lassen[328].

d) Die Errichtung des Zusatzfonds soll gesetzlich vorgeschrieben werden[329]. Die Organisationsform wird nicht festgelegt. Bei staatlicher Organisation könne der Fonds aus Mitteln unterhalten werden, die durch Besteuerung der Fahrerlaubnis, der Fahrzeugzulassung oder des Benzinpreises gewonnen würden[330]. Bei privatwirtschaftlicher Organisation müßten die Haftpflichtversicherer die notwendigen Finanzmittel zur Verfügung stellen[331]. Morris und Paul rechnen nicht mit wesentlichen Prämienerhöhungen, da den Leistungserweiterungen die erwähnten Einschränkungen der Haftpflichtansprüche gegenüberstehen[332].

8. Der Ontario Plan

Am 5. April 1960 faßte das Parlament der kanadischen Provinz Ontario den Beschluß, einen parlamentarischen Sonderausschuß einzusetzen, der die finanziellen Auswirkungen von Verkehrsunfällen umfassend untersuchen sollte[333]. Dieses sog. *Select Committee on Automobile Insurance* empfahl dem Gesetzgeber die Einrichtung eines Garantiefonds („Motor Vehicle Accident Claims Fund"), der die Verkehrsteilnehmer bei einer Schädigung durch nichtversicherte, nicht feststellbare oder gestohlene Kraftfahrzeuge schützen sollte. Ferner waren Maßnahmen zur Verbreitung der Kfz-Haftpflichtversicherung und eine Erhöhung der Versicherungssummen geplant[334]. Das Parlament von Ontario entsprach diesen Vorschlägen inzwischen. Der Sonderausschuß legte dem Gesetzgeber dann im März 1963 seinen Abschlußbericht[335] vor, in dem die Einführung einer zusätzlichen Unfallversicherung für die Opfer des Straßenverkehrs vorgeschlagen wird. Die Unfallversicherung soll gewährleisten, daß auch diejenigen Verkehrsopfer eine angemessene Wiedergutmachung erhalten, denen keine Haftpflichtansprüche zustehen. Wer infolge eigener Unachtsamkeit verunglückt ist, verdient nach Auffassung der Kommission ebenfalls die Unterstützung der Allgemeinheit, in deren Interesse der gefährliche Betrieb mit Kraftfahrzeugen zugelassen wird[336].

---

[328] 110 U.Pa.L.R. 930 (1962).

[329] 110 U.Pa.L.R. 926 Fußn. 24 (1962).

[330] 110 U.Pa.L.R. 926 Fußn. 24 (1962).

[331] 110 U.Pa.L.R. 926 Fußn. 24 (1962).

[332] 110 U.Pa.L.R. 928 (1962).

[333] Final Report, S. 3. Dem Ausschuß gehörten folgende Parlamentsmitglieder an: James N. Allen, Keith Brown, A. H. Cowling, Norman Davison, J. F. Edwards, George Gomme, Jules Morin, Donald H. Morrow, J. R. Simonett, Vernon M. Singer, Ross Whicher, Harry Worton.

[334] Final Report, S. 4.

[335] Final Report, S. 5 ff. Zum Ontario Plan vgl. *Keeton & O'Connell*, S. 152.

[336] Final Report, S. 5 f.

a) Der in Zusammenarbeit mit der Versicherungswirtschaft erstellte Plan[337] sieht vor, daß unabhängig von einem Verschulden der Beteiligten Versicherungsleistungen zu erbringen sind, wenn bei einem Verkehrsunfall ein Mensch verletzt oder getötet wird. Auch der Eigentümer, der Fahrzeugführer, Angehörige und andere Insassen sind versichert.

"Benefits (are) payable for bodily injury or death,

(a) to any occupant (driver and passengers) of the described automobile and any pedestrian struck by that automobile;

(b) to the insured named in the policy and spouse and any dependent relative residing in the same dwelling premises as the named insured when an occupant of or as pedestrian struck by any other private passenger automobile"[338].

Wer in betrunkenem Zustand, ohne Führerschein oder Kraftfahrzeugzulassung bzw. durch andere strafbare Handlungen einen Unfall verursacht, erhält keine Entschädigung[339]. Dies gilt allerdings nicht bei tödlich verlaufenden Unglücksfällen.

b) Die Leistungsskala[340] zeigt große Ähnlichkeit mit dem Saskatchewan Modell. Es sind Pauschalsummen für Erwerbsausfall, Heilkosten, Invalidität und Tod vorgesehen.

Schmerzensgeldansprüche bestehen nicht.

Der Verletzte erhält bei vollständiger Arbeitsunfähigkeit[341] vom 8. Tag nach dem Unfall bis zur Dauer von 104 aufeinanderfolgenden Wochen sog. *weekly benefits* in Höhe von (kan.) $ 35. Dieser Rentenanspruch verlängert sich um weitere 104 Wochen bei dauernder und vollständiger Arbeitsunfähigkeit. Eine Hausfrau wird bei vollständiger Arbeitsunfähigkeit während einer Höchstdauer von 12 Wochen mit einem Wochenbetrag von $ 25 entschädigt.

Bei Invalidität[342] werden Vergütungen gezahlt, die vom Grad der Verletzung abhängen. Beim Verlust beider Hände, Füße oder des Augenlichts werden $ 5 000, beim Verlust einer Hand, eines Fußes oder der Sehfähigkeit auf einem Auge werden $ 2 500, bei Beinamputationen oberhalb des Knies und Armamputationen oberhalb des Ellenbogens werden $ 3 750 gezahlt.

---

[337] Final Report, S. 6.

[338] Final Report, S. 6.

[339] Final Report, S. 8.

[340] Final Report, S. 6 f. In subsection 1 sind „Death Benefits", in subs. 2 Leistungen für „Dismemberment and Loss of Sight", in subs. 3 „Medical Payments", in subs. 4 ein Betrag für „Funeral Expenses" und in subs. 5 „Weekly Benefits" vorgesehen.

[341] Final Report, S. 7.

[342] Final Report, S. 7.

Notwendige Heilkosten[343] bei ambulanter oder stationärer Behandlung werden bis zu $ 2 000 ersetzt, soweit sie nicht bereits von der *Ontario Hospital Service Commission* übernommen werden.

Bei tödlichen Unfällen[344] erhalten die Angehörigen Abfindungen, die sich nach ihrem Verwandtschaftsgrad, Alter und Geschlecht richten. Als sog. *death benefits* sind vorgesehen:

Beim Tod eines 18 bis 59 Jahre alten verheirateten Mannes $ 5 000, eines 60 bis 70 Jahre alten Mannes $ 3 000 und eines mehr als 70 Jahre alten Mannes $ 2 000;

beim Tod einer verheirateten Frau entsprechend $ 2 500, $ 1 500 und $ 1 000;

beim Tod weiterer Angehöriger jeweils $ 1 000;

beim Tod eines Kindes bis zu 4 Jahren $ 250 und darüber bis zu 17 Jahren $ 500.

Für Begräbniskosten[345] wird ein Pauschalbetrag von $ 350 bereitgestellt.

c) Dem Geschädigten bleibt es unbenommen, weiterreichende Haftpflichtansprüche nach *Common Law* gegenüber dem Schädiger geltend zu machen, was insbesondere für den nichtversicherten Sachschaden und für Schmerzensgeldansprüche von Bedeutung ist. Bei Personenschäden muß sich der Verletzte die bereits erbrachten Versicherungsleistungen auf seinen Schadensersatzanspruch anrechnen lassen[346].

Die Unfallversicherung kann gegenüber dem schuldhaft handelnden Verkehrsteilnehmer keinen Rückgriff nehmen. Dadurch soll eine weitere, mit Kosten verbundene Schadensverlagerung vom Unfallversicherer auf den Haftpflichtigen bzw. dessen Haftpflichtversicherer unterbunden werden[347].

d) Falls der Unfall von einem nicht versicherten Fahrzeug verursacht worden ist, soll der bereits erwähnte Garantiefonds Leistungen in gleichem Umfang wie bei bestehender Versicherung erbringen[348]. Auch die Insassen — einschließlich des Eigentümers — eines nichtversicherten Fahrzeugs sollen anspruchsberechtigt sein. Der nicht versicherte Eigentümer muß aber bei der Registrierung seines Fahrzeugs erheblich höhere Gebühren entrichten, die dem Garantiefonds zugeführt werden.

---

[343] Final Report, S. 7.
[344] Final Report, S. 6.
[345] Final Report, S. 7.
[346] Final Report, S. 7.
[347] Final Report, S. 8; *Keeton & O'Connell*, S. 156 Fußn. 10.
[348] Final Report, S. 8.

e) Die Unfallversicherung soll in Form der Privatversicherung betrieben werden[349]. Ein besonderes staatliches Verwaltungsbüro wie in Saskatchewan ist nicht vorgesehen.

Ein unmittelbarer gesetzlicher Zwang zum Abschluß der Unfallversicherung soll nicht ausgeübt werden. Wer eine Haftpflichtversicherung für sein Fahrzeug abschließt, wozu er durch zahlreiche gesetzgeberische Maßnahmen angehalten wird[350], muß jedoch die Unfalldeckung in seine Haftpflichtpolice aufnehmen[351].

f) Nach Information der Versicherungswirtschaft[352] würde die zusätzliche Unfalldeckung die bisherigen Versicherungsprämien nur um etwa 12,6 % verteuern. Auf die durchschnittliche Haftpflichtprämie in Ontario bezogen entspricht dies einer Prämienerhöhung von $ 7.81.

9. Der „Basic Protection“ Plan von Keeton und O'Connell

Robert E. Keeton (Harvard) und *Jeffrey O'Connell* veröffentlichten im Jahre 1965 unter dem Titel „Basic Protection for the Traffic Victim — A Blueprint for Reforming Automobile Insurance“ das bisher umfangreichste Reformwerk, das auf über 600 Seiten unter eingehender Berücksichtigung des gegenwärtigen Diskussionsstandes eine Neuordnung des Entschädigungssystems empfiehlt[353].

Der heutige Rechtszustand im Bereich der Verkehrsopferentschädigung sei unbefriedigend[354], wie zahlreiche empirische Untersuchungen bewiesen. Die Institutionen des Haftpflichtrechts und der Haftpflichtversicherung vermöchten keine gerechte und zweckmäßige Verteilung der Massenschäden herbeizuführen[355]. Viele Unfallopfer erhielten keinerlei Entschädigung, da dem Schädiger ein Verschulden nicht nachzuweisen sei oder weil keine Versicherungsdeckung bestehe[356]. Geringfügigere Schäden würden dagegen häufig überkompensiert[357]. Den Bedingungen

---

[349] Dagegen setzte sich das Ausschußmitglied Davison aus Kostengründen für eine staatliche Versicherung ein, Final Report, S. 5.

[350] Ein nichtversicherter Kraftfahrzeugeigentümer muß bei der Registrierung beispielsweise zusätzliche Gebühren bezahlen, Final Report, S. 4.

[351] "That coverages along the foregoing lines be made an integral and mandatory part of the standard automobile policy ...", Final Report, S. 8.

[352] Final Report, S. 7.

[353] Vgl. zur Auseinandersetzung mit Keeton & O'Connell: *Thode*, 115 U.Pa. L.R. 138 (1965); *Tunc*, Rev. Int. Dr. Comp. 439 (1966); *Kluwin*, Insurance Law Journal 389 (1967). Weitere Nachweise bei *Tunc*, Rev. int. dr. comp. 1968, 514 Fußn. 8.

[354] S. 34 ff.

[355] Durchgehend, besonders S. 1 ff., 15 ff., 244 ff.

[356] S. 1.

[357] S. 2.

des modernen Straßenverkehrs werde das Schuldkriterium nicht gerecht, da zahlreiche Unfälle trotz Beobachtung der erforderlichen Sorgfalt einzutreten pflegten. *"Many automobile accidents are simply 'the inevitable result of putting the power of hundreds of horses into frail human hands for use in a crowded and intractable world of snow or darkness or glare' "*[358].

Ferner lasse sich das komplexe und in Sekundenschnelle ablaufende Unfallgeschehen nur unter erheblichen Schwierigkeiten nachträglich feststellen[359]. Die Schadensabwicklung vollziehe sich in langen Zeiträumen, obwohl die Verkehrsopfer auf rasche Entschädigungsleistungen angewiesen seien[360]. Die Gerichte würden mit Schadensersatzklagen aus Unfällen überlastet. Mehr als die Hälfte aller Prozesse seien Unfallsachen[361]. Bis zu einer gerichtlichen Entscheidung vergingen nicht selten mehrere Jahre[362]. Die Prozesse vermittelten oft den Eindruck eines Schauspiels, das von einer hochspezialisierten und gutbezahlten Anwaltschaft vor einer aufnahmebereiten Geschworenenbank inszeniert würde[363]. Das gegenwärtige System erfordere hohe Aufwendungen für Anwalts-, Gerichts- und Verwaltungskosten. Diese Ausgaben seien höher als die gesamten Netto-Entschädigungsleistungen[364]. Die Lücken im geltenden Schutzsystem veranlaßten viele zum Abschluß von Doppelversicherungen und verursachten entsprechende Mehraufwendungen[365].

Diese Unzulänglichkeiten sollten durch Einführung einer Unfallversicherung überwunden werden. Der von Keeton und O'Connell entwickelte Reformplan lehnt sich an das Vorbild amerikanischer Krankenversicherungspolicen an[366]. Er enthält auch den Entwurf eines sog. *Motor Vehicle Basic Protection Insurance Act*[367], in dem die bis in technische Einzelheiten reichenden Verbesserungsvorschläge enthalten sind.

a) Jeder Verkehrsteilnehmer hat Anspruch auf Versicherungsleistungen, wenn er bei einem Verkehrsunfall einen Personenschaden erleidet. Section 2.2 des Gesetzentwurfs lautet[368]:

"Under basic protection insurance the insurer is liable to pay benefits reimbursing persons suffering loss for net loss suffered through accidental injury arising out of the ownership, maintenance, or use of a motor vehicle ..."

---

[358] S. 24.
[359] S. 19 ff.
[360] S. 32.
[361] S. 13 ff.
[362] Vgl. Angaben S. 13 f.
[363] S. 29: "... personal injury litigation often assumes the aura of a theatrical production."
[364] S. 69 f.
[365] S. 70.
[366] S. 273 f.
[367] S. 299 ff. Erläuterungen dazu finden sich auf S. 386 ff.
[368] S. 308.

Die Entschädigung wird unabhängig von einem eigenen oder fremden Verschulden gewährt. Bei vorsätzlicher Unfallverursachung[369], ggf. auch bei rücksichtsloser Fahrweise *(recklessness)*[370] ist ein Versicherungsschutz ausgeschlossen. Die Versicherung ist in diesen Fällen berechtigt, in Höhe der erbrachten Versicherungsleistungen gegen den Schädiger Regreß zu nehmen[371].

Fahrzeuginsassen einschließlich des Eigentümers und Fahrers sind in gleicher Weise anspruchsberechtigt wie außenstehende Dritte[372].

Bei Unfällen zwischen mehreren versicherten Fahrzeugen sind die Ansprüche der Insassen gegen die Versicherung des eigenen Fahrzeugs zu richten[373]. Alle anderen Personen können wahlweise einen oder mehrere Versicherer in Anspruch nehmen[374]. Im Innenverhältnis findet zwischen den Versicherern ein entsprechender Schadensausgleich statt[375].

b) Die Versicherung deckt grundsätzlich den gesamten unfallbedingten Personenschaden. Die Mindestversicherungsdeckung beträgt $ 10 000 pro Person und $ 100 000 pro Schadensfall[376]. Der Geschädigte muß allerdings die ersten $ 100 oder — falls dieser Betrag höher liegt — 10 % des entgangenen Arbeitseinkommens selbst tragen[377].

Nach der Standardpolice wird kein Schmerzensgeld gezahlt[378]. Insofern kann jedoch eine Zusatzversicherung abgeschlossen werden[379].

Der ersatzfähige Schaden wird nach unfallbedingten Aufwendungen *(allowable expenses)*, Einkommensverlust *(work loss)* und Unterhaltsentzug bei tödlichem Unfall eines Angehörigen *(survivor's loss)* aufgegliedert[380].

Unter den Begriff der *allowable expenses*[381] fallen alle vernünftigen Ausgaben für notwendige Heilmittel, Dienstleistungen und Krankenhausaufenthalt. Die Versicherung ersetzt die Kosten eines Krankenhausaufenthalts in einer bestimmten Klasse *(semiprivate accomodations)*. Die Beerdigungskosten werden bis $ 500 vergütet.

[369] s. 1.7, S. 304; auch S. 395 ff.

[370] Zu diesem Alternativvorschlag S. 396 f.

[371] s. 2.8 (a), S. 317.

[372] S. 277.

[373] s. 2.6 (d), S. 312.

[374] s. 2.6 (e), S. 312.

[375] s. 2.6 (g), S. 313.

[376] s. 2.3 (e), S. 309.

[377] s. 2.3 (a), S. 309. Auf diese Weise soll ein grundloses „Krankfeiern" verhindert werden, vgl. S. 282.

[378] s. 1.9 (c), S. 305; ferner S. 358 ff.

[379] s. 2.5 (b), S. 311.

[380] s. 1.9, S. 305.

[381] s. 1.9 (a), S. 305.

Einkommensverluste[382] wegen verminderter Arbeitsfähigkeit werden in Höhe von 90 % entschädigt[383]. Die maximale Entschädigungssumme beträgt $ 750 pro Monat[384]. Auf diese Weise sollen extreme Leistungsspitzen bei wenigen Großverdienern vermieden werden[385]. Dieser Personenkreis kann selbstverständlich eine entsprechende Zusatzversicherung abschließen.

Bei tödlich verlaufenden Unfällen erhalten die Angehörigen die gleichen Zuwendungen, die ihnen der Verstorbene bei Lebzeiten erbracht hätte[386].

Der Versicherer übernimmt bei Beauftragung eines Anwalts die Hälfte der Honorarforderung[387].

Anderweitige Ersatzleistungen werden grundsätzlich auf die Leistungen der Basic Protection Insurance angerechnet[388]. Ausnahmen gelten bei Wegfall einer Unterhaltsverpflichtung, bei Annahme einer Erbschaft oder von Geschenken sowie bei Leistungen privater Lebensversicherungen[389].

Die Entschädigung erfolgt im allgemeinen in Form einer Rente. Schäden bis $ 1 000 werden in einem Kapitalbetrag ersetzt[390]. Die Leistungen werden innerhalb von 30 Tagen nach der Schadensanzeige fällig[391]. Danach sind 6 % Verzugszinsen zu entrichten[392].

Neben der Standardpolice kann ein engerer Versicherungsschutz gewählt werden, bei dem Selbstbeteiligungen bis $ 300 bzw. 30 % des Gesamtschadens vereinbart werden können[393]. Sie wirken sich jedoch nur im Innenverhältnis zwischen Versicherungsnehmer und Versicherer, nicht dagegen im Verhältnis zwischen Versicherer und Drittem aus. Umgekehrt ist eine Zusatzdeckung mit niedrigerer Selbstbeteiligung, höheren Versicherungssummen und unter Einbeziehung von Schmerzensgeld möglich[394].

---

382 s. 1.9 (b), S. 305.
383 s. 2.3 (a), S. 309.
384 s. 2.3 (d), S. 309.
385 S. 283.
386 s. 1.9 (e), S. 305 f.
387 s. 3.8 (c), S. 322; auch S. 293 f.
388 s. 1.10 (a), S. 306.
389 s. 1.10 (b), S. 306.
390 s. 3.3, S. 319; auch S. 277.
391 s. 3.1 (b), S. 318.
392 s. 3.4 S. 319.
393 s. 2.4, S. 309 f.
394 s. 2.5, S. 310 ff.

Sachschäden[395] werden nach dem Plan nicht ersetzt, da die meisten Kraftfahrzeugeigentümer bereits freiwillig eine Kaskoversicherung *(collision insurance)* abgeschlossen hätten. Die Einbeziehung von Sachschäden würde nach Ansicht von Keeton und O'Connell auch zu beträchtlichen Prämienerhöhungen führen.

c) Soweit die Versicherungsdeckung reicht, sind Ansprüche des Geschädigten nach *Common Law* ausgeschlossen[396]. Das gilt auch bei Schmerzensgeldansprüchen unter $ 5 000[397]. Im übrigen, d. h. besonders bei Sachschäden und Personenschäden unter $ 100 und über $ 10 000, ist Haftpflichtrecht anwendbar[398]. Der Abschluß einer Haftpflichtversicherung ist nicht vorgeschrieben[399]. Falls der Haftpflichtschuldner keine Unfallversicherung abgeschlossen hat und der Geschädigte bereits von seiner eigenen Unfallversicherung Leistungen erhalten hat, muß er diese bei erfolgreicher Durchsetzung seiner Ansprüche an die Unfallversicherung zurückzahlen[400]. Dieser Fall kann eintreten, wenn ein versicherter Kraftfahrer durch das Verschulden eines Fußgängers zu Schaden kommt.

d) Die Versicherer sind verpflichtet, einen Entschädigungsfonds *(assigned risk plan)* einzurichten und zu unterhalten[401]. Die Verwaltungsaufgaben sollen einem sog. *Assigned Claims Bureau* zugewiesen werden. Gegen diese Stelle kann ein Verkehrsopfer bei Anonymschäden, fehlender und nicht ausreichender Versicherungsdeckung seine Ansprüche in gleichem Umfang wie im Rahmen der Unfallversicherung geltend machen[402].

e) Die *Basic Protection Insurance* wird von der privaten Versicherungswirtschaft betrieben[403]. Jeder Kraftfahrzeugeigentümer ist unter Androhung von Strafe verpflichtet, die Versicherung abzuschließen[404]. Die vorgeschriebene Versicherungsdeckung ist Voraussetzung für die Fahrzeugregistrierung[405].

f) *Keeton und O'Connell* rechnen bei Durchführung ihres Plans mit beträchtlich niedrigeren Versicherungsprämien[406]. Die zusätzlichen Leistungen würden durch Streichung von Schmerzensgeldansprüchen und

---

[395] s. 2.3 (c), S. 309, 280 f.
[396] s. 4.1, S. 323.
[397] s. 4.2 (a), S. 323.
[398] s. 4.2, S. 323 f.
[399] S. 288.
[400] s. 1.10 (c) (2), S. 307.
[401] s. 9.1, S. 334.
[402] s. 9.4, S. 335.
[403] Vgl. s. 9.1, S. 334.
[404] s. 7.1, S. 332 f.
[405] s. 5.1, S. 326.
[406] Zum folgenden S. 295 ff.

Einsparung von Verwaltungskosten mehr als aufgewogen. Ein wesentlicher Zeit- und Kostenaufwand entfiele deshalb, weil es auf die Beurteilung der regelmäßig schwierigen Haftpflichtfrage und der Höhe einer Schmerzensgeldforderung im allgemeinen nicht ankomme. Daneben spare der einzelne die Kosten für eine mehrfache Versicherung, da mit der neuen Unfallversicherung ein sicherer und umfassender Versicherungsschutz gewährleistet werde.

Neben dem ausgewogeneren Verhältnis zwischen Versicherungsleistungen und Verwaltungskosten sehen Keeton und O'Connell die Hauptvorzüge ihres Reformplanes in dem lückenlosen Verkehrsopferschutz, der raschen Schadensabwicklung und der Verminderung von gerichtlichen und außergerichtlichen Rechtsstreitigkeiten.

B. Frankreich

I. Grundzüge des französischen Entschädigungssystems

1. Haftpflichtrecht

Der zivilrechtliche Ausgleich von Verkehrsunfallschäden bestimmt sich in Frankreich nach den Deliktsnormen der Art. 1382 ff. Cc. Neben den generalklauselartigen Tatbeständen der Haftung für eigenes[1] oder fremdes[2] Verschulden *(faute*[3]*)* gilt bei Schädigung durch Kraftfahrzeuge eine von der Rechtsprechung auf der Grundlage des Art. 1384 Abs. 1 Cc entwickelte strenge Sachhalterhaftung[4]. Seit der grundlegenden Entscheidung der Vereinigten Kammern der *Cour de Cassation* vom 13. 2. 1930[5] ist anerkannt, daß der Halter einer Sache *(le gardien)* grundsätzlich für den Schaden haftet, der durch sie verursacht wird. Fehlendes eigenes Verschulden vermag diese Haftungsvermutung *(présomption de responsabilité)*[6] allein nicht zu zerstören.

---

[1] Die Haftung für eigenes vorsätzliches und fahrlässiges Verhalten ist in Art. 1382, 1383 Cc geregelt; vgl. zum französischen Deliktsrecht *A. Heldrich*, S. 23 ff., *Starck*, R.T. 1966, 635.

[2] Nach Art. 1384 Cc haften die Eltern für ihre Kinder, die Handwerker für ihre Lehrlinge, die Lehrer für ihre Schüler und die Geschäftsherren für ihre Verrichtungsgehilfen. In der Person des Schädigers müssen die Voraussetzungen einer „faute" gegeben sein. Das Verschulden der Eltern und Handwerker wird widerlegbar, das der Geschäftsherren unwiderlegbar vermutet; vgl. ausführlich *A. Heldrich*, S. 47 ff.

[3] Zur dogmatischen Einordnung des schillernden Begriffs der „faute" vgl. *A. Heldrich*, S. 24 ff.

[4] Zur richterlichen Rechtsschöpfung im Bereich der Sachhalterhaftung vgl. *Tunc*, S. 11.

[5] (Arrêt Jand'heur) D.P. 1930.1.57.

[6] Zur Terminologie vgl. *Ripert-Boulanger* II, no. 1063.

a) Die auch als *responsabilité de plein droit*[7] bezeichnete Haftung setzt auf der Passivseite die Haltereigenschaft voraus. Diese Eigenschaft erfüllt, wer Inhaber der im eigenen Interesse ausgeübten tatsächlichen Verfügungsgewalt ist[8]. Der Schaden muß sodann durch den *fait de la chose* bewirkt worden sein[9]. Ein rechtlich ausreichender Kausalzusammenhang zwischen Sache und Schaden wird jedoch vermutet[10]. Schädigungen, die unmittelbar auf menschliches Verhalten (z. B. Vorsatztaten) zurückzuführen sind[11], scheiden aber aus. Die Sache darf bei der Schadensentstehung keine rein passive Rolle gespielt haben. Sie kommt beispielsweise als „cause génératrice du dommage"[12] nicht in Betracht, wenn sie sich in ordnungsgemäßem Zustand oder an ordnungsgemäßem Platz befindet. Der Halter eines vorschriftsmäßig geparkten Fahrzeugs kann deshalb nicht aus Art. 1384 Cc in Anspruch genommen werden[13]. Eine besondere Gefährlichkeit der Sache wird nicht verlangt, vielmehr kann jede Sache die strenge Sonderhaftung auslösen[14].

Der Halter kann die Haftungsvermutung nur durch den Nachweis entkräften, der Schaden sei Folge einer fremden, ihm nicht zurechenbaren Ursache *(cause étrangère)*[15]. Als Entlastungsgründe sind Zufall („cas fortuit") bzw. höhere Gewalt („force majeure") sowie das unvorhersehbare Verhalten eines Dritten oder des Geschädigten („le fait d'un tiers" bzw. „la faute de la victime") anerkannt[16]. Unter den synonym[17] angewandten Begriffen Zufall und höhere Gewalt wird ein Ereignis verstanden, das seine Ursache außerhalb der schadenstiftenden Sache hat, unvorhersehbar und in seinen Folgen unabwendbar ist („normalement imprévisible et inévitable")[18]. Wie im Falle des unabwendbaren Ereignisses nach § 7 Abs. 2 StVG gilt die Entlastungsmöglichkeit nur bei

---

[7] *Tunc*, S. 11.

[8] *Planiol-Ripert* VI, no. 613; *Ripert-Boulanger* II, no. 1057. Die Rechtsprechung verlangt „l'usage, la direction et le contrôle de la chose", Cass.ch.réun. 2. 12. 1941 (Arrêt Connot) D.C. 1942.25. Bei einem Diebstahl verliert der frühere Gewahrsinhaber den Gewahrsam an den Dieb, der allein nach Art. 1384 Abs. 1 Cc haftet.

[9] *Colin-Capitant* II, no. 1204 ff.; *Ripert-Boulanger* II, no. 1050 ff.

[10] *Planiol-Ripert* VI, no. 620.

[11] *Mazeaud-Tunc* II, no. 1248; *Zweigert-Kötz*, S. 8.

[12] *Mazeaud-Tunc* II, no. 1211.—4 m. w. N.

[13] *Mazeaud-Tunc* II, no. 1211.—4; *Ripert-Boulanger* II, no. 1064; *Zweigert-Kötz*, S. 8 f.

[14] Vgl. *Planiol-Ripert* VI, no. 615; *Ripert-Boulanger* II, no. 1047 f.

[15] Cass.ch.réun. 13. 2. 1930 D.P. 1930.1.57.

[16] Cass.ch.réun. 13. 2. 1930 D.P. 1930.1.57; Cass. Civ. 2. 7. 1946 D. 1946.392; *Ripert-Boulanger* II, no. 1063 ff. Die „cause étrangère" ist Oberbegriff aller Entlastungsgründe, vgl. *Mazeaud-Tunc* II, no. 1429 ff.

[17] *Mazeaud-Tunc* II, no. 1551.

[18] Cass. Civ. 2. 7. 1946 D. 1946.392.

betriebsfremden Ursachen, während der Halter für Betriebsgefahren stets uneingeschränkt einzustehen hat[19]. Die Rechtsprechung hat auch eine plötzlich eintretende Bewußtlosigkeit des Fahrers nicht als Entlastungsgrund anerkannt[20].

Das Verhalten des Geschädigten oder eines Dritten muß für den Halter unvorhersehbar und unabwendbar gewesen sein[21]. Haben der Schädiger und der Geschädigte den Unfall gemeinsam zu verantworten, so wird der Schaden unter den Beteiligten entsprechend dem Grad der Verursachung und des Verschuldens geteilt[22]. Bei einer von keiner Seite verschuldeten Kollision von zwei oder mehr Fahrzeugen finden die Grundsätze der Sachhalterhaftung unbeschränkt Anwendung. Die Eigentümer können also vollen Ersatz ihres Personen- oder Sachschadens verlangen[23].

Bei unentgeltlichem Gebrauch, insbesondere bei reiner Gefälligkeitsfahrt *(transport purement bénévole)* wendet die Rechtsprechung nicht die Regeln der Sachhalterhaftung an. Der Geschädigte besitzt nur bei nachgewiesenem Verschulden Ersatzansprüche[24]. Hat die Fahrt nicht ausschließlich Gefälligkeitscharakter *(transport interessé)*, so regeln sich die Rechtsbeziehungen nach Art. 1384 Abs. 1 Cc[25].

Im Falle einer — auch schuldhaft ermöglichten — Schwarzfahrt bestimmt sich die Ersatzpflicht des Halters nicht nach den Grundsätzen der Sachhalterhaftung, sondern nach Art. 1382, 1383 Cc[26].

b) Der entstandene Schaden wird ohne Begrenzung auf Höchstbeträge und bestimmte Schadensarten vollständig ersetzt (Grundsatz der *réparation intégrale)*[27]. Bemerkenswert ist der großzügige Ersatz immaterieller Schäden. Dazu zählen physische Schmerzen *(pretium doloris)*, Verunstaltungen und sonstige Einbußen des äußeren Erscheinungsbildes *(préjudice esthétique)* sowie der psychische Schmerz beim Tod naher Angehöriger *(préjudice moral)*[28].

---

[19] Cass. Civ. 2. 7. 1946 D. 1946.392; *Tunc*, S. 12.

[20] Cass. Civ. 18. 12. 1964 D. 1965.191.

[21] *Mazeaud-Tunc* II, no. 1652.

[22] *Mazeaud-Tunc* II, no. 1505 ff.; *Gaudemet- Tallon*, S. 227.

[23] Cass. Civ. 20. 3. 1933 D.P. 1933.1.57 mit note Savatier; *Mazeaud-Tunc* II, no. 1535 ff. m. w. N.

[24] Die Rechtsprechung verwendet die Figur der „acceptation des risques", vgl. Cass. Civ. 27. 3. 1928 D.P. 1928.1.145; *Mazeaud-Tunc* II, no. 1273 ff. (1285).

[25] *Mazeaud-Tunc* I, no. 110; *Schneider*, S. 28.

[26] Cass. Civ. 17. 6. 1946, Gaz. Pal. 1946.2.67; unklar Conseil d'Etat 26. 1. 1940, Gaz. Pal. 1940.1.342.

[27] *Colin-Capitant* II, no. 895.

[28] Vgl. *Mazeaud-Tunc* I, no. 292 ff.; *Duprey, Leymarie* und *Beuchard* in Bedour, S. 357 ff., 379.

Bei Fahrzeugschäden kann neben den Reparaturkosten der merkantile Minderwert in Rechnung gestellt werden. Es wird allerdings eine erhebliche Beschädigung essentieller Fahrzeugteile vorausgesetzt[29]. Für den vorübergehenden Verlust der Gebrauchsmöglichkeit eines unfallbeschädigten Kraftwagens wird eine Entschädigung gezahlt, für deren Höhe sich in der Praxis Pauschalsätze herausgebildet haben[30].

Prozeßkosten müssen von der unterliegenden Partei erstattet werden, dagegen nicht Honorarkosten des zu Rate gezogenen „avocat“[31].

2. Haftpflichtversicherung

Art. 1 des Gesetzes vom 27. 2. 1958 verpflichtet denjenigen, der ein Kraftfahrzeug, einen Anhänger oder Auflieger in den Verkehr bringt, zum Abschluß einer Haftpflichtversicherung. Diese muß nach Art. 6 des Dekrets vom 7. 1. 1959 Personen- und Sachschäden mindestens in Höhe von 500 000 F decken. Strafandrohungen[32] und wenig wirkungsvolle Verwaltungsmaßnahmen[33] sollen die Befolgung dieser Rechtspflicht sichern.

Zum versicherten Personenkreis gehören der Eigentümer, Halter und berechtigte Fahrer[34]. Ansprüche der versicherten Personen gegeneinander werden nicht umfaßt[35]. Die Ansprüche beförderter Familienangehöriger gegen den Versicherungsnehmer sind gleichfalls ausgeschlossen[36].

Vorsätzlich verursachte Schäden sind nicht versicherbar[37].

Art. 7 des Dekrets vom 7. 1. 1959 gestattet eine Selbstbeteiligung gegen entsprechenden Prämiennachlaß.

Bereits seit dem Urteil der Cour de Cassation vom 14. 6. 1926[38] sind ein Direktanspruch *(droit propre)* und eine Direktklage *(action directe)* des Geschädigten gegen die Versicherung anerkannt. Seine Rechtsstellung

---

[29] Vgl. *Duprey, Leymarie, Beuchard* in Bedour, S. 331 f.; *Colin-Capitant* II, no. 1072; *Savatier* II, no. 604.

[30] Vgl. *Duprey, Leymarie, Beuchard* in Bedour, S. 332; *Savatier* II, no. 604; Cass. Civ. 16. 6. 1927 D. 1928.1.21.

[31] Vgl. *Schneider*, S. 68.

[32] Art. 5 des Gesetzes vom 27. 2. 1958.

[33] Der Abschluß eines Versicherungsvertrages ist nicht Voraussetzung für die Zulassung des Kraftfahrzeugs. Der Kraftfahrer muß jedoch ständig ein Schriftstück über die Versicherungsdeckung bei sich führen, vgl. *Schneider*, S. 36 ff.

[34] Art. 1 des Dekrets vom 7. 1. 1959.

[35] Art. 5 i. V. m. Art. 1 Abs. 1, Art. 2 Abs. 1, Art. 8 Nr. 1a des Dekrets vom 7. 1. 1959.

[36] Art. 8 Nr. 1b des Dekrets vom 7. 1. 1959; zu den Angehörigen zählen Aszendenten, Deszendenten und Ehegatten.

[37] Art. 12 des Gesetzes v. 13. 7. 1930.

[38] D.P. 1927.1.62; zur rechtlichen Konstruktion vgl. *Bott*, S. 38.

ist ferner von Mängeln und Beschränkungen des internen Vertragsverhältnisses zwischen Versicherung und Versicherungsnehmer unabhängig. Der in Art. 13 des Dekrets vom 7. 1. 1959 geregelte Einwendungsausschluß betrifft Verwirkungsgründe *(déchéances)* infolge von Obliegenheitsverletzungen nach dem Versicherungsfall[39], unrichtige Angaben über das versicherte Risiko und die Vereinbarung einer Selbstbeteiligung. Ausnahmsweise berechtigt eine Selbstbeteiligung bei Sachschäden bis zur Höhe von 200 F den Versicherer auch gegenüber dem Dritten zur Leistungsverweigerung.

3. Garantiefonds

Bereits 1951 wurde ein staatlicher Garantiefonds *(fonds de garantie)* geschaffen[40], der bis zur Einführung der Pflichtversicherung im Jahre 1958 erhebliche Bedeutung besaß[41]. Der Fonds leistet an die Opfer oder ihre Hinterbliebenen Schadensersatz, falls der Haftpflichtige unbekannt bleibt oder falls er oder sein Versicherer insolvent sind[42]. In der Person des Schädigers müssen jedoch die Haftungsvoraussetzungen gegeben sein. Der Garantiefonds ersetzt nur Personen-, nicht dagegen Sachschäden.

4. Stellungnahme

Bei einer Beurteilung des französischen Entschädigungssystems ist zunächst anzuerkennen, daß die ökonomischen Interessen der Verkehrsopfer weitgehend berücksichtigt und gesichert sind. Die Voraussetzungen der Sachhalterhaftung sind leicht nachweisbar, es besteht ein Versicherungsobligatorium mit Direktanspruch und weitgehendem Einwendungsausschluß sowie ein ergänzender Garantiefonds.

Gleichwohl ist ein lückenloser Verkehrsopferschutz nicht gewährleistet. Nach einer französischen Statistik[43] wird bei der Hälfte aller Verkehrsunfälle mit Personenschaden eine vollständige Entschädigung, in 26 % eine teilweise Entschädigung (im Durchschnitt zu 53 %) und in 24 % überhaupt keine Entschädigung erbracht. Im einzelnen werden die Gruppe der Fußgänger und Fahrzeuginsassen (außer Fahrer und Familienangehörigen) fast vollständig, die Gruppe der Radfahrer und Fahrer von Leichtmotorrädern bei Kollisionsunfällen zu 90 %, die Gruppe der Kraftfahrer und Familienangehörigen bei Kollisionsunfällen zu

---

[39] Nicht dagegen vor dem Versicherungsfall, vgl. Art. 9 Abs. 2 des Dekrets vom 7. 1. 1959. Dogmatisch unrichtig wird auch Trunkenheit am Steuer unter den Begriff der „déchéance" gefaßt.

[40] Gesetz v. 31. 12. 1951, Fassung v. 7. 1. 1959.

[41] Vgl. *Schneider*, S. 61.

[42] Art. 15 des Gesetzes vom 31. 12. 1951.

[43] *Depoid*, zit. bei Tunc, S. 25 f.

75 %, im übrigen zu 25 % entschädigt[44]. Im Durchschnitt werden etwa 64 % aller entstandenen Schäden ersetzt[45].

Die Ursachen für die verbleibende Deckungslücke sind mannigfaltig. Beförderte Familienangehörige sind gegenüber dem Fahrer oder Halter in keiner Weise versicherungsmäßig geschützt. Das gleiche gilt bezüglich der Ansprüche des Fahrers gegen den Halter. Im Rahmen von Gefälligkeitsfahrten sind Gäste nur bei einem Verschulden des Fahrers entschädigungsberechtigt. Der Entlastungsgrund der *cause étrangère* kann selbst das schuldlose Opfer schutzlos stellen. Von den zahlreichen Beispielen aus der Rechtsprechung sind Fälle zu nennen, in denen ein Kraftfahrer durch unvorhersehbares Verhalten eines Verkehrsteilnehmers oder unerwarteten Wildwechsel zum Ausweichen gezwungen wurde und dabei einen anderen Verkehrsteilnehmer verletzte[46]. Der Geschädigte hat ferner keinen Anspruch auf Versicherungsleistungen, wenn der Unfall vorsätzlich herbeigeführt wurde, eine Selbstbeteiligung für Sachschäden bis 200 F vereinbart wurde, Unfälle außerhalb der an Frankreich angrenzenden Länder (Ausnahme: Niederlande)[47] verursacht wurden oder Schäden an beförderten Sachen eintraten. Es besteht schließlich kein Ersatzanspruch, wenn der Geschädigte den Unfall allein verschuldet hat. Bei mitwirkendem Verschulden muß er eine Kürzung seiner Ansprüche hinnehmen. Bei fehlender Drittbeteiligung treffen ihn die Folgen des Unglücks in vollem Umfang, da es sich nicht um einen Haftpflichtschaden handelt.

Das geltende System weist zahlreiche praktische Unzulänglichkeiten auf, die die Schwierigkeiten bei der Feststellung des tatsächlichen Unfallhergangs und seiner rechtlichen Bewertung widerspiegeln. Die Besonderheiten eines sekundenschnell ablaufenden Geschehens, das teilweise Monate oder sogar Jahre später rekonstruiert wird[48], sowie ein überaus kompliziertes Schadensrecht mit kaum übersehbarer Kasuistik schaffen ein Klima der Rechtsunsicherheit[49]. Folge davon sind Streitig-

---

[44] Im letzteren Fall allerdings in erster Linie infolge zusätzlich abgeschlossener Insassenunfallversicherung, vgl. *Tunc*, S. 26.

[45] Summe von 50 + (26 x 0,53).

[46] Cass. Civ. 10. 4. 1964 D. 1965.169. *Tunc*, S. 28 nennt folgende Beispiele aus der umfangreichen Rechtsprechung: Ein Fußgänger stolpert infolge plötzlichen Unwohlseins auf die Straße und wird überfahren. Ein Radfahrer stürzt, weil ihn ein zu scharf überholendes Auto aus dem Gleichgewicht gebracht hat, und wird von einem zweiten Auto erfaßt. Ein Fahrzeug gerät in eine unerwartete Wasserlache, kommt ins Schleudern und überfährt einen Fußgänger.

[47] Art. 1 des "Modèle des conditions générales pour l'Assurance Automobile Multirisques 1959", abgedruckt bei *Besson*, S. 128.

[48] *Tunc*, S. 23.

[49] *Tunc*, S. 21 und 24. Er stellt die Frage (S. 23): "Quel magistrat, quel avocat, quel professeur de droit se soucierait de passer un examen sur la responsabilité du fait des choses inanimées?" *Marty* (Rev. droit cont. 1966, 80) spricht von einer „subtilité parfois byzantine"; vgl. ferner *de Casterlé*, J.T. 1965, 573; *Tunc*, note D. 1966.646.

keiten mit den Versicherungsgesellschaften, lange Wartezeiten bis zur endgültigen Schadensabwicklung[50] und eine hohe Prozeßrate, die sich in Frankreich auf ca. 120 000 Streitfälle pro Jahr beläuft[51]. Schließlich verursacht das Haftpflichtsystem erhebliche Verwaltungskosten. Allein die Generalunkosten der Versicherungen werden auf etwa 50 % der ausgezahlten Entschädigungssummen geschätzt. Die Sozialversicherung kommt dagegen mit einer Quote von 6,3 % aus[52].

II. Reformen

1. Überblick

Die ständig steigenden Unfallziffern — 1964 forderte der Straßenverkehr in Frankreich 12 000 Tote, 85 000 Schwerverletzte und 190 000 Leichtverletzte[53] — drängen zu einer Reform dieses unbefriedigenden Rechtszustandes. Der französische Justizminister *Jean Foyer* anerkannte die Reformbedürftigkeit des geltenden Systems und berief Ende 1964 eine Sonderkommission[54], die die Möglichkeiten zur Verbesserung des Verkehrsopferschutzes durch ein leistungsfähigeres Entschädigungssystem untersuchen sollte. *André Tunc*, der Mitglied dieser Kommission ist, legte 1966 einen aufsehenerregenden Reformplan vor. Seine Studie „*La Sécurité Routière*“[55] löste innerhalb und außerhalb Frankreichs eine teilweise leidenschaftlich geführte Diskussion aus[56]. Unter seinen Kritikern sind besonders *J. Fonteyne*[57], *Gabriel Marty*[58], *R. O. Dalcq*[59],

---

[50] *de Casterlé*, J.T. 1965, 573.

[51] *Tunc*, Rev. droit pénal et de crim. 1965/66, 600. Ca. 34 % aller Verkehrsunfälle mit Personenschaden führen zu Prozessen, vgl. *Depoid*, zit. bei *Tunc*, S. 9.

[52] *Tunc*, S. 18 f.

[53] *Depoid*, zit. bei *Tunc*, S. 8 f.

[54] Vgl. *Tunc*, S. 7.

[55] Auch abgedruckt in J.T. 1966, 349; Rev. droit pénal et de crim. 1965/66, 595; Rev. droit cont. 1966, 63; R.T. 1967, 82; 14 Int. Comp. L. Q. 1089 (1965).

[56] *Blaevoet*, D. 1966 chr. 113 m. w. N.; *Dalcq*, J.T. 1965, 497; *de Casterlé*, J.T. 1965, 573; *Savatier*, D. 1966 chr. 149 und D. 1967 chr. 1; *Rodière*, R.T. 1965, 345; *Marty*, Rev. droit cont. 1966, 79; *Lebeau*, J.T. 1966, 253; *Waleffe*, J.T. 1966, 417; *Starck*, R.T. 1966, 635; *Bondoux*, zit. bei Dalcq, J.T. 1965, 500; *Huss*, Pasicrisie Luxembourgeoise 1967, 33 ff. (40 ff.); *Dahan*, L'automobile en droit privé, S. 421 Fußn. 99; vor allem Sonderheft Droit Social 1967, 66 ff. mit Beiträgen von *Tunc, Drouillat, Givord, Marty, Raynaud, Le Barreau de Paris, Brissac, Gentile, Lebret, Michel, Mehl und Bredin; Toulemon-Moore*, Gaz. Pal. 1965.1. Doctr. 111; *Lambert-Faivre*, note D. 1965, 620; *Gilliard*, ZSR 1967 II, 204 ff.; *Weitnauer*, Rev. int. dr. comp. 1967, 821 ff.; ders., DB 1968, 880.

[57] Rev. gén. des ass. et resp. Mai 1966, zit. bei *de Casterlé*, J.T. 1966, 418 Fußn. 1.

[58] Rev. droit cont. 1966, 79.

[59] J.T. 1965, 497.

Bondoux[60], *B. Starck*[61] und *François Gilliard*[61a] hervorzuheben, die eigene, wenngleich meist weniger weitreichende Gegenvorschläge unterbreiteten[62]. Jüngst hat *Jean Bedour*, Präsident von zwei französischen Versicherungsgesellschaften, eine stark beachtete Reformstudie veröffentlicht[62a]. Der gleichfalls vor kurzem erschienene Reformplan der „Fédération française des sociétés d'assurances"[62b] trägt demgegenüber eher konservative Züge.

2. „Le projet Tunc"

André Tunc hält das geltende Entschädigungssystem für reformbedürftig („une construction inachevée"), da es weder eine gerechte Verteilung der Unfallschäden noch eine rationelle Schadensabwicklung ermögliche. Kernpunkt seiner Kritik ist die Tatsache, daß Schadensersatzansprüche aus Verkehrsunfällen dem Grunde und der Höhe nach stark vom Verschulden der Beteiligten abhängen[63]; denn im Rahmen der Sachhalterhaftung kann ein Verschulden des Geschädigten die Haftung des Halters ausschließen bzw. nach Maßgabe des beiderseitigen Verschuldens mildern[64]. Nach Tunc erweist sich das Schuldmoment unter den gegenwärtigen Verkehrsbedingungen als ungeeignetes Kriterium der Schadenszurechnung. Der moderne Straßenverkehr stelle an die Aufmerksamkeit, Sorgfalt und Reaktionsfähigkeit so hohe Ansprüche, daß selbst der sonst unfehlbare „bon père de famille" nicht stets den Eintritt eines Unfalls zu verhindern vermöchte[65]. Der Verschuldensbegriff verflüchtige sich und es hänge weitgehend vom Zufall ab, ob die jedem Verkehrsteilnehmer ständig unterlaufenden Fehlhandlungen zu einem Schadensereignis führten: „*... lier le droit à la faute en ce domaine, ce n'est pas le fonder sur la justice, mais c'est renoncer au droit pour confier au hasard le destin des hommes*"[66]. Wegen der Komplexität des Verkehrsgeschehens sei es auch außerordentlich schwierig, den genauen Unfallhergang nachträglich festzustellen[67]. Der der Verschuldenshaftung zu-

[60] zit. bei Dalcq, J.T. 1965, 500.

[61] R.T. 1966, 635.

[61a] ZSR 1967 II, 204 ff.

[62] Von der Darstellung dieser Pläne wurde wegen ihrer Kürze abgesehen.

[62a] Dieses erst nach Abschluß der Arbeit erschienene Werk konnte nicht mehr berücksichtigt werden; vgl. dazu näher *Tunc*, Rev. int. dr. comp. 1968, 518 ff.

[62b] "Pour un droit noveau de la réparation. Interview de M. Bernard Chenot", Assurances et techniques de l'expertise automobile, Januar/Februar 1968, S. 24; vgl. dazu *Tunc*, Rev. int. dr. comp. 1968, 515 ff.

[63] Durchgehend, besonders S. 30 ff.

[64] s. o. 1. Hauptteil B. I. 1. a).

[65] S. 34.

[66] S. 35.

[67] S. 23.

grundeliegende Gedanke, jedermann die Folgen seines fehlerhaften Verhaltens zuzurechnen, sei mit der obligatorischen Einführung der Haftpflichtversicherung verlorengegangen[68]. Der Grundsatz der „responsabilité pour faute" sei bezüglich des versicherten Kraftfahrers zu einem *Mythos* verblaßt. Gegenüber dem Betroffenen entfalte er dagegen einseitig seine volle Wirkung.

Die unter dem Begriff der „cause étrangère" zusammengefaßten Entlastungsgründe kennzeichneten Lücken im Verkehrsopferschutz, die auf eine heute nicht mehr zutreffende Interessenbewertung zurückzuführen seien[69]. Eine isolierte Betrachtung der Rechtsbeziehungen zwischen Schädiger und Geschädigten sei wegen der allgemein verbreiteten Versicherungsdeckung verfehlt. Mit der Einführung der Haftpflichtversicherung seien immer stärker soziale Gesichtspunkte in den Vordergrund gerückt.

Es sei inkonsequent, dem Geschädigten beispielsweise wegen eines eigenen Verschuldens einen Haftpflichtanspruch zu versagen, ihn im Rahmen der Sozialversicherung jedoch zumindest teilweise zu entschädigen[70]. Die in der Sozialversicherung beschrittene Lösung sollte vielmehr auf den Bereich der Verkehrsunfälle ausgedehnt werden. Der gesellschaftliche Entwicklungsstand gebiete eine Solidarität der Gefahrträger, die den einzelnen im Sinne der *fraternité humaine* umfassend vor den Risiken des Kraftverkehrs schütze[71]. Der beschränkte und mit hohen Verwaltungskosten belastete Schutz durch die Haftpflichtversicherung veranlasse viele zum Abschluß einer zusätzlichen Versicherung, die nicht nur entsprechende Mehraufwendungen erfordere, sondern auch schwierige Probleme der Koordination zwischen den verschiedenen Ersatzträgern aufwerfe[72].

Dieses unbefriedigende System soll durch eine Kraftverkehrsversicherung ersetzt werden, die einen Unfall- und Kaskoschutz umschließt. Tunc hat seine Gedanken in dem Entwurf eines Gesetzes über die Entschädigung der Straßenverkehrsopfer[73] niedergelegt, in dem folgende Regelungen vorgesehen sind:

a) Jeder Eigentümer eines Kraftfahrzeugs ist zum Abschluß einer Versicherung verpflichtet. Sie hat Schäden zu ersetzen, die jemand durch ein Kraftfahrzeug, seinen Anhänger oder Auflieger verursacht oder erleidet. Art. 1 des Entwurfs[74] lautet:

---

[68] S. 32.

[69] S. 31 ff.

[70] S. 17 f.

[71] S. 31.

[72] S. 16 f.

[73] S. 69 ff.

[74] S. 69.

„Tout propriétaire de véhicule à moteur devra, avant de le mettre en circulation, contracter une assurance couvrant les dommages causés ou subis par le véhicule, ainsi que par sa remorque ou semiremorque ...“

Ein Verschulden der Beteiligten bei der Unfallverursachung bleibt grundsätzlich unberücksichtigt.

Die Versicherung erstreckt sich auf alle Personen, die bei einem Verkehrsunfall geschädigt werden, mögen sie sich innerhalb oder außerhalb des verunglückten Fahrzeugs befinden. Falls an dem Unfall mehrere Fahrzeuge beteiligt sind, haften die Versicherer den Verletzten gemeinsam und proportional zur Stärke der von ihnen versicherten Fahrzeuge[75]. Die naheliegende Lösung, jeden Geschädigten an seine eigene Versicherung zu verweisen, ist von Tunc aufgegeben worden. Die Versicherer einfacherer Fahrzeugtypen hätten sonst trotz verhältnismäßig geringer Prämieneinnahmen die im allgemeinen höheren Personenschäden ihres Versicherungsnehmers zu ersetzen[76].

Wenn ein Fahrzeug verunglückt, das der öffentlichen oder gewerbsmäßigen Personenbeförderung dient, haftet der Versicherer bei Kollisionsunfällen nur den beförderten Personen gegenüber[77]. Alle sonstigen Verletzten müssen ihre Ansprüche gegen die Versicherer der anderen beteiligten Fahrzeuge richten.

Art. 5[78] sieht vor, daß auch der bei einer Unfallhilfe erlittene Schaden von der Versicherung gedeckt wird.

Der Fahrer eines Fahrzeugs und der Geschädigte sind einschließlich ihrer Erben und Angehörigen von Ersatzleistungen ausgeschlossen, wenn sie den Unfall vorsätzlich herbeigeführt haben[79]. Falls das verunglückte Fahrzeug gestohlen worden ist, besteht keine Haftung des Versicherers gegenüber dem Dieb, dem Hehler und denjenigen Personen, die von dem Diebstahl gewußt haben[80].

Art. 13[81] regelt den Fall, daß jemand wegen seiner Beteiligung an einem Verkehrsunfall zu einer Gefängnisstrafe von mindestens 14 Tagen verurteilt worden ist. Unter dieser Voraussetzung kann das Strafgericht unter Berücksichtigung aller Umstände, insbesondere der bestehenden Unterhaltsverpflichtungen, die Entschädigungsleistungen kürzen oder ganz versagen. Außerdem kann das Gericht bestimmen, daß dem Versicherer entsprechend dem Maße des Verschuldens ein Regreß gegen den

[75] Art. 3, S. 69.

[76] S. 42 f.

[77] Art. 4, S. 69; ferner S. 43 Fußn. 109.

[78] S. 70.

[79] Art. 10, S. 71.

[80] Art. 12, S. 71.

[81] Art. 13, S. 71; ferner S. 53 ff.

Täter gestattet ist, soweit der Versicherer einem Dritten zu Entschädigungsleistungen verpflichtet war. Diese Regelung soll auf den Fahrzeugführer beschränkt bleiben[82].

b) Bei Unfällen mit Personenschaden werden zunächst die gesamten Heilungskosten einschließlich Arzneimittel und sonstiger Nebenkosten, z. B. für einen Krankentransport, erstattet[83]. Ferner wird für vorübergehenden oder dauernden Lohn- oder Verdienstausfall bzw. allgemein jede Beeinträchtigung der Arbeitsfähigkeit eine vollständige Entschädigung gezahlt. Bei der Berechnung der entgangenen Einkünfte soll allerdings eine bestimmte noch festzulegende Höchstgrenze, die dem mehrfachen Betrag des staatlich garantierten Mindestlohns entspricht, nicht überschritten werden[84]. Spitzenverdiener sollen auf diese Weise veranlaßt werden, private Zusatzversicherungen abzuschließen[85].

Bei einer Beeinträchtigung der körperlichen Integrität, die nicht notwendigerweise zum Verlust von Gliedmaßen führen muß, sondern auch in einer ungünstigen Veränderung des äußeren Erscheinungsbildes bestehen kann *(préjudice esthétique)* wird eine angemessene Entschädigung gewährt[86]. Gegebenenfalls könnten dafür Pauschalbeträge festgesetzt werden[87]. Abgesehen von diesem Ausnahmefall soll der Nichtvermögensschaden, für den gegenwärtig großzügige Entschädigungen erbracht werden, künftig grundsätzlich keinen Anspruch auf Vergütung auslösen[88]. Außer bei dauernden, starken Schmerzen sei dem Betroffenen über den Ausgleich seines materiellen Schadens hinaus nicht mit Geldleistungen gedient.

Bei Unfällen mit tödlichem Ausgang werden den Erben die Kosten für die erfolglose Heilbehandlung einschließlich der Nebenkosten sowie die Aufwendungen für eine standesgemäße Beerdigung vergütet[89]. Die unterhaltsberechtigten Angehörigen erhalten die Zuwendungen, die ihnen der Verstorbene bei Lebzeiten erbracht hätte.

Die Entschädigung des Fahrzeugführers wird von Tunc als Sonderproblem behandelt, weil dieser im Unterschied zu den sonstigen Verkehrsteilnehmern nicht nur den Risiken des Straßenverkehrs ausgesetzt sei, sondern in besonderem Maße an der Schaffung der Unfallgefahren mitwirke[90]. Außdem habe man von Seiten der Versicherungswirtschaft er-

---

[82] S. 55 Fußn. 134 bis.

[83] Art. 7a) und b), S. 70; ferner S. 43.

[84] Art. 7c), S. 70; ferner S. 43.

[85] S. 44 Fußn. 111.

[86] Art. 7d) und e), S. 70; ferner S. 46.

[87] S. 47.

[88] S. 44 ff.

[89] Art. 8, S. 70; ferner S. 43 f.

[90] S. 49 ff.

klärt, es sei nicht möglich, Versicherungsnehmer mit völlig verschiedenen Einkommensverhältnissen zu gleichen Prämien zu versichern. Deshalb sollte der Berechnung des entgangenen Verdienstes und der Unterhaltsleistungen nicht das tatsächliche Einkommen zugrundegelegt werden, sondern vertraglich vereinbarte Pauschalbeträge[91]. Diese müßten wenigstens die Höhe des staatlich garantierten Mindestlohns erreichen.

Da den Versicherern die Bildung ständiger, großer Reserven nicht möglich sei, sollen die Leistungen nicht in Form von Renten, sondern einmaliger Kapitalbeträge erbracht werden[92]. Wegen der damit verbundenen Gefahren sei jedoch zu erwägen, ob nicht dem Richter die Möglichkeit einer Zweckbindung der Leistungen eingeräumt werden sollte.

c) Das sozial weniger gravierende Problem des Ausgleichs von Sachschäden erfordert nach Ansicht von Tunc eine Neuorientierung unter stärkerer Berücksichtigung finanzieller und unfallprophylaktischer Gesichtspunkte[93]. Die Zerstörung oder Beschädigung einer Sache, die man freiwillig den Risiken des Straßenverkehrs aussetze, führe im allgemeinen nicht zu einer wirtschaftlichen Notlage. Da eine Versicherung — jedenfalls soweit ihr Abschluß einem gesetzlichen Zwang unterliege — zum Schutz gegen größere Einbußen, nicht dagegen kleine Unannehmlichkeiten bestimmt sei, könne auf die obligatorische Einführung einer — sämtliche Fahrzeugschäden umfassenden — Vollkaskoversicherung verzichtet werden. Fahrzeugschäden werden demgemäß nur bei einer Kollision mehrerer Fahrzeuge ersetzt, und zwar von dem Versicherer des eigenen Fahrzeugs[94]. Obere Grenze ist der Verkaufswert des Fahrzeugs. In Höhe eines noch zu bestimmenden Prozentsatzes des Neuwertes, von dem entsprechend dem Alter des Fahrzeugs jährlich 10 % abzuschreiben sind, findet eine Selbstbeteiligung des Eigentümers statt. Diese „Franchise" soll mindestens 150 F betragen[95]. Der Vorteil einer solchen Schadensbeteiligung liege einerseits in der Ausklammerung von Bagatellschäden und andererseits in der jährlich von 4 Millionen Franzosen gewonnenen Erfahrung, daß unfallträchtiges Fahren kostspielig sei[96].

Die Selbstbeteiligung gilt nicht für Sachschäden von Personen, die sich außerhalb des Fahrzeugs befinden[97].

---

[91] Art. 6, S. 70.

[92] S. 48.

[93] S. 56 ff.

[94] Art. 9, S. 70.

[95] S. 70 Fußn. 1.

[96] S. 59.

[97] Art. 2 und 3, S. 69.

d) Alle am Unfall beteiligten Personen — seien sie Eigentümer, Fahrzeugführer, Radfahrer oder Fußgänger — können keinerlei zivilrechtliche Ansprüche gegeneinander geltend machen[98].

Die Leistungen aus der Kraftverkehrsversicherung entlasten die Träger der Sozialversicherung von ihrer Leistungspflicht[99].

e) Die geplante Versicherung soll in Form der Privatversicherung betrieben werden, falls sich die Versicherungswirtschaft zur Übernahme dieser Aufgabe bereit finde[100]. Andernfalls müsse eine öffentlich-rechtliche Organisation ins Leben gerufen werden.

f) Die Versicherer sind berechtigt und verpflichtet, Prämienerhöhungen vorzunehmen, falls sie mehrmals im Jahr Versicherungsschutz gewähren mußten[101]. Bei 2 Unfällen im Jahr wird der Versicherungsnehmer zwei Jahre lang mit einem Malus von 10 %, bei jedem weiteren Unfall mit einem Malus von zusätzlich 20 % belegt. Dieser Zuschlag wird jedoch nicht erhoben, wenn er den Nachweis führen kann, daß den Fahrer seines Fahrzeugs kein Verschulden an dem Unfall trifft.

In einem Kostenüberschlag[102] gelangt Tunc zu dem Ergebnis, daß die Einführung des neuen Versicherungstyps nicht mit Kostensteigerungen verbunden ist. Als Gegengewicht zu der umfangreicheren Deckung im Bereich der Körperschäden entfielen durch Einsparungen bei immateriellen Schäden und durch die erhebliche Senkung von Verwaltungskosten hohe Aufwendungen der Versicherer.

C. Deutschland

I. Grundzüge des deutschen Entschädigungssystems

Die Rechtsbeziehungen zwischen den an einem Verkehrsunfall beteiligten Personen richten sich in Deutschland nach den Haftpflichtbestimmungen des Straßenverkehrsgesetzes vom 19. 12. 1952[1] und des Bürgerlichen Gesetzbuches.

1. Haftung nach dem Straßenverkehrsgesetz

Nach § 7 Abs. 1 StVG ist der Halter eines Kraftfahrzeugs zum Schadensersatz verpflichtet, wenn beim Betrieb des Fahrzeugs ein Mensch

[98] Art. 15, S. 71.
[99] Art. 11, S. 71.
[100] S. 64 f.
[101] Zum folgenden Art. 16, S. 71; ferner S. 61 f.
[102] S. 65 ff.
[1] BGBl. I 837. Das StVG ist eine Neubekanntmachung des Gesetzes über den Verkehr mit Kraftfahrzeugen (KFG) vom 3. 5. 1909, RGBl. 437.

getötet, der Körper oder die Gesundheit eines Menschen verletzt oder eine Sache beschädigt wird. Unter dem Halter eines Kraftfahrzeugs versteht man denjenigen, der das Fahrzeug für eigene Rechnung in Gebrauch hat und die für den Gebrauch erforderliche tatsächliche Verfügungsgewalt über das Fahrzeug besitzt[2]. Wer die Gebrauchsvorteile genießt und die Betriebs- und Unterhaltungskosten trägt, benutzt das Fahrzeug für eigene Rechnung[3]. Das Merkmal der tatsächlichen Verfügungsgewalt setzt eine Beziehung von gewisser Dauer voraus, weshalb der Eigentümer die Haltereigenschaft bei einer zeitweiligen Gebrauchsüberlassung noch nicht verliert[4].

Die Haftung des Halters entfällt beim Nachweis eines *„unabwendbaren Ereignisses“*, das weder auf einem Fehler in der Beschaffenheit des Fahrzeugs noch auf einem Versagen seiner Verrichtungen beruht (§ 7 Abs. 2 StVG). Das Gesetz nennt als Beispiele das Verhalten des Verletzten, eines nicht beim Betrieb beschäftigten Dritten oder eines Tieres. In jedem Fall müssen Halter und Fahrzeugführer „jede nach den Umständen gebotene Sorgfalt beobachtet“ haben. Zu Recht hebt *A. Heldrich*[5] hervor, daß die kompliziert gefaßte Vorschrift zwei verschiedene Tatbestände beschreibt. Wenn die Unfallursache in einer fehlerhaften Beschaffenheit des Fahrzeugs oder in einem Versagen seiner Verrichtungen liegt, gilt reine Gefährdungshaftung. Gleich behandelt werden nach neuerer, umstrittener Rechtsprechung die Fälle eines nicht auf äußerer Einwirkung beruhenden schuldlosen Versagens des Fahrzeugführers (z. B. plötzliche Bewußtlosigkeit)[6]. Dagegen haftet der Halter bei einer betriebsfremden Einwirkung, die unabhängig von seinem Verhalten oder dem Verhalten einer beim Betrieb beschäftigten Person den Unfall herbeigeführt hat, nur bei eigenem Verschulden oder einem Verschulden des Fahrzeugführers. Ein Verschulden wird allerdings vermutet. Außerdem werden strenge Anforderungen an die Beobachtung der gebotenen Sorgfalt gestellt. Die Rechtsprechung verlangt von dem Fahrzeugführer eine überdurchschnittliche Aufmerksamkeit, Geistesgegenwart und Umsicht[7].

Werden bei einem Unfall Fahrzeuginsassen verletzt oder Sachen beschädigt, die diese an sich trugen oder mit sich führten, haftet der Halter des verunglückten Fahrzeugs nur bei entgeltlicher, geschäftsmäßiger Personenbeförderung nach den Bestimmungen des StVG[8]. Im

---

[2] RG v. 27. 1. 1930 RGZ 127, 174 (175); BGH v. 29. 5. 1954 BGHZ 13, 351 (354).

[3] *Larenz* II, § 71 IV, S. 493.

[4] *Larenz* II, § 71 IV, S. 493.

[5] S. 92.

[6] BGH v. 15. 1. 1957 BGHZ 23, 90; *Larenz* II, § 71 IV, S. 494.

[7] BGH v. 12. 5. 1959, VersR 1959, 789, BGH v. 13. 4. 1963, LM Nr. 8 zu § 7 StVG.

[8] § 8a StVG.

übrigen, d. h. besonders bei einer Gefälligkeitsfahrt, finden die Regeln des BGB und die von der Rechtsprechung und Lehre entwickelten Grundsätze Anwendung.

Wer das Fahrzeug ohne Wissen und Willen des Halters benutzt, haftet nach den Bestimmungen der §§ 7 ff. StVG[9]. Den Halter trifft nur dann eine Ersatzpflicht, wenn die Benutzung des Fahrzeugs durch sein Verschulden ermöglicht worden ist.

Über § 9 StVG ist § 254 BGB anwendbar, so daß die Höhe des Schadensersatzanspruchs von den Umständen des Falls, insbesondere von dem mitwirkenden Verschulden des Geschädigten abhängt.

Falls der Schaden durch mehrere Fahrzeuge verursacht worden ist, haftet jeder Halter entsprechend den Bestimmungen der §§ 7 ff. StVG. Im Innenverhältnis haften die Halter einander je nach den Umständen, insbesondere nach dem von jedem zu vertretenden Maße der Ursächlichkeit seines Fahrzeugs (§ 17 Abs. 1 S. 1 StVG). Dieselbe Regelung gilt, wenn einem der beteiligten Haftpflichtigen selbst ein Schaden entstanden ist, von der Haftpflicht des oder der anderen ihm gegenüber (§ 17 Abs. 1 S. 2 StVG).

Neben dem Halter kann auch der Fahrzeugführer auf Schadensersatz in Anspruch genommen werden. Der Schaden muß durch sein Verschulden verursacht worden sein, wofür jedoch nach § 18 StVG eine widerlegbare Vermutung besteht.

Die Schadensersatzansprüche nach dem StVG sind auf bestimmte Schadensarten und Höchstbeträge beschränkt. Bei einem Körper- oder Gesundheitsschaden sind die gesamten Heilungskosten sowie diejenigen Vermögenseinbußen zu erstatten, die als Folge einer dauernden oder zeitweiligen Beeinträchtigung der Erwerbsfähigkeit sowie erhöhter Bedürfnisse eintreten (§ 11 StVG). Ein Anspruch auf Gewährung von Schmerzensgeld besteht nicht.

Bei tödlichen Unfällen sind außerdem die Beerdigungskosten und die Unterhaltsverpflichtungen in dem gleichen Umfang zu übernehmen, wie der Getötete dazu während der mutmaßlichen Dauer seines Lebens verpflichtet gewesen wäre (§ 10 StVG). Alle Schadensersatzansprüche sind maximal auf einen Kapitalbetrag von 250 000 DM oder eine Jahresrente von 50 000 DM begrenzt (§ 12 Abs. 1 Nr. 1 StVG). Soweit es sich nicht um die Erstattung der Heilungs- und Beerdigungskosten handelt, ist der Schadensersatz für die Zukunft durch Entrichtung einer Geldrente zu leisten (§ 13 StVG).

Bei einer Sachbeschädigung wird dem Eigentümer der gesamte Schaden bis zur Höhe von 50 000 DM vergütet (§ 12 Abs. 1 Nr. 2 StVG). Falls

---

[9] § 7 Abs. 3 StVG.

ein Kraftfahrzeug beschädigt wurde, ist neben den Reparaturkosten auch der merkantile Minderwert zu ersetzen. Darunter ist die Minderung des Verkaufswertes zu verstehen, „die trotz völliger und ordnungsgemäßer Instandsetzung des Fahrzeugs allein deshalb verbleibt, weil bei einem großen Teil des Publikums, vor allem wegen des Verdachts verborgen gebliebener Schäden, eine den Preis beeinflussende Abneigung gegen den Erwerb unfallbeschädigter Kraftfahrzeuge besteht“[10]. Eine Veräußerungsabsicht wird nicht vorausgesetzt[11]. Bei Weitergebrauch des Fahrzeugs sinkt jedoch der Schaden, da der Verkaufswert fällt und es zunehmend unwahrscheinlich wird, daß sich bisher verborgene Unfallschäden noch zeigen werden[12]. Wegen der schwierigen Bestimmbarkeit dieses von der subjektiven Markteinstellung beeinflußten Wertes entsteht zwischen den Parteien leicht Streit, der nicht selten prozessual ausgetragen wird. Ähnliches gilt von dem Ersatz wegen Nutzungsausfalls. Nach neuer, wenngleich noch umstrittener Rechtsprechung kann eine Entschädigung wegen entgangener Gebrauchsvorteile auch dann verlangt werden, wenn ein Ersatzfahrzeug nicht angemietet worden ist[13]. In der Praxis zeichnet sich die Tendenz ab, diesen Schaden nicht konkret, sondern nach festen Pauschalsätzen zu berechnen[14].

2. Haftung nach dem Bürgerlichen Gesetzbuch

Neben den sonderrechtlichen Haftungsnormen bleiben die Schadensersatzbestimmungen des BGB unbeschränkt anwendbar, nach denen weiterreichende Ansprüche geltend gemacht werden können (§ 16 StVG). Vertragliche oder außervertragliche Schadensersatzansprüche setzen jedoch stets eine rechtswidrige und schuldhafte Schadensverursachung voraus. Nach den allgemeinen Beweislastregeln hat der Geschädigte den Nachweis zu führen, daß den Schädiger ein Verschulden an der Entstehung des Schadens trifft. Der Weg über das allgemeine Haftpflichtrecht ist für den Geschädigten insofern vorteilhaft, als er Ansprüche auf Schmerzensgeld und Ersatz von Fortkommensschäden stellen kann und die Schadensersatzansprüche der Höhe nach unbegrenzt sind. Außerdem gelten längere Verjährungsfristen[15]. Schließlich besteht gegenüber dem Schädiger keine Pflicht zur Schadensanzeige[16].

---

[10] BGH v. 29. 4. 1958, BGHZ 27, 181 (182).

[11] BGH v. 3. 10. 1961, BGHZ 35, 396, insoweit unter Aufgabe von BGHZ 27, 181.

[12] BGH v. 29. 4. 1958, BGHZ 27, 186.

[13] BGH v. 30. 9. 1963, BGHZ 40, 345; BGH v. 15. 4. 1966, BGHZ 45, 212; *a. A.* OLG Celle v. 28. 10. 1964, NJW 1965, 464.

[14] BGH v. 10. 5. 1963, NJW 1963, 1399; OLG Hamm v. 21. 10. 1963, NJW 1964, 406.

[15] § 14 StVG: 2 Jahre; § 852 BGB: 3 Jahre.

[16] § 15 StVG. Bei direkter Inanspruchnahme der Versicherung vgl. § 3 Nr. 7 PflichtVersG.

3. Haftpflichtversicherung

Der Halter eines Kraftfahrzeugs oder Anhängers mit regelmäßigem Standort im Inland ist nach § 1 Pflichtversicherungsgesetz vom 5. 4. 1965[17] verpflichtet, für sich, den Eigentümer und den Fahrer eine Haftpflichtversicherung abzuschließen. Die Mindestversicherungssummen betragen gegenwärtig für Kraftfahrzeuge einschließlich Anhänger 250 000 DM für Personenschäden, 50 000 DM für Sachschäden und 10 000 DM für reine Vermögensschäden (Nr. 1 der Anlage zu § 4 Abs. 2 PflichtVersG). Die Einhaltung der Versicherungspflicht, der ein Kontrahierungszwang der Versicherer entspricht (§ 5 PflichtVersG), wird durch Strafandrohung[18] und Verwaltungsmaßnahmen[19] gewährleistet.

Auf Grund des „*Europäischen Abkommens über die obligatorische Haftpflichtversicherung für Kraftfahrzeuge*" vom 20. 4. 1959[20] ist in § 3 Nr. 1 PflichtVersG ein Direktanspruch und ein unmittelbares Klagerecht des Geschädigten gegen die gegnerische Haftpflichtversicherung eingeführt worden. Damit hat sich die sog. *action directe*, die vom Gesetzgeber 1939 bei der Einführung der Pflichtversicherung in Übereinstimmung mit der herrschenden Lehre abgelehnt worden war[21], auch in Deutschland durchgesetzt. Der Versicherer haftet im Umfang des Schadensersatzanspruchs. Außerdem wird seine Haftung durch die vertraglich und gesetzlich geregelte Leistungspflicht begrenzt. Der Versicherer ist nach § 10 der den Versicherungsverträgen zugrundeliegenden „Allgemeinen Bedingungen für die Kraftverkehrsversicherung" (AKB)[22] verpflichtet, begründete Schadensersatzansprüche zu befriedigen und unbegründete Schadensersatzansprüche abzuwehren. Dabei muß es sich um Ansprüche handeln, die auf Grund gesetzlicher Haftpflichtbestimmungen privatrechtlichen Inhalts gegen den Versicherungsnehmer oder mitversicherte Personen erhoben werden.

Der Versicherer hat neben der Befriedigung der eigentlichen Schadensersatzforderung auch alle gerichtlichen und außergerichtlichen Kosten zu decken, die dem Versicherungsnehmer und dem Geschädigten entstehen[23]. Dazu zählen u. a. die Anwaltsgebühren. Dem Versicherungsnehmer

---

[17] BGBl. I 213.

[18] § 6 PflichtVersG.

[19] Ohne Versicherungsnachweis wird das Fahrzeug nicht zum Verkehr zugelassen, § 23 StVZO.

[20] Das Abkommen ist durch Gesetz v. 1. 4. 1965, BGBl. II 281 ratifiziert worden.

[21] Amtliche Begründung, DJ 1939, 1774; *Thees*, DJ 1938, 939; *Bott*, S. 49, 52 mit Nachweisen.

[22] BAnz Nr. 172/65 v. 3. 9. 1965.

[23] Vgl. § 150 VVG; *Prölss* § 150 A. 1 und 3.

werden unter den Voraussetzungen des § 150 Abs. 1 S. 3 VVG auch die Kosten für seine Verteidigung im Strafverfahren erstattet[24].

Die Versicherung schützt den Eigentümer, Halter und berechtigten Fahrer vor Haftpflichtansprüchen. Für Haftpflichtansprüche, die gegen den unberechtigten Fahrer erhoben werden, muß die Versicherung zwar gegenüber dem Geschädigten einstehen[25]. Im Innenverhältnis kann sie jedoch gegen den Fahrer Rückgriff nehmen[26]. Ansprüche des Versicherungsnehmers, Halters oder Eigentümers gegen mitversicherte Personen[27] sowie Ansprüche von Angehörigen des Versicherungsnehmers, denen er auf Grund gesetzlicher Verpflichtung zur Zeit des Versicherungsfalles Unterhalt gewährt[28], sind von der Haftpflichtversicherung ausgeschlossen.

Bei vorsätzlich herbeigeführten Unfällen besteht auch gegenüber dem Geschädigten keine Leistungspflicht[29].

Falls der Geschädigte den Versicherer direkt in Anspruch nimmt, kann ihm dieser keine Einwendungen entgegenhalten, die ihn im Verhältnis zum Versicherungsnehmer von seiner Leistungspflicht ganz oder teilweise befreien würden[30]. Sog. Obliegenheitsverletzungen, z. B. die Benutzung des Fahrzeugs ohne das Einverständnis des Berechtigten oder ohne Führerschein, berühren also nicht die Beziehungen des Geschädigten zum Versicherer. Das gilt sogar für Umstände, die das Nichtbestehen oder die Beendigung des Versicherungsverhältnisses zur Folge haben und die dem Straßenverkehrsamt nicht bereits einen Monat vor dem Unfall angezeigt worden sind[31].

Neben dem Versicherer kann auch der Versicherungsnehmer in Anspruch genommen werden. Beide haften gesamtschuldnerisch[32]. Falls nur gegen den Versicherungsnehmer Haftpflichtansprüche erhoben werden, kann sich der Versicherer jedoch — auch dem Dritten gegenüber — auf seine Leistungsfreiheit berufen[33].

---

[24] Für die Verteidigungskosten des gegnerischen Verkehrsteilnehmers, der unschuldig in ein Strafverfahren verwickelt wird, haftet die Versicherung dagegen nicht, BGH v. 22. 4. 1958, NJW 1958, 1041; *Erman-Sirp*, § 249 A. 4d.

[25] § 1 PflichtVersG, § 10 Abs. 2 AKB.

[26] § 2 Abs. 2b AKB; vgl. *Prölss* Anh. II zu §§ 149—158 k, S. 736.

[27] § 11 Nr. 3 AKB.

[28] § 11 Nr. 4 AKB.

[29] § 152 VVG; *Prölss* § 158c aF. A. 2.

[30] § 3 Nr. 4 PflichtVersG.

[31] § 3 Nr. 5 PflichtVersG.

[32] § 3 Nr. 1 und 2 PflichtVersG.

[33] § 3 Nr. 4 PflichtVersG, der § 158c Abs. 6 ausschließt; vgl. *Prölss*, Zusatz zu §§ 158 b—k, S. 629.

4. Entschädigungsfonds

Mit der Neufassung des Pflichtversicherungsgesetzes ist ein sog. „Entschädigungsfonds für Schäden aus Kraftfahrzeugunfällen" ins Leben gerufen worden (§ 12 PflichtVersG). Der Verein „Verkehrsopferhilfe e. V., Hamburg" ist mit der Verwaltung dieses Fonds beauftragt worden[34].

Gegen ihn können unmittelbar Schadensersatzansprüche gerichtet werden, falls das Fahrzeug, durch dessen Gebrauch der Schaden verursacht worden ist, nicht ermittelt werden kann oder die auf Grund eines Gesetzes erforderliche Haftpflichtversicherung zugunsten des Halters, Eigentümers und Fahrers nicht besteht (§ 12 Abs. 1 PflichtVersG). Der Antragsteller wird nur soweit entschädigt, als ihm ein Schadensersatzanspruch zusteht. Schmerzensgeld wird nur gezahlt, wenn wegen der Schwere der Verletzung eine Ablehnung grob unbillig wäre[35]. Die Vergütung für Sachschäden beschränkt sich auf die Fälle fehlender Versicherungsdeckung[36]. Die Leistungspflicht ist auf den Betrag begrenzt, der 1000 DM übersteigt.

5. Die soziale Sicherung

Ein erheblicher Teil der Unfallschäden wird durch Sozialleistungen gedeckt. Die Sozialversicherung schützt mehr als 80 %[37] der gesamten Bevölkerung gegen die Folgen von Arbeitsunfällen, Krankheit oder Invalidität. Die Leistungen der Sozialversicherung, die 1964 ein Volumen von 44 Mrd. DM erreichten[38], werden unabhängig von einem Verschulden des Verletzten oder eines Dritten gewährt. Schadensersatzansprüche des Versicherten gegen Dritte gehen kraft Gesetzes im Umfang der gesetzlich bestimmten Leistungspflicht auf den Träger der Sozialversicherung über (§ 1542 RVO). Falls der Dritte, z. B. als Halter eines Kraftfahrzeugs, gegen Haftpflicht versichert ist, sind die Rechtsbeziehungen zwischen dem Träger der Sozialversicherung und dem Privatversicherer weitgehend durch Schadensteilungsabkommen[39] geregelt.

a) Ein Großteil der Beschäftigten ist kraft Gesetzes gegen Arbeits- und Wegeunfälle in der sozialen Unfallversicherung versichert[40]. Der

---

[34] Verordnung v. 14. 12. 1965, BGBl. III 925—26. Der Verein Verkehrsopferhilfe hatte bereits früher in Fällen von Fahnenflucht freiwillig Leistungen erbracht, auf die aber kein Anspruch bestand, vgl. *Prölss*, 15. Aufl. 1965, Anh. II zu §§ 149—158 k, S. 667**.

[35] § 12 Abs. 2 S. 1 PflichtVersG.

[36] § 12 Abs. 2 S. 3 PflichtVersG.

[37] *Wolff* III § 139 III, S. 147.

[38] *Wolff* III § 139 III, S. 146.

[39] s. u. 2. Hauptteil C. II. 1. a) bb) ε).

[40] Vgl. zum versicherungspflichtigen Personenkreis § 539 RVO; zum Begriff des Arbeits- und Wegeunfalls §§ 548 ff. RVO und *Wolff* III § 141 IV a und b, S. 160 f.

Aufgabenkreis der Unfallversicherungsträger umfaßt Maßnahmen zur Unfallbekämpfung, zur medizinischen und beruflichen Rehabilitation und zum Schadensausgleich[41]. Die Rehabilitationsmaßnahmen dienen dazu, durch ärztliche Betreuung, Versorgung mit Arzneimitteln und Gewährung von Pflege Körperschäden zu beheben und dem Verletzten die Wiedereingliederung ins Berufsleben zu ermöglichen[42]. Als Ausgleichsmaßnahmen werden Unfallrenten gezahlt, die sich nach dem Grad der Erwerbsunfähigkeit richten. Bei tödlichen Unfällen wird ein Sterbegeld und eine Hinterbliebenenrente gewährt. Die Leistungen werden im allgemeinen von Berufsgenossenschaften erbracht, denen die Unternehmer einer bestimmten Branche zwangsweise angehören. Die allein beitragspflichtigen Unternehmer haften dem Verletzten und seinen Hinterbliebenen nicht, es sei denn, sie haben den Arbeitsunfall vorsätzlich herbeigeführt oder der Unfall ist bei der Teilnahme am allgemeinen Verkehr eingetreten (§ 636 RVO). Im Verhältnis zur Berufsgenossenschaft haften die Unternehmer auch bei grobfahrlässiger Unfallverursachung (§ 640 RVO). Dieses Regreßrisiko ist teilweise sogar bei den Berufsgenossenschaften[43] versicherbar.

b) Die soziale Krankenversicherung, die ihre Beiträge je zur Hälfte vom Arbeitgeber und Arbeitnehmer erhält, deckt das Krankheitsrisiko auch im Falle eines selbstverschuldeten Verkehrsunfalls. Der Kranke hat Anspruch auf freie ärztliche Behandlung unter Einschluß der erforderlichen Medikamente[44]. Zusätzlich wird Krankengeld gewährt, das einen Teil des Lohnausfalls ausgleichen soll[45]. Im Todesfall wird ein Sterbegeld gezahlt[46].

c) Die soziale Rentenversicherung, die durch gleich hohe Arbeitnehmer- und Arbeitgeberbeiträge sowie staatliche Zuschüsse finanziert wird, zahlt Alters- und Hinterbliebenenrenten und trifft Maßnahmen, durch die die Erwerbsfähigkeit der Versicherten erhalten, gebessert oder wiederhergestellt werden soll[47]. Bei vorzeitiger Berufs- oder Erwerbsunfähigkeit, auch infolge eines Verkehrsunfalls, wird eine Rente gewährt[48].

d) Weiterhin werden Arbeiter und Angestellte durch die Verpflichtung des Arbeitgebers zu sechswöchiger Fortzahlung des vollen Lohns vor den finanziellen Auswirkungen einer — auch unfallbedingten — Arbeitsunfähigkeit geschützt. Bei Angestellten richtet sich der Anspruch nach

---

[41] Vgl. *Wolff* III § 141 V, S. 161 f.

[42] Vgl. §§ 556 ff. RVO.

[43] *Gotzen-Doetsch* §§ 762—764 Anm. S. 271.

[44] §§ 182, 368e RVO.

[45] § 182 RVO.

[46] § 201 RVO.

[47] Vgl. §§ 1226, 1235 RVO für die Rentenversicherung der Arbeiter.

[48] §§ 1245 ff. RVO.

§ 616 BGB gegen den Arbeitgeber. Ansprüche aus der gesetzlichen Krankenversicherung auf Kranken- und Hausgeld ruhen während dieser Zeit (§ 189 RVO). Der Vorrang der privaten vor der öffentlichen Fürsorge gilt nicht bei Arbeitern: sie haben Anspruch auf Leistungen aus der Kranken- und Unfallversicherung. Nur der Unterschiedsbetrag zwischen diesen Beträgen und dem Nettoarbeitsentgelt wird bei unverschuldeter Arbeitsunfähigkeit durch Zuschüsse des Arbeitgebers gedeckt[49].

e) Beamte genießen im Falle eines nicht vorsätzlich[50] herbeigeführten Dienstunfalls staatliche Unfallfürsorge, die die Kosten eines Heilverfahrens, einen Unfallausgleich, ein Unfallruhegehalt bzw. eine Hinterbliebenenfürsorge umfaßt[51]. Bei Krankheiten werden großzügige Beihilfen gewährt[52].

6. Private Versorgung

Der verbleibende — zahlenmäßig geringe — Teil der Gesamtbevölkerung (besonders Angehörige sog. „freier“ Berufe) schützt sich vielfach gegen Krankheits-, Unfall- oder Todesfälle durch Abschluß privater Versicherungsverträge[53].

Dieser Überblick zeigt, daß sich die haftpflichtrechtliche Ersatzquelle im Mosaik der vielfältigen Entschädigungsmuster nur als *eine* Ausgleichsmöglichkeit darstellt: Ihr Wert ist — wie die Reformpläne zeigen werden — zweifelhaft.

II. Reformen

1. Überblick

Die Diskussion um eine Verbesserung des Entschädigungssystems reicht bis ins Jahr 1902 zurück, eine Zeit, da sich der Gesamtbestand an Kraftfahrzeugen in Deutschland auf 2000 belief und einer Berliner Polizeiverordnung zufolge Automobile „nicht schneller als ein schnell trabendes Pferd“ gefahren werden durften[54]. Damals lagen dem 26. Deut-

[49] Gesetz zur Verbesserung der wirtschaftlichen Sicherung der Arbeiter im Krankheitsfall v. 26. 6. 1957 (BGBl. I 649), geändert durch Gesetz v. 12. 7. 1961 (BGBl. I 913); vgl. näher *Erman-Küchenhoff*, § 616 Anm. 2 b.

[50] Vgl. § 149 BBG.

[51] Vgl. §§ 134—151 BBG.

[52] Vgl. §§ 200, 79 BBG und besondere Beihilfeverordnungen. Im Todesfall werden den Angehörigen Sterbe-, Witwen- und Waisengeld gezahlt, vgl. §§ 121 ff. BBG.

[53] Die Tendenz führt auch hier zu einer staatlich geordneten allgemeinen Versorgung, vgl. ärztliche Altersversorgung und ähnliche Bestrebungen bei Anwälten, dazu *Wolff* III § 143 IIe.

[54] Vgl. *Eger*, 26. DJT Bd. 3, S. 167.

schen Juristentag Vorschläge von *Pappenheim* und *Burchard* vor, wonach die Besitzer von Kraftfahrzeugen — entsprechend dem Vorbild der Arbeitsunfallversicherung — zu Zwangsgenossenschaften zusammengeschlossen werden sollten. Diesen von dem Reichsjustizministerium[55] und auch von dem Schweizer Juristen *Max Gmür* unterstützten Plänen versagte der deutsche Gesetzgeber seine Anerkennung. Er beschränkte sich auf den Erlaß des Kraftfahrzeuggesetzes vom 3. 5. 1909[56], das das materielle Haftpflichtrecht zugunsten der Verkehrsopfer verschärfte. Auch den Reformvorschlägen, die bis zur Einführung des Versicherungsobligatoriums im Jahre 1939 unterbreitet wurden, blieb der Erfolg versagt: Weder der Plan *Trendels* zur Gründung einer „Reichskasse für Verkehrsunfälle" noch der Plan *Hellmuth Möhrings* zur Einführung einer „Volks-Verkehrsunfallversicherung" wurden verwirklicht. Dagegen wurde der Plan *Möllers* vom Jahre 1934 in modifizierter Form in den Pflichtversicherungsgesetzen vom 7. 11. 1939[57] und 5. 4. 1965[58] berücksichtigt. Gegenüber diesen gemäßigten Reformbestrebungen, die die Haftungsordnung selbst nicht antasten (sog. *akzessorischer Haftungsersatz),* wurde in neuerer Zeit die Forderung auf eine Grundsatzreform erhoben. Vor allem *Krebs, Hannak* und *Eike von Hippel* befürworteten die Ablösung des geltenden Haftpflichtsystems durch eine Unfallversicherung, die von den versicherungspflichtigen Kraftfahrern zugunsten der potentiellen Unfallgeschädigten abgeschlossen werden sollte (sog. *verdrängender Haftungsersatz).*

2. Zwangsgenossenschaft der Kraftfahrer

Als sich der 26. Deutsche Juristentag 1902 mit dem Problem des Ausgleichs von Verkehrsunfallschäden befaßte, hatte sich die bisherige rechtliche Regelung als unzureichend erwiesen. In Ermangelung spezialrechtlicher Haftungsbestimmungen konnte der Geschädigte nur beim Nachweis einer rechtswidrigen und schuldhaften Verletzungshandlung Ansprüche erheben, die wegen fehlender Haftpflichtversicherung häufig nicht oder nur teilweise befriedigt wurden. Während sich die Vorschläge von *Karl Hilse*[59] und *Alfred Eger*[60] auf eine Verschärfung der Haftungsbestimmungen in Analogie zu § 1 Reichshaftpflichtgesetz beschränkten, sollte nach Ansicht von *Pappenheim* und *Burchard* eine Neuordnung des Entschädigungssystems entsprechend dem Vorbild der gesetzlichen Un-

---

[55] *Gmür*, ZBJV 44 (1908), 114.
[56] RGBl. 437.
[57] RGBl. I, 2223.
[58] BGBl. I, 213.
[59] 26. DJT Bd. 1/2, S. 27 ff.
[60] 26. DJT Bd. 3, S. 163 ff.

fallversicherung erfolgen. Die Zusammenfassung der Kraftfahrzeugeigentümer zu einer Genossenschaft gewährleiste eine sichere Entschädigung der Verkehrsopfer selbst in den Fällen, in denen das Fahrzeug ohne Zustimmung des Eigentümers benutzt worden sei oder wegen Fahrerflucht nicht festgestellt werden könnte[61].

a) Nach Ansicht von *Max Pappenheim* soll die Genossenschaft dem Geschädigten unmittelbar zu Schadensersatzleistungen verpflichtet sein, deren Umfang sich nach den schadensrechtlichen Bestimmungen des BGB richtet[62]. Von dem Antragsteller wird nur der Nachweis verlangt, daß ihm durch den Betrieb eines Kraftfahrzeugs ein Schaden entstanden ist. Die Leistungspflicht der Genossenschaft erstreckt sich nicht auf Schäden, die durch höhere Gewalt oder ein Alleinverschulden des Geschädigten verursacht worden sind. Die Möglichkeit, den Schädiger selbst in Anspruch zu nehmen, bleibt unberührt[63]. Bei einem Verschulden kann die Genossenschaft den Verantwortlichen im Rückgriff auf Erstattung ihrer Leistungen in Anspruch nehmen[64].

b) Die Pläne von *Johann Burchard* hinsichtlich der Reform des Entschädigungssystems sind weitreichender. Danach soll eine Haftung des Fahrers und Eigentümers mit Ausnahme vorsätzlicher Handlungen vollständig entfallen, falls die Genossenschaft den Schaden zu ersetzen hat[65]. Gleichzeitig soll die genossenschaftliche Einstandspflicht nach Ansicht Burchards erweitert werden. Die Genossenschaft soll sich nur bei einem groben Verschulden des Geschädigten, d. h. bei Vorsatz und grober Fahrlässigkeit auf ihre Leistungsfreiheit berufen dürfen[66].

c) Unter Berücksichtigung der deutschen Reformbestrebungen entwarf *Max Gmür* einen im Jahre 1908 veröffentlichten Gesetzentwurf. Darin ist vorgesehen, daß der Bund berechtigt sein soll, „eine Zwangsgenossenschaft ins Leben zu rufen, der anzugehören alle auf schweizerischem Gebiet fahrenden Halter von Automobilen verpflichtet sind[67]". Schadensersatzansprüche aus Verkehrsunfällen können unmittelbar gegen die Genossenschaft gerichtet werden[68]. Die Genossenschaft ist unabhängig von einem Verschulden des Eigentümers oder Fahrers zu Leistungen verpflichtet, wenn der Unfall auf die besondere Gefährlichkeit des Automobilbetriebs zurückzuführen ist[69]. Im übrigen besteht eine Schadens-

---

[61] Vgl. *Pappenheim*, 26. DJT Bd. 3, S. 184; *Gmür*, ZBJV 44 (1908), 120.

[62] Vgl. auch zum folgenden 26. DJT Bd. 3, S. 185.

[63] 26. DJT Bd. 3, S. 186.

[64] 26. DJT Bd. 3, S. 186.

[65] 26. DJT Bd. 3, S. 196.

[66] 26. DJT Bd. 3, S. 197.

[67] ZBJV 44 (1908), 113.

[68] ZBJV 44 (1908), 113.

[69] ZBJV 44 (1908), 116 u. 66.

ersatzpflicht nur dann, wenn den Halter, den Fahrer oder die Personen, deren er sich beim Betrieb des Fahrzeugs bedient, ein Verschulden zur Last fällt. Das Verschulden wird widerlegbar vermutet. Die genossenschaftliche Einstandspflicht tritt an die Stelle der persönlichen Haftung des Schädigers gegenüber dem Geschädigten[70]. Bei einem Verschulden des Fahrers oder Halters soll die Genossenschaft in Höhe ihrer Aufwendungen zum Rückgriff berechtigt sein[71]. Unter den Kraftfahrern dürfe nämlich nicht das Gefühl aufkommen, „daß man fahren könne, wie man wolle, weil man versichert sei"[72]. Gmür schlägt ferner vor, die Genossenschaft solle sich ihrerseits gegen Haftpflicht versichern und der privaten Versicherungswirtschaft die Schadensregulierung überlassen[73]. Die Versicherungsprämien, die wegen der Regreßmöglichkeit niedriger als bei der üblichen Kfz-Versicherung ausfielen[74], sollten dann auf die Halter umgelegt werden.

3. Reichskasse für Verkehrsunfälle

Im Jahre 1935 veröffentlichte *Ludwig Trendel* den Plan zur Gründung einer sog. Reichskasse für Verkehrsunfälle[75]. Zu jener Zeit war in Deutschland der Abschluß einer Haftpflichtversicherung noch nicht gesetzlich vorgeschrieben. Nur für einen verhältnismäßig kleinen Teil der Bevölkerung bestand ein hinreichender Schutz vor den finanziellen Folgen von Verkehrsunfällen. Aufgabe der Reichskasse sollte es sein, den Geschädigten im Rahmen ihrer zivilrechtlichen Schadensersatzansprüche Leistungen zu erbringen[76]. Eine Generalversicherung sämtlicher am Verkehr beteiligten Personen war nicht geplant, da der verantwortliche Verkehrsteilnehmer nicht aus seiner zivilrechtlichen Haftung entlassen werden sollte[77]. Das gilt sowohl für sein Verhältnis zu dem Geschädigten als auch zu der Kasse.

Die Leistungspflicht der Kasse ist dem Grunde und der Höhe nach vom Bestehen eines Haftpflichtanspruchs abhängig[78]. Sie ist also zu Ersatzleistungen nur insoweit verpflichtet, als der Unfallgeschädigte wegen

---

[70] ZBJV 44 (1908), 116.

[71] ZBJV 44 (1908), 116. *Gmür* stellt zur Diskussion, ggf. bei bloßer Schadensverursachung einen Regreß zuzulassen, S. 116 Fußn. 1.

[72] ZBJV 44 (1908), 116.

[73] ZBJV 44 (1908), 117.

[74] ZBJV 44 (1908), 119.

[75] DAR 1935, 73 f., 145 f. Kritisch *Gustav Koenigs* ZAkDR 1937, 620 ff.; *Hans Würdinger*, DR 1937, 58 ff.

[76] DAR 1935, 145.

[77] DAR 1935, 145.

[78] Vgl., auch zum folgenden, DAR 1935, 146.

einer Körperverletzung oder Sachbeschädigung den Halter oder Fahrzeugführer auf Schadensersatz in Anspruch nehmen könnte.

Der Personen- und Sachschaden wird in vollem Umfang erstattet. Schmerzensgeldansprüche bestehen jedoch nicht. Die Kasse soll von vornherein die Kosten einer Krankenhausbehandlung übernehmen. Der Geschädigte ist also nicht mehr vorleistungspflichtig.

Dem Geschädigten sind zivilrechtliche Ansprüche gegenüber dem Schädiger nicht abgeschnitten.

Die Kasse darf in Höhe ihrer Aufwendungen gegen den verantwortlichen Schädiger Rückgriff nehmen[79]. Dieses Rückgriffsrecht entsteht mit der Feststellung des Unfallschadens. Dem Rückgriff der Kasse sind insofern Schranken gesetzt, als dieser zu keiner unangemessenen Härte für den Betroffenen führen darf. Gegen das Haftpflichtrisiko, das im Interesse der Verkehrsdisziplin nicht ausgeschlossen werden soll, kann sich der Verkehrsteilnehmer freiwillig versichern[80].

Die Reichskasse soll organisatorisch dem Vorbild der sozialen Unfallversicherung folgen[81]. Die Mitgliedschaft ist für sämtliche Verkehrsteilnehmer obligatorisch. Neben Kraftfahrern sollen auch Fußgänger und Radfahrer zu jährlichen Beitragsleistungen herangezogen werden. Da nahezu die gesamte Bevölkerung die Zwangsmitgliedschaft erwirbt, könnte die Kasse nach Auffassung Trendels auch durch Abzweigungen von der Einkommensteuer finanziert werden.

Die wichtigste Aufgabe der neuen sozialen Institution soll im Schutz der Verkehrsteilnehmer bestehen, die ohne eigenes Verschulden einen Unfallschaden erleiden. Dieses Ziel könnte — wie Trendel einräumt[82] — auch erreicht werden, wenn der Aufgabenkreis der Reichskasse auf die Regulierung derjenigen Schäden beschränkt bliebe, die von dem Haftpflichtigen nicht ersetzt werden. Die Kasse hätte dann die Funktion eines Garantiefonds, der vornehmlich bei Anonymschäden und fehlender Versicherung leistungspflichtig wäre.

4. Volks-Verkehrsunfallversicherung

Der 1938 von *Hellmuth Möhring*[83] vorgelegte Plan sieht gleichfalls die Schaffung einer öffentlich-rechtlichen Versicherungsanstalt vor, der alle Staatsbürger kraft Gesetzes angehören sollen. Der Gedanke einer sog.

[79] DAR 1935, 145 und 146.

[80] DAR 1935, 146.

[81] DAR 1935, 146.

[82] DAR 1935, 146.

[83] Zum folgenden RdK 1938, 283.

Volks-Verkehrsunfallversicherung, der auch in der Schweiz erörtert[84], jedoch durch Volksabstimmung vom 15. 5. 1927[85] verworfen wurde, kann nach Auffassung von Möhring in organisatorisch einfacher Weise verwirklicht werden. Die entsprechend dem Einkommen gestaffelten Versicherungsbeiträge könnten mit der Einkommensteuer von den Finanzämtern eingezogen und an die Ortskrankenkassen abgeführt werden. Die Ortskrankenkassen sollten die Schadensregulierung übernehmen. Die Schadensregulierung könnte nach den gleichen Grundsätzen wie in der sozialen Krankenversicherung erfolgen. Die Ortskrankenkassen hätten also an die Unfallgeschädigten oder ihre Hinterbliebenen Pauschalvergütungen zu zahlen, die unabhängig von einem Verschulden des Schädigers oder Geschädigten gewährt werden. Möhring entscheidet sich nicht bei der Frage, ob die Leistungspflicht nur in Fällen fehlender Halterhaftung oder generell bestehen soll. Im letzteren Fall sollte der Versicherung allerdings gegen den verantwortlichen Schädiger ein Rückgriffsrecht eingeräumt werden.

5. „Akzessorischer Haftungsersatz"

Die vollständige Überwindung der Haftpflichtversicherung durch eine beschränkte Unfall- und Sachversicherung wurde von *Hans Möller* im Jahre 1934 vorgeschlagen[86]. Auch *Rolf Senger*[87], *Bodo Lintz*[88], *Alfred Beyer*[89] und *Karl Sieg*[90] unterstützten diesen Plan, da sie die Sicherung des Geschädigten im Rahmen der Haftpflichtversicherung als unzureichend empfanden. Einerseits fehlte ein allgemeiner Versicherungszwang, andererseits konnte der Schädiger über die ihm zustehende Versicherungsforderung zum Nachteil des Geschädigten verfügen. Versicherer und Versicherungsnehmer konnten beispielsweise einen Abfindungsvergleich abschließen und dem Geschädigten faktisch einen Teil seiner Entschädigung entziehen[91]. Um die Rechtsstellung des Geschädigten zu verbessern, sollte er nach Auffassung der oben genannten Verfasser einen eigenen Anspruch gegen den Versicherer erhalten[92]. Da die Haftpflichtversicherung stets für Rechnung des Haftpflichtigen, nicht jedoch

---

[84] Vgl. vor allem *Bridel*, zit. bei Pétermann, J.T. (Lausanne) 1930 I, 329 und *Bussy*, ZSR 1949, 116a m. w. N.

[85] *Bussy*, ZSR 1949, 116a.

[86] JW 1934, 1076 ff.

[87] Vgl. Literaturverzeichnis.

[88] NZ 1935, 849 ff.

[89] Die Bedeutung der „action directe" des französischen Rechts für die Erneuerung der deutschen Haftpflichtversicherung, Diss. Hamburg 1937, insb. S. 57 ff.

[90] ZHR 113 (1950), 95 ff. und Ausstrahlungen, S. 263 ff.

[91] *Möller*, NZ 1935, 1192.

[92] *Möller*, JW 1934, 1079; *Sieg*, Ausstrahlungen, S. 265.

für Rechnung des Dritten abgeschlossen werde, sei eine solche Lösung im Rahmen der Haftpflichtversicherung nicht möglich[93]. An ihre Stelle sollte eine beschränkte Unfall- und Sachversicherung treten.

Jeder Unfallgeschädigte besitzt gegenüber der Versicherung einen Direktanspruch, der dem Grunde und der Höhe nach von der Haftpflicht des Schädigers bestimmt wird. Der Schädiger selbst wird von einer persönlichen Haftung freigestellt. Von diesem „*akzessorischen Haftungsersatz*“[94] erwartete man neben einer verbesserten Drittsicherung eine Verminderung der Schadensersatzprozesse und eine Beschleunigung der Schadensregulierung[95]. Bei Streitigkeiten entfiele zudem die Gefahr doppelter Prozeßführung gegen den Schädiger und die Versicherung. Ferner werde die Gegnerstellung zwischen Schädiger und Geschädigtem beseitigt, was insbesondere bei der Schädigung von Geschäftskunden vorteilhaft sei[96]. Schließlich könnte auf die schwierigen rechtlichen Bestimmungen der §§ 158 b ff. VVG verzichtet werden[97].

a) *Möller* bezeichnet die Speditionsversicherung als Vorbild seines Reformplanes. Der Spediteur muß nach § 39 der Allgemeinen Deutschen Spediteurbedingungen für seinen Kunden eine Sachversicherung abschließen, die Speditionsschäden bis zu einer vertraglich festgelegten Höhe deckt[98]. Der Kunde erwirbt bei einer Schädigung, für die der Spediteur haften würde, einen Direktanspruch gegen die Versicherung. Der Spediteur wird in gleichem Umfang von seiner eigenen Haftung befreit[99]. Dieser Versicherungsschutz ist nach Ansicht Möllers ausreichend, da alle „Wert- und Unwertbeziehungen“ zwischen den Beteiligten und dem Speditionsgut von der Versicherung umfaßt würden. Vor allem sei der Kunde durch seinen Direktanspruch gegen Beeinträchtigungen der Versicherungsforderung gesichert[100]. Der Versicherungsschutz sei andererseits nicht zu weit und damit zu kostspielig, weil die Speditionsversicherer nur dann zu Leistungen verpflichtet sind, wenn der Spediteur nach den gesetzlichen Bestimmungen haftet.

Analog dieser Regelung soll jeder Kraftfahrzeughalter dazu verpflichtet werden, eine Versicherung für fremde Rechnung abzuschließen[101]. Alle Personen sind versichert, denen gegenüber der Halter nach geltendem Haftpflichtrecht schadensersatzpflichtig wäre. Die Haftung des Hal-

---

[93] *Möller*, JW 1934, 1079; *Sieg*, ZHR 113 (1950), 105.

[94] Zur Terminologie vgl. *Sieg*, ZHR 113 (1950), 102 und unten 2. Hauptteil C.

[95] *Sieg*, ZHR 113 (1950), 103.

[96] *Sieg*, ZHR 113 (1950), 103.

[97] *Sieg*, ZHR 113 (1950), 104.

[98] §§ 6 ff. Speditionsversicherungsschein.

[99] § 41a ADSp.

[100] JW 1934, 1080.

[101] JW 1934, 1080.

ters soll de lege ferenda soweit eingeschränkt werden, „als dies das Interesse der Verkehrssicherheit erlaubt“[102]. Grundsätzlich besteht auch kein Regreßrecht des Versicherers gegen den Schädiger. Nur in dem verbleibenden Haftungssektor gehen Ersatzansprüche des Geschädigten auf den Versicherer über.

Der Umfang der Versicherungsleistungen richtet sich nach allgemeinem Schadensrecht. Die Versicherungssummen könnten entsprechend § 12 KFG begrenzt werden[103].

b) Nach Auffassung von *Lintz*[104] sollte die Stellung des Geschädigten noch durch einen Einwendungsausschluß verstärkt werden. Demzufolge soll der Versicherer sich dem Geschädigten gegenüber nicht auf Einwendungen aus dem Versicherungsvertrag berufen können, die ihn gegenüber dem Versicherungsnehmer zur vollständigen oder teilweisen Leistungsverweigerung berechtigen würden. Im Innenverhältnis wird dem Versicherer insofern jedoch gegen den Versicherungsnehmer ein Regreßrecht zugestanden[105]. Zur Sicherung dieses Regreßrechts sollte dem Versicherer ein gesetzliches Pfandrecht an dem Kraftfahrzeug gewährt werden.

Lintz hält die Einführung einer Selbstbeteiligung des Versicherungsnehmers bei Sachschäden für erwägenswert. Für eine Selbstbeteiligung ließen sich finanzielle und unfallprophylaktische Gesichtspunkte anführen[106].

Im Interesse eines verbesserten Verkehrsopferschutzes sollten die Versicherer zur Bildung eines gemeinsamen Fonds verpflichtet werden, aus dem diejenigen Schäden zu ersetzen sind, die durch unbekannte oder nichtversicherte Kraftfahrzeuge verursacht werden.

6. „Verdrängender Haftungsersatz“

Weiterreichende Reformpläne, die Versicherungsleistungen ohne Rücksicht auf die Haftungsordnung vorsehen (sog. *verdrängender Haftungsersatz)*[107], wurden in Deutschland erstmals auf dem 35. Deutschen Juristentag 1928[108] erörtert und später von *Th. Krebs, Karl Hannak, Hans Möller* und *Eike von Hippel* vorgelegt.

---

[102] JW 1934, 1080, abweichend dagegen in NZ 1935, 1193, wonach der Schädiger neben dem Versicherer haften sollte.

[103] NZ 1935, 1193.

[104] NZ 1935, 849 ff. (852).

[105] NZ 1935, 852 f.

[106] NZ 1935, 853.

[107] Zur Terminologie vgl. *Sieg*, ZHR 113 (1950), 101 f. und unten 2. Hauptteil C.

[108] Vgl. *Isaac*, 35. DJT 1928 Bd. 2, 201 ff. (210), auch *Levin*, zit. bei Krebs, DAR 1951, 212 (Beilage).

a) *Th. Krebs*[109] befürwortete in einem Beitrag aus dem Jahre 1951 die Einführung einer Pflichtversicherung für Unfälle, die sich bei dem Betrieb oder Gebrauch von Verkehrsanlagen und Verkehrsmitteln ereignen. Die Versicherung soll sich auf sämtliche Risiken des Straßen- und Schienenverkehrs erstrecken.

Der Halter eines Kraftfahrzeugs soll anstelle der Haftpflichtversicherung eine Unfallversicherung *für unbekannt* oder *wen es angeht* abschließen. Die Unfallversicherung soll — unabhängig von einem Verschulden der Unfallbeteiligten — „sozial angemessene" Leistungen an den Unfallgeschädigten erbringen[110]. Eine solche Versicherungslösung könnte nach Ansicht von Krebs den Verwaltungs- und Justizaufwand erheblich reduzieren, da niemand mehr ein Interesse an der Klärung von schwierigen Haftpflichtfragen habe[111]. Zahlreiche Prozesse und „allzu minutiöse Überlegungen rechtlicher Art"[112] entfielen, wenn der Geschädigte ohne Rücksicht auf die Schuldfrage ausreichend gegen die Folgen eines Verkehrsunfalls geschützt werde.

Die Versicherung könnte in Form der Privat- oder Sozialversicherung betrieben werden[113].

Wahlweise sollte die Ausdehnung der Sozialversicherung auf alle Verkehrsunfälle der Sozialversicherten geprüft werden[114]. Die notwendigen Finanzmittel könnten bei einer solchen Lösung zu je einem Fünftel von dem Arbeitnehmer, Arbeitgeber und dem Träger der Sozialversicherung sowie zu zwei Fünftel von der „Gesamtheit aller Verkehrshaftpflichtigen" aufgebracht werden[115].

b) *Karl Hannak*[116] setzte sich im Jahre 1960 für eine generelle Haftungsersetzung durch Versicherungsschutz ein. Diese Haftungsersetzung könne sich auf sämtliche Gefahren der modernen Technik, also insbesondere Verkehrsmittel und gefährliche Anlagen erstrecken, die einer Gefährdungshaftung unterliegen. Der Ausgleich der technisch bedingten Massenschäden werde ohnehin nur durch eine Risikoverteilung in Form der Versicherung ermöglicht[117]. Die Haftungsregelung bei Luftverkehrs- und Arbeitsunfällen zeige, daß dem Verhalten der an einem Unfall beteiligten Personen zunehmend weniger Bedeutung beigemessen werde[118].

[109] DAR 1951, 197 ff.
[110] DAR 1951, 215 (Beilage).
[111] DAR 1951, 215 (Beilage).
[112] DAR 1951, 215 (Beilage).
[113] DAR 1951, 214 (Beilage).
[114] DAR 1951, 216 (Beilage).
[115] DAR 1951, 216 (Beilage).
[116] VersRundschau 1960, 144 ff.
[117] VersRundschau 1960, 145 f.
[118] VersRundschau 1960, 146 f.

Da der Geschädigte *„nicht unmittelbar von einer menschlichen Handlung, sondern von einem technischen Vorgang angegriffen“*[119] werde und unverschuldete Schäden die Regel, verschuldete dagegen die Ausnahme seien, könnte die Haftpflicht bis einschließlich grober Fahrlässigkeit ersetzt werden. Gleichzeitig könnte die Haftpflichtversicherung durch eine Unfall- und Sachversicherung abgelöst werden. Von dieser Versicherung sollen — unabhängig von einem Verschulden der Beteiligten — alle unfallbedingten Personenschäden gedeckt werden[120]. Nur bei vorsätzlicher Herbeiführung des Versicherungsfalles besteht keine Leistungspflicht[121]. Die Versicherung soll auch Sachschäden ersetzen, soweit Dritte davon betroffen werden[122]. Das gilt jedoch nicht für Schäden an beförderten Sachen, die von den speziellen Transport- und Speditionsversicherungen vergütet werden.

Der Umfang der Versicherungsleistungen, insbesondere die Methode der Schadensberechnung wird von Hannak nicht verbindlich festgelegt[123]. Er verweist insofern auf den Vorschlag Ehrenzweigs, der sich an der Leistungsskala der sozialen Unfallversicherung orientiert.

c) Nachdem auch Karl Möller 1962[124] eine weiterreichende Reform des Entschädigungssystems auf der Grundlage einer Unfall- und Sachversicherung zugunsten der Verkehrsopfer empfohlen hatte, unternahm *Eike von Hippel* im Jahre 1967 zum ersten Mal den Versuch, amerikanische und französische Reformpläne auf deutsche Verhältnisse zu übertragen[125]. Von Hippel befürwortet eine Grundsatzreform. Das geltende Haftpflichtsystem versage manchem schutzwürdigen Verkehrsopfer vollständig oder zum Teil eine Entschädigung[126]. Der Gedanke individueller Verantwortung werde zum Schaden einer wirksamen Unfallprophylaxe vernachlässigt[127]. Die Schadensregulierung sei außerordentlich kompliziert, schwerfällig und kostspielig[128]. Hauptursache dieser Mängel sei die Akzessorietät der Versicherungsleistungen von einem stark subjektiv geprägten Haftpflichtrecht[129]. Das Schadensrisiko gehöre — abweichend vom geltenden Recht — jedoch auch dann in die Sphäre des Halters, wenn

---

[119] VersRundschau 1960, 147.

[120] VersRundschau 1960, 147.

[121] VersRundschau 1960, 147.

[122] VersRundschau 1960, 148.

[123] VersRundschau 1960, 148.

[124] DAR 1962, 313 ff. (320).

[125] Er orientiert sich vor allem an *Keeton & O'Connell*, *Green* und *Tunc*, vgl. NJW 1967, 1736.

[126] S. 9 ff.

[127] S. 25 ff.; NJW 1967, 1729 f. und 1736.

[128] S. 39 ff.; NJW 1967, 1731 m. w. N. in Fußn. 37.

[129] NJW 1967, 1730.

der Unfall auf ein unabwendbares Ereignis zurückzuführen sei. In den Fällen des unabwendbaren Ereignisses handele es sich vielfach um typische Gefahren und Nachteile des Kraftfahrzeugbetriebes[130]. Eine gegenüber dem geltenden Recht erweiterte, objektive Einstandspflicht belaste den Halter infolge der Versicherbarkeit des Risikos nicht übermäßig[131]. Einer wesentlichen Erhöhung der Versicherungsprämien könne durch Teilabzüge, durch den grundsätzlichen Ausschluß immaterieller Schäden, durch verstärkte Anspruchskürzungen und Regreßnahme in Fällen grober Schuld begegnet werden[132]. Bei einer Reform werde die Abwicklung von Schadensfällen erheblich vereinfacht, verbilligt und beschleunigt, da die Entschädigung nicht länger von der häufig umstrittenen und schwer zu klärenden Schuldfrage abhänge[133]. Der Übergang zur vollen objektiven Einstandspflicht soll nach Auffassung von Hippels nicht auf der Basis einer Haftpflicht-, sondern einer Unfall- und Sachversicherung der Verkehrsopfer vollzogen werden[134]. Diese entspreche der konsequenten Fortentwicklung der Kraftverkehrsversicherung, die in ihrer gegenwärtigen Gestalt bereits weitgehend die Funktion einer „Versicherung für fremde Rechnung" erfülle. Ein offener Wechsel des Versicherungstyps, den der deutsche Gesetzgeber schon im letzten Jahrhundert für den Bereich der Arbeitsunfälle mit Erfolg vorgenommen habe, ermögliche ferner die vollständige Integrierung des Fahrers, seiner Angehörigen und anderer Fahrzeuginsassen in das Schutzsystem. Sowohl die Interessen der verletzten Insassen als auch die ihrer Angehörigen und der Allgemeinheit verlangten eine stärkere Sicherung dieses Personenkreises gegen die ständig wachsenden Unfallrisiken[135].

aa) Nach dem vorgeschlagenen Verkehrs-Versicherungsgesetz kann jeder Verkehrsteilnehmer, der durch ein Kraftfahrzeug einen Personen- oder Sachschaden erleidet, von dem Träger der Unfall- und Sachversicherung Schadensersatz verlangen[136]. Unfallhelfer gehören ebenfalls zu dem versicherten Personenkreis[137]. Versicherungsschutz wird auch in Fällen eines unabwendbaren Ereignisses gewährt. Ein Selbstverschulden des Verletzten führt nicht zum Ausschluß von Versicherungsleistungen, da das Fehlverhalten eines anderen Verkehrsteilnehmers zu den typischen Risiken des Straßenverkehrs zähle[138]. Selbst ein sorgsamer Ver-

[130] NJW 1967, 1730 f.

[131] NJW 1967, 1731.

[132] NJW 1967, 1731.

[133] NJW 1967, 1731.

[134] S. 44 ff.; NJW 1967, 1734.

[135] S. 80 ff.; NJW 1967, 1735.

[136] Vgl. § 1, S. 117 f.; S. 60 ff.; NJW 1967, 1734.

[137] Vgl. § 1 Abs. 3, S. 118; S. 82 f.

[138] S. 65 ff.

kehrsteilnehmer sei nicht ständig den vielfältigen Anforderungen des modernen Straßenverkehrs gewachsen[139]. Auch aus praktischen Gründen sollte „die häufig umstrittene und schwer zu klärende Frage eines Mitverschuldens" auf sich beruhen[140].

Einschränkungen dieses Grundsatzes gelten nach § 4 des Gesetzentwurfs jedoch gegenüber Personen, die „den Unfall vorsätzlich herbeigeführt oder ihn infolge der vorsätzlichen Ausführung oder des Versuchs von Verbrechen oder Vergehen oder infolge Trunkenheit am Steuer oder der Einwirkung von Rauschgiften erlitten haben" (Nr. 1), keinen Führerschein besitzen (Nr. 2), das Fahrzeug einem nicht fahrberechtigten oder fahrtüchtigen Fahrer überlassen haben (Nr. 3), wissentlich ein nichtversichertes oder gestohlenes Fahrzeug geführt haben (Nr. 4) oder wissentlich in einem gestohlenen Fahrzeug mitgefahren sind (Nr. 5)[141]. In allen diesen Fällen sind Ersatzansprüche des Geschädigten, im Falle der Tötung auch dritter Personen, ausgeschlossen[142]. Im übrigen dürfen Versicherungsleistungen nur bei einem „extremen, unverzeihlichen Eigenverschulden (faute inexcusable)" oder wegen einer vom Verletzten rechtswidrig und schuldhaft geschaffenen Zusatzgefahr (z. B. Betrieb eines nicht verkehrssicheren Fahrzeugs) gekürzt werden[143]. Eine Anspruchskürzung wegen einer Zusatzgefahr kommt jedoch nicht in Betracht, wenn diese Gefahr für den Unfall nicht kausal geworden ist oder der Verletzte das erhöhte Risiko nach Treu und Glauben als mitversichert ansehen konnte[144]. Zur Vermeidung von Unklarheiten und Streitigkeiten wird die Anspruchskürzung von einer rechtskräftigen strafrechtlichen Verurteilung des Verletzten abhängig gemacht. Das Ausmaß der Anspruchskürzung soll der Strafrichter bzw. in besonderen Fällen wie Tod des Verletzten, Verjährung der Straftat oder Amnestie der Zivilrichter bestimmen[145]. Alternativ könne man auch eine feste Selbstbeteiligung des Geschädigten in Höhe von 5000,— DM ins Auge fassen, wenn der Strafrichter ein unverzeihliches Eigenverschulden oder ein anormales Risiko festgestellt habe[146].

Nach dem Vorschlag von Hippels sollen grundsätzlich alle Verkehrsopfer in gleicher Weise anspruchsberechtigt sein, mögen sie als Fahrzeuginsassen oder außenstehende Dritte betroffen worden sein. Diese Regel wird bei Unfällen modifiziert, die ein Kraftfahrer ohne Zutun an-

[139] NJW 1967, 1732.
[140] NJW 1967, 1732.
[141] § 4 S. 119; S. 65 ff.
[142] §§ 4 Abs. 2, 7, S. 119 ff.
[143] § 5, S. 119; S. 68.
[144] § 5, S. 119; S. 68.
[145] § 5, S. 119 f.; S. 68 f.
[146] § 5, S. 120; S. 69.

derer Verkehrsteilnehmer erleidet. Die Entschädigung des Kraftfahrers wird dann auf Grund des Einkommens berechnet, das der Fahrzeugeigentümer bei der Zulassung des Fahrzeugs angegeben hatte[147]. Auf diese Weise könne das Einkommen als Bemessungsfaktor für die Versicherungsprämie berücksichtigt werden.

bb) Die Versicherung soll sowohl Personen- als auch Sachschäden umfassen.

Bei Personenschäden werden sämtliche unfallbedingten Aufwendungen ersetzt[148].

Schmerzensgeld soll nur bei ungewöhnlich starken oder anhaltenden Schmerzen, Beeinträchtigung der körperlichen Integrität oder bei Verunstaltungen gewährt, dann aber großzügiger als heute bemessen werden[149].

Abzüge zu Lasten des Verletzten lehnt von Hippel grundsätzlich ab[150]. Ein entsprechender Selbstbehalt ließe sich nicht rechtfertigen, da dem Verletzten mit dem Entzug von Schmerzensgeldansprüchen schon ein beachtliches Opfer auferlegt werde. Dieser — finanziell begründete — Leistungsausschluß gewährleiste genügend ausgewogene Versicherungskosten.

Die konsequente Anwendung des Gedankens der Gefährdungshaftung verbiete es ferner, die Entschädigung für Verdienstausfall auf die Sicherung eines angemessenen Existenzminimums zu beschränken und so das Unfallrisiko zu einem großen Teil auf die Verkehrsopfer abzuwälzen[151]. Der Grundsatz der Totalreparation könnte jedoch bei „Großverdienern" in der Weise eingeschränkt werden, daß der unfallbedingte Verdienstausfall nur bis zu einer Höchstsumme, z. B. 3000,— DM ersetzt wird[152].

cc) Nach § 10 des Gesetzentwurfs ist vorgesehen, daß für zerstörte oder beschädigte Sachen grundsätzlich eine volle Vergütung zu leisten ist[153]. Schäden, die an einem Kraftfahrzeug oder an mit diesem beförderten Sachen ausschließlich durch dessen Betrieb („Eigenunfall") entstanden sind, werden nicht ersetzt. Das gilt aber nicht für Sachen, die beförderte

---

147 § 6 Abs. 2, S. 121; S. 81.

148 § 6 Abs. 1 Nr. 1, S. 120; S. 74; NJW 1967, 1732.

149 § 6 Abs. 1 Nr. 3, S. 120; S. 74; NJW 1967, 1733.

150 S. 74. „Notfalls" könnte man Abzüge als „provisorische Maßnahme zulassen, bis ein Überblick über die Kosten der Reformen gewonnen sei", NJW 1967, 1733.

151 S. 75; NJW 1967, 1733.

152 § 6 Abs. 1 Nr. 2, S. 120; S. 75; NJW 1967, 1733.

153 § 10, S. 122; S. 76.

Personen zur Zeit des Unfalls an sich oder bei sich hatten[154]. Aus finanziellen Gründen nimmt von Hippel weitere Einschränkungen vor, soweit es sich um Kraftfahrzeugschäden handelt, die auf einen Kollisionsunfall zurückzuführen sind. Diese Schäden werden von der Versicherung nur insoweit ersetzt, als sie einen bestimmten Betrag, z. B. 200,— DM übersteigen[155]. Der ungedeckte Schaden wird unter den Unfallbeteiligten aufgeteilt. Der Geschädigte kann von einem nichtmotorisierten Schädiger jedoch nur dann einen entsprechenden Ausgleich verlangen, wenn diesen ein Verschulden trifft. Für entgangene Gebrauchsvorteile des Kraftfahrzeugs wird kein Ersatz geleistet[156].

dd) Bei einer Leistungspflicht der Unfall- und Sachversicherung sind dem Geschädigten sämtliche anderweitigen Schadensersatzansprüche genommen, selbst wenn sie auf Ersatz eines von der Versicherung nicht vergüteten Schadens (z. B. Schmerzensgeld) gerichtet sind. Bei vorsätzlicher Unfallverursachung hat jedoch der Schädiger dem Verletzten alle materiellen Schäden zu ersetzen, welche die Versicherung nicht deckt, und ihm ein angemessenes Schmerzensgeld zu zahlen[157]. Eine einheitliche Konzeption des Schadensausgleichs empfehle sich nämlich, um die praktischen Vorteile einer Reform, also insbesondere die Beschleunigung und Verbilligung der Schadensregulierung, nicht wieder aufs Spiel zu setzen[158].

Zur Vermeidung kostspieliger Regresse soll die Leistungspflicht der Sozialversicherungsträger ausgeschlossen sein, soweit der Verletzte oder ersatzberechtigte Dritte nach dem vorgeschlagenen Verkehrsversicherungsgesetz zu entschädigen sind[159].

ee) Dem Gedanken individueller Verantwortung, der infolge der obligatorischen Haftpflichtversicherung an Gewicht verloren habe, soll im Interesse einer gerechten Risikoverteilung und wirksamer Abschreckung durch ein verstärktes Regreßrecht des Versicherers und ein feiner gestaffeltes Prämiensystem ein neuer Inhalt gegeben werden[160]. Bei einem unverzeihlichen Verschulden soll der Versicherer deshalb von dem Verantwortlichen Ersatz seiner Aufwendungen verlangen können. Die für den Ausschluß bzw. die Kürzung von Versicherungsleistungen vorgeschlagene Regelung wird analog angewendet, so daß in den Fällen des § 4 Nr. 1 bis 4 ein voller Regreß, in den Fällen des § 5 dagegen ein par-

---

[154] § 10 Abs. 2, S. 122; S. 76.
[155] § 10 Abs. 3, S. 122; S. 76; NJW 1967, 1733.
[156] § 10 Abs. 4, S. 122; S. 77; NJW 1967, 1733.
[157] § 13, S. 124; S. 73.
[158] S. 72; NJW 1967, 1732.
[159] § 8 Abs. 2, S. 121; S. 91 ff.; NJW 1967, 1735.
[160] S. 83 ff.; NJW 1967, 1731 f.

tieller Regreß des Versicherers gestattet wird[161]. Eine Haftpflichtversicherung gegen Rückgriffsansprüche soll aus Gründen der Unfallprophylaxe nur insoweit zulässig sein, als solche Ansprüche den Betrag von 5000 DM übersteigen[162].

Ferner sollen die Versicherungsprämien mehr als bisher dem individuellen Schadensrisiko angepaßt werden, indem das geltende Rabattsystem durch Zuschläge gegenüber unsorgfältigen und unfallträchtigen Versicherungsnehmern ergänzt wird[163].

ff) Die neue Verkehrsversicherung soll entweder in Form der Privat- oder der Sozialversicherung betrieben werden, wobei von Hippel eine staatliche Versicherung vornehmlich aus Kostengründen bevorzugt[164]. Falls die private Versicherungswirtschaft eine konkurrenzfähige Alternative anbieten wolle, müsse sie angesichts der „ständigen (zeitlichen und finanziellen) Reibungsverluste“[165] eine gemeinsame Organisation errichten. Bei der Übernahme der Schadensregulierung durch eine Zentralstelle entfalle auch das Problem, in welchem Verhältnis die Versicherer mehrerer unfallbeteiligter Fahrzeuge den Schaden zu ersetzen hätten.

gg) Wenngleich von Hippel wegen fehlender statistischer Unterlagen über die Entschädigungspraxis und die „Betriebskosten“ des geltenden Systems auf Schätzungen angewiesen ist, glaubt er unter Berücksichtigung französischer und amerikanischer Untersuchungen, daß die Reform zu keiner oder keiner wesentlichen Prämienerhöhung führen wird[166]. Sollten allerdings die zu erwartenden Einsparungen durch Kürzung bestimmter Versicherungsleistungen und Senkung der Verwaltungskosten nicht ausreichen, so sei an den Einsatz öffentlicher Mittel zu denken[167]. Ein Zuschuß aus Steuergeldern rechtfertige sich aus der Beteiligung aller — auch der nichtmotorisierten — Verkehrsteilnehmer an den Verkehrsgefahren[168]. Da der Risikoanteil von Fußgängern und Radfahrern — verglichen mit dem der Kraftfahrer — gering sei, lohne es sich nicht, von jedermann einen Versicherungsbeitrag einzuziehen; außerdem seien die motorisierten Verkehrsteilnehmer die Hauptnutznießer der Reform[169]. Schließlich sollten Kraftfahrzeughersteller, Reparaturwerkstät-

---

[161] § 11, S. 122 f.; S. 83 ff.

[162] § 11, S. 123; S. 88.

[163] S. 88 f.; NJW 1967, 1731.

[164] S. 98 ff.; NJW 1967, 1734.

[165] NJW 1967, 1734.

[166] S. 92 ff.; NJW 1967, 1736.

[167] S. 95 ff.; NJW 1967, 1735 f.

[168] Vgl. *Yadin*, 13 A.J.Comp.L. 287 (1964).

[169] § 3, S. 118; S. 96 f.

ten, Verkehrssicherungspflichtige und Tierhalter bestimmte Versicherungsbeiträge leisten, da sie für einen Teil der Verkehrsunfälle verantwortlich seien. Dafür sollten sie von ihrer zivilrechtlichen Haftpflicht befreit werden[170].

---

[170] § 3 Abs. 2, S. 118; S. 98.

Zweiter Hauptteil

Grundprobleme des Schadensausgleichs bei Verkehrsunfällen

A. Grundlagen

Ein Blick auf die Unfallstatistik lehrt, daß der moderne Mensch in bezug auf sein Leben, seine Gesundheit und sein Vermögen am stärksten von den Gefahren des Straßenverkehrs bedroht wird. Die Bilanz des Jahres 1966 zeigt für die Bundesrepublik folgendes Bild: insgesamt wurden 1,165 Mill. Verkehrsunfälle registriert. 16 864 Menschen fanden den Tod, 332 000 wurden verletzt[1]. 141 269 Personen mußten sich in stationäre Behandlung begeben. Bei 833 000 Unfällen entstand bloßer Sachschaden. Der volkswirtschaftliche Gesamtschaden wird auf 6 Milliarden DM geschätzt. Bei der fortschreitenden Motorisierung — etwa jeder dritte Haushalt in der Bundesrepublik besitzt bereits einen Pkw[2] — ist der Ausgleich von Unfallschäden zu einem erstrangigen sozialen Problem geworden.

De lege lata versucht man, dieses Problem mit den Mitteln des Haftpflichtrechts und der Haftpflichtversicherung zu bewältigen. Die Struktur des geltenden Entschädigungssystems weist folgende Besonderheiten auf: In den meisten europäischen Ländern und einigen US-Staaten muß der Halter eines Kraftfahrzeugs kraft gesetzlicher Anordnung eine Haftpflichtversicherung abschließen. Diese Versicherung ist dem Grunde und der Höhe nach nur zur Gewährung von Leistungen verpflichtet, soweit dem Geschädigten gegen den Halter, Eigentümer oder Fahrer ein Schadensersatzanspruch zusteht. Schadensersatzanspruch und Versicherungsleistung decken sich also. Diese Erscheinung wird als Akzessorietät des Versicherungsmoments von dem Haftpflichtmoment bezeichnet[3]. Ferner kennt das geltende Entschädigungssystem eine doppelte Zugriffsmöglichkeit auf die Versicherungsforderung. Der Geschädigte kann den Versicherungsnehmer persönlich in Anspruch nehmen. Falls dieser über

---

[1] Vgl., auch zu den folgenden Zahlenangaben, den Jahresbericht 1966 der Bundesverkehrswacht, zit. in FAZ vom 16./17. 6. 1967, Nr. 137, S. 19.

[2] Vgl. *Fochler-Hauke*, Der Fischer Weltalmanach 1967, S. 213.

[3] Vgl. *Bosonnet*, S. 1.

keine Geldmittel verfügt, kann er sich dessen Versicherungsforderung abtreten, notfalls pfänden und überweisen lassen. Alternativ oder kumulativ kann er aber auch von der Versicherung unmittelbar Zahlung verlangen und diese ggf. verklagen.

Die geplanten Entschädigungssysteme besitzen eine prinzipiell andersartige Struktur. Nach den meisten Reformplänen soll nur noch der Versicherer passiv legitimiert sein. Der nach Haftpflichtrecht Verantwortliche scheidet grundsätzlich aus den Entschädigungsbeziehungen aus. Dieses Phänomen, das man im Anschluß an *Sieg*[4] mit dem Begriff der *„Haftungsersetzung"* umschreibt, wird durch folgende Merkmale charakterisiert[5]:

1. Dem Unfallgeschädigten wird die Möglichkeit genommen, den Schädiger oder den sonst nach Haftpflichtrecht Verantwortlichen persönlich in Anspruch zu nehmen.
2. An seiner Stelle ist der Versicherer unmittelbar zu Schadensersatzleistungen verpflichtet.
3. Dem Versicherer ist grundsätzlich keine Regreßnahme gegen den verantwortlichen Schädiger gestattet. Er bleibt also regelmäßig endgültiger Schadensträger.

Außer der doppelten Zugriffsmöglichkeit auf die Versicherungsforderung soll nach den meisten Reformplänen auch die Akzessorietät zwischen der Haftung und der versicherungsrechtlichen Leistungspflicht aufgegeben werden. Der Versicherungsfall wird stattdessen nach spezifisch unfallversicherungsrechtlichen Kriterien definiert.

B Struktur des geltenden Entschädigungssystems

I. Haftungsgründe

Die grundsätzlichen Entscheidungen über den Schutz des Verkehrsopfers fallen gegenwärtig bereits im Haftpflichtrecht[1], da der Schadensersatzanspruch die Versicherungsleistung determiniert. Die Haftpflichtversicherung festigt nur diese Rechtsposition durch eine Solvenzgarantie.

Das Haftpflichtrecht der meisten europäischen Rechtsordnungen verfährt bei der Entschädigung der Unfallopfer zweigleisig. Einerseits — in den USA sogar ausschließlich — ist allgemeines Haftpflichtrecht anwendbar, das auf dem Schuldgrundsatz beruht. Andererseits haben

[4] ZHR 113 (1950), 102.

[5] Vgl. *Schneider*, S. 183.

[1] Vgl. *Schneider*, S. 21 f.

sich sonderrechtliche Haftungsnormen herausgebildet, die nur teilweise auf dem Schuldprinzip beruhen. Der Halter eines Kraftfahrzeugs muß nach deutschem, französischem und schweizerischem Sonderrecht, das in den Grundzügen weitgehend übereinstimmt[2], grundsätzlich für alle Schäden einstehen, die „bei dem Betrieb“[3] oder durch das Kraftfahrzeug[4] verursacht werden. Die Haftung ist nur beim Nachweis bestimmter Unfallursachen ausgeschlossen, die z. B. nach deutschem Recht die Qualität eines unabwendbaren Ereignisses besitzen müssen. Diese sonderrechtliche Haftung wird nach deutscher Terminologie als Gefährdungshaftung bezeichnet.

1. Gefährdungshaftung

Die Gefährdungshaftung hat sich für Unfallschäden durchgesetzt, die auf Mängel des Kraftfahrzeugs zurückzuführen sind (§ 7 StVG). Sie läßt sich negativ als eine Haftungsform beschreiben, die weder ein Verschulden noch eine objektive Rechtswidrigkeit voraussetzt[5]. Die Schadenszurechnung rechtfertigt sich aus dem *Prinzip austeilender Gerechtigkeit*[6]. Die Gefährdungshaftung ist nach geltendem Recht auf Anlagen und Tätigkeiten beschränkt, denen ein nicht vollständig beherrschbares Gefahrenpotential innewohnt. Diese latente Gefährlichkeit aktualisiert sich unter bestimmten Umständen in Schadensereignissen mit quantitativ oder qualitativ schwerwiegenden Folgen[7]. Auslösendes Moment können willensgetragene Handlungen, Naturereignisse oder technische Vorgänge sein. Ein gesetzliches Verbot der Eröffnung oder Aufrechterhaltung dieser Anlagen oder Tätigkeiten liegt nahe. Der Gesetzgeber hat davon jedoch wegen des überwiegenden Interesses der Allgemeinheit abgesehen. Als Äquivalent hat er jedoch demjenigen, der einen unmittelbaren Nutzen aus dieser gefahrreichen Tätigkeit oder Anlage zieht und eine generelle Kontrollmöglichkeit ausüben kann, eine zivilrechtliche Ersatzpflicht beim Eintritt eines Schadensereignisses auferlegt.

2. Verschuldenshaftung

Diese gesteigerte soziale Verantwortung ist nach geltendem Kfz-Haftpflichtrecht auf das spezifische Betriebsrisiko begrenzt. Für externe Un-

---

[2] Vgl. *v. Hippel*, NJW 1967, 1730; *Schneider*, S. 30; vgl. auch die nähere Darstellung von *Arthur Haffter*, Die Motorfahrzeughaftpflicht im schweizerischen, deutschen, italienischen und französischen Recht, Winterthur 1956.

[3] Vgl. § 7 Abs. 1 StVG und § 58 SVG.

[4] Vgl. Cass.ch.réun. 13. 2. 1930, D.P. 1930.1.57.

[5] Vgl. *Larenz* II, § 71, S. 483; *Esser* § 59, 2, S. 222; BGH v. 4. 3. 1957 BGHZ 24, 21 (26); BGH v. 14. 3. 1961 BGHZ 34, 355 (361).

[6] Vgl. *Esser*, § 47, 1, S. 159 und § 59, 2, S. 222, besonders in Grundlagen durchgehend und in Grundfragen AcP 148 (1943), 130.

[7] Vgl. *Oftinger* I, S. 16; Entwurf 1967 II, S. 3.

fallursachen, die nicht auf die fehlerhafte Beschaffenheit des Fahrzeugs zurückzuführen sind, haftet der Halter dagegen nur bei eigenem Verschulden oder einem Verschulden des Fahrzeugführers. Prozeßrechtlich weist die Haftung nach § 7 StVG allerdings die Besonderheit auf, daß das Verschulden des Halters und des Fahrzeugführers widerlegbar vermutet wird[8]. Ferner verlangt § 7 Abs. 2 StVG die Beobachtung eines besonderen Maßes an Aufmerksamkeit, das die nach § 276 BGB vorgeschriebene allgemeine Verkehrssorgfalt übertrifft[9]. Diese verschärfte Form der Verschuldenshaftung gilt jedoch nicht für die Haftung des Fahrzeugführers. Von ihm wird nicht der Nachweis eines unabwendbaren Ereignisses gefordert. Vielmehr haftet er gemäß § 18 Abs. 1 S. 2 StVG bereits dann nicht, wenn er nachweist, daß der Schaden nicht durch sein Verschulden im Sinne von § 276 BGB verursacht worden ist[10]. Es reicht also aus, daß er selbst die Sorgfalt eines ordentlichen Kraftfahrers beobachtet hat. Wenn der Halter sein Fahrzeug einem Dritten zum Gebrauch überlassen hat und dieser einen Unfall verursacht, ist es demnach nicht ausgeschlossen, daß der Fahrzeugführer wegen Beobachtung der verkehrsüblichen Sorgfalt nicht haftet, der Halter jedoch wegen Nichtbeachtung der gesteigerten Sorgfalt von § 7 Abs. 2 StVG schadensersatzpflichtig ist. Allgemeine Verschuldenshaftung ohne Umkehrung der Beweislast ist schließlich dann anwendbar, wenn der Verletzte Ersatz für einen im Rahmen des StVG nicht gedeckten Schaden verlangt.

Dieser Überblick zeigt, daß die Verschuldenshaftung bei der Verteilung von Verkehrunfallschäden eine erhebliche Bedeutung besitzt. Sie beruht im Gegensatz zur Gefährdungshaftung auf dem Gedanken der persönlichen Verantwortung *(Prinzip der ausgleichenden Gerechtigkeit)*. Dieser Gedanke besagt, daß sich der Täter mit der Handlung und ihren Folgen identifizieren lassen muß[11]. Ihn trifft die Verantwortung für gewisse, sozial unerwünschte Handlungen, weil er ihre Schädlichkeit kraft seiner Zurechnungsfähigkeit, seines Einsichtsvermögens und seiner Erfahrung erkannt hat oder hätte erkennen können. Das Zivilrecht verzichtet allerdings auf einen Schuldvorwurf im ethischen Sinne. Es begnügt sich mit der Feststellung, daß der Täter die „im Verkehr erforderliche Sorgfalt“[12] nicht beobachtet hat. Als Vergleichsmaßstab dienen die „typischen“ Kenntnisse und Fähigkeiten eines besonnenen und gewissenhaften Angehörigen eines bestimmten Verkehrskreises[13].

---

[8] Die Umkehr der Beweislast ist, wie z. B. §§ 831, 282 BGB zeigen, im Bereich der Verschuldenshaftung nicht atypisch.

[9] Vgl. RG v. 7. 5. 1931, JW 1931, 3330.

[10] Vgl. *Geigel*, S. 498 m. w. N.

[11] Vgl. *Larenz* II, § 65 Ic, S. 404; *Esser*, § 47, 1, S. 159; BAG v. 31. 10. 1958, NJW 1959, 356 und 908 (909).

[12] § 276 Abs. 1 S. 2 BGB.

[13] RG v. 7. 12. 1929, RGZ 126, 329 (331).

II. Funktionen des Haftpflichtrechts

Die Normen des Haftpflichtrechts erfüllen entsprechend ihren unterschiedlichen Zurechnungsprinzipien unterschiedliche Funktionen.

1. Funktion der Gefährdungshaftung

Die Gefährdungshaftung dient allein dem Ausgleich von Unglücksschäden, die nach dem Prinzip austeilender Gerechtigkeit von dem Fahrzeughalter zu ersetzen sind. Ziel der Ersatzpflicht ist die Restaurierung einer durch das Schadensereignis geminderten Rechtsgüterposition (sog. Kompensationsfunktion). Gegenüber dem Ersatzpflichtigen soll keine Sanktionsfolge ausgelöst werden[14]; denn die von dem Betrieb des Kraftfahrzeugs ausgehende Sondergefährdung ist vom Gesetzgeber gestattet. Der Entschädigungsnorm ist also kein sanktionsfähiges Verbot zu entnehmen.

2. Funktionen der Verschuldenshaftung

Die auf dem Verschuldensprinzip beruhenden Haftungsbestimmungen bezwecken demgegenüber nicht allein eine Wiedergutmachung des entstandenen Schadens. Die Auferlegung der Ersatzpflicht ist auch als eine Sanktion gegenüber dem Schädiger gedacht[15]. Das Schadensrecht warnt durch Androhung und Verhängung der Wiedergutmachungspflicht den Täter und die Allgemeinheit vor der (erneuten) Verletzung bestimmter Rechtsgüter. Dem Täter wird gleichsam ein „Denkzettel"[16] erteilt. Neben Sanktions- und Präventionsfunktion erfüllt das Haftpflichtrecht im Bereich der Verschuldenshaftung eine Genugtuungsfunktion, die besonders beim Ausgleich immaterieller Schäden zutage tritt[17].

Es ist jedoch anerkannt, daß die Normen des allgemeinen Haftpflichtrechts primär dem Ausgleichszweck dienen[18]. Diese Rangordnung läßt sich aus der positiv-rechtlichen Ausgestaltung des Haftungsrechts ablesen. Danach bleibt der Versuch einer unerlaubten Handlung zivil-

---

[14] *Deutsch*, Fahrlässigkeit, S. 202; vgl. zur Genugtuungsfunktion Entwurf 1967 II, S. 158.

[15] Vgl. *Grossfeld*, S. 77 ff.; *Mertens*, S. 94 ff. Treffend *Gilliard*, ZSR 1967 II, 204: "... le droit privé moderne oscille entre deux conceptions de la responsabilité, que nous appelerons la responsabilité sanction et la responsabilité-garantie."

[16] *Rother*, S. 204.

[17] Sanktions- und Genugtuungsfunktion sind eng miteinander verknüpft: sie unterscheiden sich dadurch, daß sich die Strafe im Gemeinschaftsraum, die Genugtuung im Sonderraum vollzieht, vgl. *Bötticher*, MDR 1963, 358.

[18] hM., vgl. *Larenz* I, § 14 III a 3, S. 154 f. und § 14, S. 149; ders., Anmerkung, NJW 1959, 865; *Esser*, § 47, 7, S. 161; *Rother*, S. 207, 220; *Mertens*, S. 98; *Deutsch*, S. 202.

rechtlich ohne Folgen. Obergrenze der Verantwortung ist stets der effektiv eingetretene Schaden. Eine Differenzierung der Sanktionsfolgen nach der Schwere des Verschuldens findet nach geltendem Recht nicht statt[19]. Schließlich kann den Täter im Widerspruch zum Sühnegedanken eine Schadensersatzpflicht auch ohne persönlichen Vorwurf treffen, weil er nicht die typischen Fähigkeiten des durchschnittlichen Verkehrsteilnehmers besitzt.

III. Grundlagen der Haftpflichtversicherung

Erfolgshaftung und kollektive Haftungsformen kennzeichnen nach verbreiteter Auffassung das Schadensrecht der europäischen Urgemeinschaften[20]. Die Erfolgshaftung beherrschte auch das ältere deutsche Haftpflichtrecht („Wer Schaden tut, muß Schaden bessern")[21]. Erst mit dem beginnenden Industriezeitalter setzte sich in Deutschland die römisch-rechtliche Culpa-Haftung endgültig durch, die eine Schadensersatzverpflichtung bei fehlendem Verschulden grundsätzlich verneinte („casum sentit dominus — casus a nullo praestantur")[22]. Mit der fortschreitenden Industrialisierung und dem Aufkommen neuzeitlicher Transportmittel entwickelten sich jedoch bald in der sonderrechtlichen Gefährdungshaftung und der Haftpflichtversicherung neue objektive und kollektive Haltungsformen. Die gesetzlich eingeführten Sonderhaftungen für gefährliche technische Anlagen und Tätigkeiten sind Ausdruck einer veränderten Betrachtungsweise, die den Interessen des geschädigten Dritten den Vorrang gegenüber denen des Unternehmers einräumt. Der Ausgleich der technisch bedingten Unglücksschäden wäre jedoch ohne Fruchtbarmachung des Versicherungsgedankens nicht möglich. Der Erfolg dieses „Feldzugs gegen das Schicksal"[23] ist zu einem wesentlichen Teil auf die Entwicklung geeigneter Versicherungsformen zurückzuführen.

1. Institution der Versicherung

Zweck der Versicherung ist die Gewährung vermögenswerter Leistungen bei Eintritt eines der Vorsorge bedürftigen Ereignisses, das regel-

---

[19] Vgl. Motive II, S. 17 f.: „Die Hereinziehung moralisierender oder strafrechtlicher Gesichtspunkte, worauf jene Abstufung beruht, muß bei der Bestimmung der zivilrechtlichen Folgen unerlaubten, widerrechtlichen Verhaltens durchaus fern gehalten werden." Vgl. de lege ferenda jedoch § 255a des Entwurfs 1967 II, S. 35 ff.

[20] Vgl. *Ussing*, Rev. int. dr. comp. 1955, 486; *Oftinger* I, S. 30 Fußn. 78.

[21] Vgl. *Enneccerus-Lehmann*, § 229 III, S. 920.

[22] Vgl. *Ussing*, Rev. int. dr. comp. 1955, 486; *Vogler*, S. 5 ff.

[23] *Esser*, AcP 148 (1943), 130.

mäßig mit dem Eintritt eines Schadens verbunden ist oder einen finanziellen Sonderbedarf schafft[24].

Der Versicherungsschutz ist nur durch die Streuung des Schadensrisikos auf eine Vielzahl von Personen möglich, die von gleichartigen Gefahren bedroht werden. Der Zusammenschluß dieser Personen in der Versicherung wird als Gefahrengemeinschaft bezeichnet[25]. Die Risikostreuung innerhalb der Gefahrengemeinschaft wächst mit der Zahl ihrer Köpfe *(Gesetz der großen Zahl)*. Dementsprechend ist die Höhe der Versicherungsprämie umgekehrt proportional zur Zahl der Versicherungsnehmer[26].

Die Risikostreuung setzt neben der Massenhaftigkeit auch eine Gleichartigkeit der versicherten Risiken voraus[27]. Aus diesem Grunde werden einzelne Versicherungszweige gebildet. In der Kfz-Haftpflichtversicherung ist die *Homogenität* der Risiken in besonderem Maße gewährleistet, da die Haftpflicht, d. h. das Versicherungsrisiko, auf der spezifischen Gefährlichkeit des Kraftfahrzeugbetriebs beruht.

Die Übernahme der Versicherungsdeckung durch die Gefahrengemeinschaft bewirkt eine Kollektivierung oder Sozialisierung der Schäden[28]. Diese erfolgt meistens auf zwei Stufen: einmal innerhalb der Versicherung, der der Versicherungsnehmer angehört, darüber hinaus aber auch im Rahmen der Rückversicherung. Bei dieser Institution versichern sich die Individualversicherer gegen ihr eigenes Versicherungsrisiko. In der Rückversicherung ist also eine Vielzahl von Individualversicherern zu Gefahrengemeinschaften vereint. Da jeder Versicherer eine eigene Gefahrengemeinschaft repräsentiert, umfaßt die Rückversicherung einen unübersehbar großen Risikoverband, der nach dem Gesetz der großen Zahl eine optimale Schadenskollektivierung ermöglicht[29].

2. Haftpflichtversicherung

Die Kollektivierung von Unfallschäden erfolgt nach geltendem Recht im Rahmen der Haftpflichtversicherung.

a) Spuren einer Haftpflichtversicherung lassen sich bis zu den Anfängen der Versicherung zurück verfolgen[30]. In neuerer Zeit erscheint

---

[24] Vgl. *Albert Ehrenzweig*, S. 1; *v. Gierke*, S. 77; *Bruck-Möller*, § 1 A. I 1.

[25] Vgl. *v. Gierke*, S. 3.

[26] Vgl. *Muth*, ZfV 1965, 442.

[27] Vgl. *Bruck-Möller*, § 1 A. 4 und A. 6; *Prölss*, Vorb. II vor § 1.

[28] Vgl. *Oftinger* I, S. 36; *Aebi*, S. 82; *Savatier*, D.H. 1931 chr. 9.

[29] Vgl. *Oftinger* I, S. 30 Fußn. 77.

[30] Vgl. *Manes*, Versicherungslexikon, Stichwort „Haftpflichtversicherung", S. 714.

sie besonders in der englischen Seeversicherung[31], in Frankreich im Jahre 1825 als Versicherung der Pferde- und Wagenbesitzer[32] und in Hamburg im Jahre 1837 als Zwangsversicherung der Auswanderungsexpedienten[33]. Ihren entscheidenden Aufschwung nahm sie jedoch mit der Einführung der modernen Industriehaftung in der zweiten Hälfte des 19. Jahrhunderts[34]. Die Wende zu einer sozialen Masseneinrichtung vollzog sich schließlich mit der allgemeinen Verbreitung des Kraftfahrzeugs.

Anfänglich begegnete die Möglichkeit, sich gegen die Folgen eigenen Verschuldens versichern zu können, erheblichen Bedenken[35]. Noch 1878 hieß es in einer Petition deutscher Versicherungsunternehmer, die Haftpflichtversicherung sei „unmoralisch"[36]. Gleichwohl eroberte sie sich in der Folgezeit, besonders weil ihre sozialen Funktionen erkannt wurden, eine Spitzenstellung in der gesamten privaten Versicherungswirtschaft[37]. Nach ihrem Prämienaufkommen, das 1964 ca. 3,2 Milliarden DM betrug, übertrifft die Kfz-Haftpflichtversicherung heute sogar die soziale Unfallversicherung[38]. Ihre Gesamtleistungen beliefen sich 1966 auf etwa 2,5 Milliarden DM[39].

b) Die Haftpflichtversicherung soll den Versicherungsnehmer vor der Belastung seines Vermögens mit gesetzlichen oder vertraglichen Schadensersatzforderungen schützen. Ihre Leistungspflicht umfaßt die „Befriedigung begründeter und Abwehr unbegründeter Schadensersatzansprüche"[40]. Die Haftpflichtversicherung soll also den Versicherungsnehmer von begründeten Haftpflichtforderungen befreien. Daneben ist sie insoweit als Rechtsschutzversicherung anzusprechen, als sie der Abwehr unbegründeter Haftpflichtforderungen dient.

aa) Trotz dieser Doppelfunktion ist anerkannt, daß das Vermögen einheitliches Schutzobjekt der Haftpflichtversicherung ist[41]. Da sie das Vermögen gegen eine Verminderung durch Haftpflichtschulden sichern soll, wird sie als Passivenversicherung bezeichnet[42]. Entsprechend der Art

---

[31] Vgl. *Prosser*, S. 563 Fußn. 4.

[32] *Manes*, wie Fußn. 30, S. 715.

[33] *Manes*, wie Fußn. 30, S. 715.

[34] Vgl. *Jannott*, Zur Vervollkommnung, S. 1.

[35] Vgl. *Prosser*, S. 564; *Keeton & O'Connell*, S. 252; *Ehrenzweig*, S. 10 f.; *Bosonnet*, S. 17.

[36] Vgl. *Jannott*, Zur Vervollkommnung, S. 1.

[37] Vgl. *Preiß*, ZfV 1966, 358; Bericht in VW 1967, 229.

[38] Bundesaufsichtsamt Teil II, Schaden- und Rückversicherung; *Schneider*, S. 32 Fußn. 40.

[39] *Sanden*, VersR 1967, 413.

[40] § 10 AKB.

[41] Vgl. *Prölss*, § 149 A. 6.

[42] Vgl. *Bruck-Möller*, § 1 A. 29.

ihrer Leistungen ist sie Schadensversicherung, da sie konkrete, durch die Haftpflichtforderung begrenzte Vermögensschäden ersetzt.

bb) Die versicherte Gefahr, deren genaue Umschreibung wegen der erforderlichen Homogenität der Versicherungsrisiken von erheblicher Bedeutung ist, wird in gesetzlichen Bestimmungen und Vertragsklauseln definiert. Die Versicherung beschränkt sich sachlich auf die Deckung von Haftpflichtansprüchen, die den Ersatz von Personen-, Sach- und sonstigen Vermögensschäden infolge des Gebrauchs des versicherten Fahrzeugs zum Gegenstand haben[43]. Die Mindestdeckung ist gesetzlich vorgeschrieben.

Der Versicherungsschutz bezieht sich personell auf den Halter, Eigentümer und berechtigten Fahrer[44]. Die Haftpflichtansprüche bestimmter Personengruppen, vor allem von Angehörigen und Mitversicherten werden im allgemeinen nicht befriedigt[45].

Das zeitliche Ereignis, das die Leistungspflicht des Versicherers auslöst, wird als Versicherungsfall bezeichnet[46]. Man versteht darunter ein ungewisses, zukünftiges Ereignis, das dem Vermögen des Versicherungsnehmers durch die Möglichkeit zivilrechtlicher Inanspruchnahme droht[47]. Als zeitlicher Anknüpfungspunkt, mit dem sich das befürchtete Ereignis konkretisiert, kommen die rechtskräftige Verurteilung des Versicherungsnehmers, seine tatsächliche Inanspruchnahme durch den Geschädigten, der Unfall und das zeitlich früherliegende Ursachenereignis in Betracht[48]. Aus Zweckmäßigkeitsgründen haben sich die Versicherer in der Haftpflichtversicherung für die dritte Alternative, das sog. Schadensereignis entschieden[49].

c) Die Entwicklung der Kfz-Haftpflichtversicherung steht unter dem Leitstern eines ständig verbesserten Schutzes des Unfallopfers[50]. Diese fast in allen Rechtsordnungen[51] zu beobachtende Tendenz läßt sich deut-

---

[43] § 1 PflichtVersG, § 10 AKB.

[44] § 1 PflichtVersG, § 10 AKB; vgl. auch Art. 1 Abs. 1 des Dekrets v. 7. 1. 1959 und Art. 63 Abs. 3 a—d SVG.

[45] § 11 Nr. 3 und 4 AKB; vgl. auch Art. 8 Abs. 1 a—c des Dekrets v. 7. 1. 1959 und Art. 63 Abs. 3 a—d SVG.

[46] Vgl. *v. Gierke*, S.79.

[47] Vgl. *Prölss*, § 153 A. 2.

[48] Zur Problematik des Versicherungsfalls in der Haftpflichtversicherung, vgl. *Boettinger*, Versicherungsfall, S. 90 ff.; *Wussow* § 1 A. 27 AHB. Vgl. zur schwankenden Rechtsprechung RG v. 23. 10. 1936 RGZ 152, 235 (239); RG v. 14. 1. 1938 RGZ 156, 378 (380 f.): *tatsächliche Inanspruchnahme;* RG v. 26. 3. 1943 RGZ 171, 43 (50): *Ursachenereignis;* BGH v. 27. 6. 1957 NJW 1957, 1477 im Anschluß an OLG Hamburg v. 2. 11. 1955 VersR 1956, 58: *Schadensereignis.*

[49] Vgl. § 7 AKB; *Prölss*, S. 725 §7 AKB A. 1.

[50] Vgl. *Möller*, NZ 1935, 1192; *Bott*, S. 1.

[51] Der französische Gesetzgeber ergänzte 1913 den Art. 2102 Cc durch § 8, wonach der Versicherer nur bei Zahlung an den Geschädigten von seiner

lich am Beispiel Deutschlands verfolgen. Ursprünglich bestand für den Verletzten selbst dann eine unsichere Aussicht auf Entschädigung, wenn der Schuldner gegen Haftpflicht versichert war. Da die Versicherungsforderung wie eine gewöhnliche Forderung behandelt wurde, konnte über sie zum Nachteil des Geschädigten verfügt werden. Der Versicherer durfte dem Geschädigten gegenüber auch alle Einwendungen erheben, die ihn im Verhältnis zum Versicherungsnehmer von seiner Leistungspflicht befreiten. Um Abtretungen, Pfändungen und Verpfändungen der Versicherungsforderung zu verhindern, vertrat die Rechtsprechung[52] seit 1909 die Auffassung, der Versicherer schulde dem Versicherungsnehmer nicht die Zahlung einer Geldsumme, sondern die Befreiung von der Haftpflichtverbindlichkeit. Dieser Befreiungsanspruch konnte aber nur gegenüber dem Ersatzpflichtigen erfüllt werden. Der Gesetzgeber verbesserte die Drittsicherung durch Erlaß eines gesetzlichen Verfügungsverbots über die Versicherungsforderung im Jahre 1939[53]. Nunmehr konnten auch zwischen dem Versicherer und dem Versicherungsnehmer keine dem Geschädigten nachteilhaften Verfügungen getroffen werden. Auf diese Weise wurden Erlaß, Stundung oder Auszahlung der Entschädigungssumme an den Versicherungsnehmer unterbunden. Der Geschädigte erhielt schließlich in dem Pflichtversicherungsgesetz vom 5. 4. 1965 ein direktes Forderungs- und Klagerecht, das ihm eine völlig unabhängige Rechtsposition gewährt. Der bereits mit der Versicherungsnovelle von 1939 eingeführte Einwendungsausschluß[54] wurde übernommen. Obliegenheitsverletzungen, wie Nichtanzeige von Gefahrerhöhungen[55] oder Verzug mit den Versicherungsprämien[56] wirken sich also dem Geschädigten gegenüber nicht aus. Ihm schaden auch Vertragsmängel nicht, die „das Nichtbestehen oder die Beendigung des Versicherungsverhältnisses zur Folge“ haben und der Kfz-Zulassungsstelle nicht einen Monat vor dem Unfall mitgeteilt worden sind. Eine allgemeine Versicherungsdeckung ist dadurch gewährleistet, daß jeder Halter eines Kraftfahrzeugs seit dem 1. 7. 1940 der Versicherungspflicht unterliegt[57]. Die Parteiwillkür ist durch einen Kontrahierungszwang der Versicherer[58]

Leistungspflicht befreit wird (vgl. heute Art. 53 des Gesetzes vom 15. 7. 1930). Die Rechtsprechung entwickelte aus dieser Vorschrift ein eigenes Forderungs- und Klagerecht des Dritten (Cass. civ. v. 14. 6. 1926, D.P. 1927.1.62), das durch einen Einwendungsausschluß ergänzt wurde (Cass. civ. v. 15. 7. 1931, R.G.A.T. 1931, 803; heute Art. 13 des Dekrets v. 7. 1. 1959). Mit Gesetz v. 27. 2. 1958 wurde die obligatorische Halterversicherung eingeführt.

52 RG v. 5. 2. 1909 RGZ 70, 257; BGH v. 8. 10. 1952 BGHZ 7, 244 (245).

53 § 156 VVG.

54 Vgl. § 158c VVG, heute § 3 Nr. 4 und 5 PflichtVersG.

55 §§ 23 ff. VVG.

56 §§ 38 ff. VVG.

57 Vgl. Ges. v. 7. 11. 1939, RGBl. I 2223, heute § 1 PflichtVersG.

58 § 5 PflichtVersG.

und staatlich zu genehmigende Versicherungsbedingungen[59] weitgehend eingeschränkt. Schließlich sind die Versicherer verpflichtet, einen Fonds zu unterhalten, aus dem Opfer nichtversicherter oder nicht feststellbarer Fahrzeuge entschädigt werden[60].

IV. Funktionen der Kfz-Haftpflichtversicherung

Mit der Entwicklung der Kfz-Versicherung, deren Herzstücke in allen modernen Rechtsordnungen das Versicherungsobligatorium, das direkte Forderungs- und Klagerecht sowie der Einwendungsausschluß sind, haben sich die Vorstellungen über ihre Rechtsnatur gewandelt. Von der herrschenden Meinung wurde anfangs die Theorie vom sog. egoistischen Zweck der Haftpflichtversicherung vertreten. Die Versicherung sollte ausschließlich dem Schutz des Versicherungsnehmers dienen[61]. *Molt,* der Schöpfer der Haftpflichtversicherung in Deutschland, äußerte[62]: „Die Förderung der Interessen der Versicherten ist die einzige Aufgabe, die sich der Stuttgarter Verein in der Haftpflichtversicherung gestellt hat." Rechtsbeziehungen zwischen dem Versicherer und dem Geschädigten wurden folgerichtig abgelehnt[63]. Die Befriedigung des Geschädigten beurteilte man als „günstige Nebenwirkung" oder „tatsächliche Folge"[64]. Diese Auffassung konnte sich auf die damalige gesetzliche Regelung in § 158 c VVG berufen, aus der sich die scharfe Trennung von Haftpflicht- und Deckungsverhältnis unter Ablehnung eines unmittelbaren Durchgriffsrechts des Geschädigten entnehmen ließ.

Dieses sog. *Trennungsprinzip* bereitete jedoch in den durch § 158 c VVG geregelten Fallgruppen erhebliche dogmatische Schwierigkeiten. Danach hat der Versicherer im Interesse des Geschädigten dem Versicherungsnehmer trotz eigener Leistungsfreiheit vorläufigen Deckungsschutz zu gewähren, ohne daß der Geschädigte jedoch einen direkten Anspruch gegen den Versicherer erhielte. Diese „paradoxe" Erscheinung[65] versuchte die herrschende Meinung mit der Fiktion eines Versicherungsanspruchs zu erklären[66]. Ohne auf den Meinungsstreit einzugehen, läßt sich feststellen, daß diese Bestimmung materiell dem Versorgungsrecht zuzuordnen ist[67]. Die komplizierte rechtliche Konstruktion — von *Albert*

---

[59] § 4 Abs. 1 PflichtVersG.

[60] § 12 PflichtVersG.

[61] Vgl. *Thees,* DJ 1938, 935; *Bott,* S. 1; *Hagen,* S. 3 f.; ferner *Prosser,* S. 565.

[62] zit. nach *Jannot,* Der soziale Gedanke, S. 5.

[63] Vgl. *Hagen,* S. 3.

[64] *Georgii,* zit. nach Hagen, S. 4.

[65] Vgl. *Ehrenzweig,* Ersatzrecht-Versicherung, S. 15.

[66] BGH v. 17. 10. 1957 BGHZ 25, 330; *Prölss,* § 158c A. 1.

[67] Vgl. *Sieg,* JZ 1954, 337.

Ehrenzweig[68] als „Postulat der Begriffsjurisprudenz" bezeichnet — ist Ausdruck eines neuartigen Verständnisses der Haftpflichtversicherung, deren soziale Funktion nunmehr erkannt wurde. Wenngleich damit die Theorie vom egoistischen Zweck der Haftpflichtversicherung durchlöchert wurde, hielt der Gesetzgeber dennoch grundsätzlich an dem Trennungsprinzip fest. Erst mit der Neufassung des Pflichtversicherungsgesetzes ist das Trennungsprinzip durch Einführung des Direktanspruchs („droit propre") und des direkten Klagerechts („action directe") aufgegeben worden. Wenngleich zweifelhaft ist, ob Direktanspruch und Einwendungsausschluß mit dem Charakter einer Haftpflichtversicherung zu vereinbaren sind[69], hat man diese Bedenken im Hinblick auf die Interessen der Unfallgeschädigten überwunden. Die Theorie vom egoistischen Zweck der Haftpflichtversicherung ist damit endgültig der Auffassung gewichen, daß die soziale Funktion der Sicherung der Verkehrsgeschädigten eine vorrangige Aufgabe der Haftpflichtversicherung bildet[70]. Der Haftpflichtversicherungsvertrag besitzt heute weitgehend fremdnützigen Charakter. Die Versicherung hat sich damit funktionell in eine Versicherung für fremde Rechnung verwandelt[71].

V. Ausstrahlungen der Kfz-Haftpflichtversicherung

Die engen Beziehungen zwischen Kfz-Haftpflichtrecht und obligatorischer Halterversicherung, deren gemeinsame Hauptfunktion in der Entschädigung der Unfallopfer besteht, äußern sich nicht allein in der Akzessorietät des Versicherungsmoments vom Haftpflichtmoment. Die Haftpflichtversicherung beeinflußt auch ihrerseits das Haftpflichtrecht. Dabei handelt es sich um eine Erscheinung, die wachsendes wissenschaftliches Interesse hervorruft[72].

1. Auswirkungen auf den Schadensausgleich

Der Ausgleich der Unfallschäden vollzieht sich in der Praxis regelmäßig nicht zwischen dem Geschädigten und dem Haftpflichtigen, sondern unmittelbar zwischen dem Geschädigten und der Versicherung des Haftpflichtigen. Zwar hatte es der Gesetzgeber — wie sich § 149 VVG ent-

---

[68] ÖJZ 1950, 249, 250 Fußn. 17.

[69] Zweifelnd bereits *Karl Heldrich*, DJ 1939, 781; ablehnend *Thees*, DJ 1938, 939, der eine solche Versicherung als Unfallversicherung bezeichnet; ähnlich Amtliche Begründung DJ 1939, 1774.

[70] *Fleischmann*, S. 75; *Köhler*, VW 1966, 255; *Bosonnet*, S. 42.

[71] *Bott*, S. 1; *v. Hippel*, NJW 1967, 1734.

[72] Vgl. *Tunc*, S. 14; *Oftinger* I, S. 30 ff. und 331 ff.; *Prosser*, S. 569; *Esser*, Grundlagen, 1941, S. 124 ff.; *v. Caemmerer*, S. 64; *Selb*, KF 1964, S. 3 ff. und Schadensbegriff durchgehend.

nehmen läßt — als Regelfall angesehen, daß der haftende Versicherungsnehmer zunächst den Geschädigten befriedigte und anschließend von dem Versicherer Erstattung seiner Aufwendungen verlangte. Diese Form der Schadensregulierung ist heute jedoch zum seltenen Ausnahmefall geworden[73]. In den Versicherungsbedingungen, die die nicht zwingende Bestimmung des § 149 VVG weitgehend derogieren, ist bestimmt, daß dem Versicherer die unmittelbare Befriedigung des Geschädigten obliegt, während es dem Versicherungsnehmer allgemein untersagt ist, ohne Zustimmung des Versicherers den Schadensersatzanspruch anzuerkennen oder zu erfüllen[74].

Leistungsbeziehungen bestehen also regelmäßig nur zwischen Geschädigtem und Versicherer. Der Versicherer übernimmt auch bei schuldhafter Schädigung für den ersatzpflichtigen Versicherungsnehmer die Schadensregulierung, ohne im allgemeinen berechtigt zu sein, ihm gegenüber Regreß zu nehmen. Der Versicherer kann von ihm selbst bei grobem Verstoß gegen die Verkehrsregeln keinen Ersatz seiner Aufwendungen verlangen (§ 152 VVG)[75]. Zwar hat die Rechtsprechung krass unbillige Ergebnisse über die Figur der Gefahrerhöhung nach §§ 23 ff. VVG ausgeschlossen[76]. Dieser umstrittene Lösungsweg[77] ist jedoch nicht in allen Fällen als Korrektiv geeignet. Er versagt z. B. bei den meisten Unfällen infolge Alkoholeinwirkung, auf die etwa 1/4 aller tödlichen Verkehrsunfälle zurückzuführen ist[78]; denn das Merkmal der Gefahrerhöhung setzt einen Zustand von gewisser Dauer voraus[79]. Infolge der Haftpflichtdeckung ist der Schädiger also regelmäßig für den von ihm zurechenbar verursachten Schaden finanziell nicht mehr verantwortlich. Zu Recht hat deshalb *Tunc*[80] den Gedanken der persönlichen Verantwortung im Kfz-Haftpflichtrecht als „Mythos" bezeichnet. Die Individualhaftung des Schädigers wird — vom wirtschaftlichen Ergebnis her — durch eine versicherungsmäßige Kollektivhaftung verdrängt, bei der das Unfallrisiko auf die Gefahrengemeinschaft der versicherungspflichtigen Kraftfahrer

---

[73] Vgl. *Wussow*, VersR 1959, 976.

[74] Vgl. §§ 7 II, 10 AKB.

[75] Im Gegensatz zu Art. 14 schweizerisches Bundesgesetz über den Versicherungsvertrag v. 2. 4. 1908, das dem Versicherer erlaubt, bei grober Fahrlässigkeit „seine Leistung in einem dem Grade des Verschuldens entsprechenden Verhältnisse ... (zu) kürzen"; vgl. jedoch zur engen Auslegung durch die Rechtsprechung *Bosonnet*, S. 33 f. (34 Fußn. 80).

[76] z. B. bei Verwendung verkehrsunsicherer Fahrzeuge; zur umfangreichen Rechstprechung vgl. *v. Hippel*, NJW 1966, 129 ff.

[77] Vgl. *v. Hippel*, NJW 1966, 129 ff.

[78] Vgl. Bericht in FAZ Nr. 99 v. 27. 4. 1968, S. 1.

[79] BGH v. 18. 10. 1952, BGHZ 7, 311.

[80] *Tunc*, S. 30; ferner S. 12: „La responsabilité n'est plus qu'une façade. Elle est ... remplacée par un mécanisme de réparation collective."

verteilt wird[81]. Bei Unfällen zwischen Nichtkraftfahrern und haftpflichtversicherten Kraftfahrern hat die Versichungsdeckung zur Folge, daß der Unfallschaden nicht von dem schuldlosen auf den schuldigen Verkehrsteilnehmer verlagert wird, sondern von der Gruppe der Nichtkraftfahrer auf die der Kraftfahrer[82]. In diesem kollektiven Ausgleichssystem besteht die Funktion des Haftpflichtrechts im wesentlichen darin zu bestimmen, unter welchen Voraussetzungen Versicherungsleistungen erbracht werden. Das Haftpflichtrecht erscheint — wie *Oftinger*[83] treffend bemerkt — seiner Wirkung nach nur als das *„juristisch-technische Mittel zur Bestimmung des Versicherungsanspruchs, der zu Lasten einer Kollektivität geht"*.

2. Auswirkungen auf die Unfallverhütung

Die Form des „entindividualisierten" Schadensausgleichs verringert auch die prophylaktische Wirkung des Haftpflichtrechts. Solange der Kraftfahrer weiß, daß nicht ihn, sondern die anonyme Kollektivität der Versicherungsgemeinschaft die wirtschaftlichen Folgen eigenen nachlässigen Verhaltens treffen, sind von ihm keine erhöhten Sorgfaltsanstrengungen zwecks Unfallverhinderung zu erwarten[84]. Das wirtschaftlich[85] begründete Interesse an einer wirksamen Unfallprophylaxe geht mit Überwälzung des Haftpflichtrisikos auf den Versicherer über[86].

Die Versicherungsgesellschaften versuchen allerdings, über eine gestaffelte Prämienbemessung bei unfallfreiem Fahren die Versicherungsnehmer an der Unfallverhütung zu interessieren[87]. Diesen an das finanzielle Interesse der Kraftfahrer appellierenden Maßnahmen ist — abgesehen von bedenklichen Auswirkungen auf die Unfallfluchtkriminalität — ein bescheidener Erfolg nicht abzusprechen. Dabei darf aber nicht verkannt werden, daß die wirtschaftliche Sanktion und die prophylaktische Wirkung ungleich schwächer als bei echter zivilrechtlicher Haftung sind. Dem Verlust des Schadensfreiheitsrabatts, der bei dreijährigem unfall-

---

[81] *Bosonnet*, S. 43 meint, von dem Gedanken persönlicher Verantwortlichkeit sei ein „kümmerlicher Torso" übriggeblieben.

[82] *Conard* u. a., S. 7.

[83] I, S. 32; ähnlich *Schärer*, ZBJV 69 (1933), 307.

[84] *Bosonnet*, S. 45 meint, die prophylaktische Wirkung der Gefährdungshaftung werde weitgehend „paralysiert"; ähnlich *v. Hippel*, NJW 1967, 1731; *Sieg*, ZHR 113 (1950), 102 und Ausstrahlungen, S. 266; *Conard* u. a., S. 90; *Wahl*, S. 19; *Trendel*, DAR 1935, 97; *Ehrenzweig*, S. 19; *Grossfeld*, S. 82.

[85] Daneben fördern der Selbsterhaltungstrieb und das Strafrecht die Unfallverhütung.

[86] *Friedman*, 63 Harv.L.R. 264 f. (1949); *Vogler*, S. 94.

[87] Der Schadensfreiheitsrabatt ist auch im Ausland bekannt, vgl. *Sanden*, VersR 1967, 418.

freien Fahren optimal 50 % der Versicherungsprämie beträgt[88] — bei einer Pauschaldeckung von DM 1 Mill. also DM 192,— für einen VW 1300, für einen Opel 1700 DM 246,—[89] —, steht ein durchschnittlicher Bedarf von DM 1163, —pro Schadensfall[90] gegenüber.

C. Struktur der Reformprojekte

Die wichtigsten Projekte zur Neuordnung des Ausgleichs von Verkehrsschäden lassen sich — der Terminologie von *Sieg*[1] folgend — in die beiden Systeme „akzessorischen" und „verdrängenden" Haftungsersatzes einordnen[2]. Verbunden durch das Prinzip der Haftungsersetzung[3], das dem Geschädigten die Möglichkeit persönlicher Inanspruchnahme des Haftpflichtigen entzieht und ihn stattdessen durch eine Unfall- und Sachversicherung unmittelbar schützt, unterscheiden sich die beiden Grundtypen durch die Voraussetzungen, unter denen Versicherungsleistungen gewährt werden: während der Versicherer im Falle akzessorischen Haftungsersatzes nur im Rahmen der Haftungsordnung leistet, diese also Grund und Höhe des Versicherungsanspruchs bestimmt, löst sich das verdrängende Versicherungssystem vollständig von der Grundlage des Haftungsrechts. Anknüpfungspunkt ist nicht länger nur ein haftpflichtbegründendes Ereignis, sondern jedes Ereignis, durch das jemand plötzlich und unfreiwillig einen Schaden erlitten hat[4]. Leistungsauslösendes Moment ist im einen Fall die Haftpflicht, im anderen der Unfall.

---

[88] *Muth*, ZfV 1965, 442.

[89] *Sanden*, VersR 1967, 418.

[90] Vgl. *Kemmer*, S. 33 (Zahlenangaben von 1966).

[1] ZHR 113 (1950), 102.

[2] *Schneiders* Einteilung (S. 183 ff.) in die vier Grundsysteme des akzessorischen und verdrängenden Haftungsersatzes, der Staatsversicherung und der Staatsversorgung empfiehlt sich nicht, da sich nur die beiden erstgenannten Begriffe auf die innere Struktur, die beiden letztgenannten dagegen auf die äußere Organisation und die Art der Finanzierung beziehen. Hier werden zunächst die Unterschiede in der Struktur aufgezeigt, während die äußere Organisation und die Art der Finanzierung als Sonderprobleme ausgeklammert werden.

[3] s. o. 2. Hauptteil A.

[4] So der allgemeine Unfallbegriff, vgl. *Oftinger* I, S. 72; auch § 12 Abs. 1 IIe AKB: „unmittelbar von außen her plötzlich mit mechanischer Gewalt einwirkendes Ereignis". Demgegenüber bezieht sich der Unfallbegriff in der Unfallversicherung nur auf Körperschäden, vgl. § 2 Abs. 1 AUB.

I. Akzessorischer Haftungsersatz

Dem Modell akzessorischen Haftungsersatzes entsprechen die Pläne von *Möller* (1934)[5] und *Lintz*[6]. Die Vorschläge von *Pappenheim*[7], *Burchard*[8] und *Gmür*[9] zur Einführung einer genossenschaftlichen Haftung können unter Vorbehalt einbezogen werden, da sie infolge der weitreichenden Regreßmöglichkeit der Genossenschaft vielfach nur in der Beziehung zwischen Geschädigtem und Haftpflichtigem, nicht dagegen zwischen diesem und der Genossenschaft zu einer Haftungsersetzung führen[10]. Dasselbe gilt für den Plan *Möhrings* zur Bildung einer Volks-Verkehrsunfallversicherung[11] und den Plan *Trendels* zur Gründung einer Reichskasse für Verkehrsunfälle[12]. Bei dem letztgenannten Reformvorschlag ist sogar in der Primärbeziehung zwischen Schädiger und Geschädigtem keine Haftungsersetzung geplant[13].

Ein akzessorischer Haftungsersatz vermag bei dem heute gewährten Verkehrsopferschutz nicht mehr zu befriedigen[13a]. Hauptziel *Möllers* war es, „dem Dritten eine Rechtsstellung einzuräumen, die ihm einen eigenen Anspruch gegen den Versicherer verleiht"[14]. Von dem gleichen Gedanken wurde *Sieg* geleitet[15]. Beide hielten eine Verwirklichung im Rahmen der Haftpflichtversicherung, die „ihrem ureigensten Wesen nach ... eine Institution im egoistischen Interesse des Haftenden"[16] darstelle und der „unser allgemein gültiges Trennungsprinzip"[17] zugrundeliege, für unmöglich. Sie forderten deshalb die „Überwindung der Haftpflichtversicherung"[18]. Nach Einführung des direkten Forderungs- und Klagerechts, mit der der deutsche Gesetzgeber entgegen der Empfehlung Möllers[19] und Siegs[20] ein in ausländischen Rechtsordnungen bewährtes Institut über-

---

[5] s. o. 1. Hauptteil C. II. 5. a).

[6] s. o. 1. Hauptteil C. II. 5. b).

[7] s. o. 1. Hauptteil C. II. 2. a).

[8] s. o. 1. Hauptteil C. II. 2. b).

[9] s. o. 1. Hauptteil C. II. 2. c).

[10] Das dritte Kriterium der Haftungsersetzung (s. o. 2. Hauptteil A.) fehlt also teilweise.

[11] s. o. 1. Hauptteil C. II. 4.

[12] s. o. 1. Hauptteil C. II. 3.

[13] s. o. 1. Hauptteil C. II. 3.

[13a] Dazu eingehend *Müller-Stüler*, S. 76 ff.

[14] JW 1934, 1079.

[15] Ausstrahlungen, S. 265.

[16] *Möller*, DAR 1962, 320.

[17] ZHR 113 (1950), 105.

[18] Vgl. *Möller*, JW 1934, 1076.

[19] NZ 1935, 1193: „Das Ausland kann Deutschland nicht als Vorbild dienen."

[20] ZHR 113 (1950), 105.

nahm[21], ist der Zweck der beabsichtigten Reform — auch ohne Haftungsersetzung — praktisch erreicht. Ohne formelle Ablösung der Haftpflichtversicherung[22] hat sich diese weitgehend zu einer Versicherung zugunsten des Geschädigten verwandelt[23]. Dogmatische Schwierigkeiten infolge der Aufgabe des Trennungsprinzips, das im Rahmen des § 158 c VVG zu verwickelten rechtlichen Konstruktionen geführt hatte[24], sind allein kein hinreichender Grund zur Reform. *Schneider*[25] weist zu Recht darauf hin, daß die von Möller geplante Beschränkung der Unfall- und Sachversicherung auf die Befriedigung von begründeten Haftpflichtansprüchen gleichfalls schwierige rechtliche Probleme aufwirft.

Auch die Forderung, im Deckungsbereich der Versicherung die Haftung des Verantwortlichen einzuschränken[26], führt zu keiner wesentlichen Verbesserung des geltenden Rechts. Ohnehin wird sich wegen der Vorteile[27] der direkten Inanspruchnahme des Versicherers zunehmend die Zahl der Fälle vermindern, in denen vom Haftpflichtschuldner persönlich Schadensersatz verlangt wird; zum anderen bleibt selbst eine persönliche Inanspruchnahme wegen der Versicherungsdeckung weithin ohne finanzielle Folgen[28].

Da das gegenwärtige Entschädigungssystem das mit der akzessorischen Haftungsersetzung angestrebte Hauptziel direkter Sicherung des Verkehrsopfers erreicht hat, besteht keine Notwendigkeit zur Einführung einer beschränkten Unfall- und Sachversicherung im Sinne von Möller, Lintz und Sieg[29]. Dasselbe gilt für die von Pappenheim, Burchard und Gmür vorgeschlagenen genossenschaftlichen Haftungsformen sowie die Pläne von Möhring und Trendel. Danach würde die Rechtsstellung des Versicherungsnehmers sogar verschlechtert, da dieser schon bei leichter Fahrlässigkeit dem Regreß der Genossenschaft, Kasse oder Versicherung ausgesetzt wäre[30]. Gegen dieses Regreßrisiko müßte er sich wahrschein-

[21] Zum französischen und schweizerischen Recht, s. o. 1. Hauptteil B. I. 2.; zum Direktanspruch in der Schweiz vgl. § 65 Abs. 1 SVG; zum amerikanischen Recht, s. o. 1. Hauptteil A.I.3. Auf Grund des „Europäischen Abkommens" sollen der „droit propre" und die „action directe" in allen Signatarstaaten eingeführt werden.

[22] Vgl. § 1 PflichtVersG.

[23] s. o. 2. Hauptteil B.IV.

[24] s. o. 2. Hauptteil B.IV.

[25] S. 189.

[26] *Möller*, JW 1934, 1080; *Sieg*, ZHR 113 (1950), 102.

[27] s. o. 1. Hauptteil C.I.3; s. u. 2. Hauptteil C.II.1.a)bb)γ).

[28] s. o. 2. Hauptteil B.V.1.

[29] So auch *Schneider*, S. 188 f.; *Boettinger*, VersR 1952, 306. Undeutlich *v. Hippel*, NJW 1967, 1734 Fußn. 87, der das heutige System unter den Begriff akzessorischer Haftungsersetzung stellt, obwohl nach § 3 Nr. 1 u. 2 PflichtVersG auch der ersatzpflichtige Versicherungsnehmer in Anspruch genommen werden kann.

[30] s. o. 1. Hauptteil C.II.2—5.

lich durch Abschluß einer Haftpflichtversicherung schützen. Die Unfallschäden würden demnach häufig zunächst auf den Unfallversicherer und von diesem auf den Haftpflichtversicherer abgewälzt. Eine solche doppelte Schadensverlagerung erscheint jedoch wenig sinnvoll, da sie zu einem kostspieligen „Geldkarussel“[31] ohne praktischen Nutzen führt.

II. Verdrängender Haftungsersatz

1. Leistungsvoraussetzungen

Allen übrigen Reformvorschlägen mit Ausnahme des Columbia Plans[32] liegt das Prinzip „verdrängenden Haftungsersatzes“ zugrunde. Nach diesen Plänen erweitert sich das Spektrum der ersatzfähigen Unfallschäden im Vergleich zum geltenden Recht, da auf den „Filter“ zivilrechtlicher Haftpflicht verzichtet wird.

De lege lata kann der geschädigte Verkehrsteilnehmer nur bei fehlerhafter Beschaffenheit des Kraftfahrzeugs oder beim Versagen seiner Verrichtungen unbedingten Schadensersatz verlangen, während sich im übrigen der Halter und sein Versicherer mit dem Nachweis entlasten können, der Unfall sei auf ein unabwendbares Ereignis zurückzuführen. Als typische Beispiele eines unabwendbaren Ereignisses nennt § 7 Abs. 2 S. 2 StVG das Verhalten des Verletzten, eines nicht bei dem Betrieb beschäfigten Dritten oder eines Tieres[33]. Bereits im Rahmen der Haftpflichttatbestände des StVG spielt das Schuldmoment eine wichtige Rolle, da die Haftungsentlastung nach § 7 Abs. 2 StVG stets voraussetzt, daß der Halter und der Fahrzeugführer jede nach den Umständen erforderliche Sorgfalt beobachtet haben. Andernfalls findet eine Schadensteilung statt, die von den Umständen, insbesondere von dem Maß der mitwirkenden Betriebsgefahr und des beiderseitigen Verschuldens abhängt[34]. Im Rahmen der allgemeinen Deliktshaftung ist der Nachweis eines Ver-

---

[31] Vgl. *Flick*, laut Bericht VW 1967, 341.

[32] Bei dem Columbia Plan handelt es sich um eine Vorstufe des Prinzips verdrängender Haftungsersetzung. Die Haftung des Kraftfahrzeugeigentümers wird zwar formell nicht aufgehoben; wirtschaftlich wird mit der geplanten „strict liability“ und der obligatorischen Versicherung jedoch das Ziel verdrängender Versicherungssysteme erreicht, soweit es den Drittopferschutz betrifft. Auch die pauschalierten Leistungen beweisen die Anlehnung an das System verdrängenden Haftungsersatzes.

[33] Ähnlich das französische Kfz-Haftpflichtrecht, s. o. 1. Hauptteil B.I.1. Nach Art. 59 Abs. 1 des schweizerischen SVG haftet der Halter nicht, „wenn er beweist, daß der Unfall durch höhere Gewalt oder grobes Verschulden des Geschädigten oder eines Dritten verursacht wurde, ohne daß ihn selbst oder Personen, für die er verantwortlich ist, ein Verschulden trifft und ohne daß fehlerhafte Beschaffenheit des Fahrzeugs zum Unfall beigetragen hat“.

[34] Vgl. §§ 9, 17 StVG, § 59 Abs. 2 SVG.

schuldens ohnehin unerläßlich. Das gilt besonders für Schadensersatzansprüche aus Gefälligkeitsfahrten sowie Ansprüche auf Schmerzensgeld, Ersatz von Fortkommensschäden oder anderen Schäden, die die Höchstbeträge von § 12 StVG übersteigen[35].

Nach den Reformplänen kommt es dagegen auf die Feststellung und Bewertung des Unfallhergangs grundsätzlich nicht an. Es ist also irrelevant, ob und in welchem Maße die Unfallbeteiligten ein Verschulden trifft oder ob andere Ursachen bei der Schadensentstehung mitgewirkt haben. Indem die Leistungspflicht der Versicherung *unmittelbar an das Unfallereignis* anknüpft, wird der Betroffene auch bei zufälliger Schädigung und selbstverschuldeten Unfällen gesichert. Die Reformvorschläge bezwecken also einen lückenlosen Schutz aller Unfallgeschädigten. Unter Ersetzung des stark subjektiven, wenngleich nur noch bedingt auf dem Gedanken der Individualhaftung beruhenden Entschädigungssystems wird eine Versicherungslösung angestrebt, die auf kollektiver Basis eine objektive Einstandspflicht der Kraftfahrzeughalter begründet. Man kann diese Einstandspflicht für sämtliche Unfallschäden als mittelbare Gefährdungshaftung bezeichnen, da der Halter nur in seiner Eigenschaft als Mitglied der unmittelbar leistungspflichtigen Versicherungsgemeinschaft mit seinen Prämienleistungen auf Schadensersatz haftet. Die Unfallschäden durchlaufen — bildlich gesehen — zunächst das Medium der Versicherungstechnik, werden gestreut und danach von der Versicherungsgemeinschaft aufgefangen. Auf den einzelnen Versicherungsnehmer entfällt infolgedessen nur ein Anteil des Gesamtschadens, den er in Form von Prämienbeiträgen tilgt. Die Prämienleistungen sind also — ihrer wirtschaftlichen Funktion nach — vorweggenommene, mediatisierte Entschädigungen.

a) Mit der Eliminierung des Haftpflichtmoments wird zunächst eine lückenlose Deckung aller Schäden erzielt, die Personen *außerhalb* des verunglückten Fahrzeugs erleiden. Da der gesamte, für den Eintritt des Unfalls relevante Ursachenkomplex nicht nach haftpflichtrechtlichen Kriterien gegliedert wird, hat grundsätzlich jedes Verkehrsopfer Anspruch auf Vergütung des entstandenen Schadens. Der Deckungsumfang erweitert sich demnach um jene Fälle, für die der Kraftfahrzeughalter nach geltendem Recht nicht oder nur teilweise auf Schadensersatz in Anspruch genommen werden kann.

aa) Der Haftungsausschluß nach § 7 Abs. 2 StVG umfaßt Unfallschäden aus unabwendbaren Ereignissen. Der Begriff des „unabwendbaren Ereignisses" ist nicht mit dem der „höheren Gewalt" identisch, den beispielsweise § 1 RHG, § 22 Wasserhaushaltsgesetz und Art. 59 Abs. 1 SVG[36]

---

[35] Bei Massenunfällen können die Haftungsgrenzen von § 12 StVG leicht überschritten werden, vgl. Bericht ADAC-Kurier Nr. 4 (1968), 1.

[36] s. o. 2. Hauptteil C.II.1. Fußn. 33.

verwenden. Der Haftungsausschluß bezieht sich also nicht allein auf betriebsfremde Einwirkungen, die sich trotz äußerster zumutbarer Vorkehrungen der Beherrschbarkeit entziehen und wegen ihres außergewöhnlichen und zufälligen Charakters dem typischen Betriebsrisiko nicht zugerechnet werden können[37]. Auch Ereignisse, die wegen ihrer Häufigkeit zu den typischen Gefahrenquellen des Kraftverkehrs zählen, können den Halter entlasten.

Zur Verdeutlichung seien einige Beispiele aufgeführt: In der Rechtsprechung wurde eine Schadensersatzpflicht des Halters verneint, wenn das Fahrzeug auf einer nicht erkennbaren Ölspur[38] oder unvermuteten Glatteisbildung[39] ins Schleudern geriet und infolgedessen mit einem anderen Fahrzeug kollidierte oder einen nichts ahnenden Fußgänger verletzte. Als unabwendbares Ereignis wurde es auch angesehen, wenn ein Stein von den Rädern eines Fahrzeugs hochgeschleudert wurde und die Windschutzscheibe eines nachfolgenden Fahrzeugs zertrümmerte[40]. Unerwartete Schneestürme, Platzregen, Nebel- oder Staubbildungen können eine Haftung des Halters ebenso ausschließen[41] wie das Verhalten von Tieren, die plötzlich die Fahrbahn kreuzen und den Fahrer zu Reaktionen veranlassen, durch die andere Verkehrsteilnehmer zu Schaden kommen[42].

Außer diesen Naturereignissen erfüllt das Verhalten anderer Verkehrsteilnehmer, insbesondere des Verletzten häufig den Begriff des unabwendbaren Ereignisses. In Übereinstimmung mit dem französischen Recht[43] wird nicht vorausgesetzt, daß den Verletzten oder einen Dritten ein Schuldvorwurf oder gar — wie nach schweizerischem Recht[44] — ein

---

[37] Vgl. zur Definition der höheren Gewalt: *Esser*, § 59, 4 S. 223 f.; *Larenz* II, § 71 IV, S. 495; *Geigel*, S. 459 ff.; RG v. 3. 12. 1906 RGZ 64, 404; RG v. 13. 12. 1920 RGZ 101, 94; BGH v. 23. 10. 1952 BGHZ 7, 338.

[38] LG Köln v. 9. 4. 1965, DAR 1965, 328.

[39] OLG Hamburg v. 25. 1. 1955, VersR 1956, 352; AG Bonn v. 19. 10. 1956, MDR 1957, 163; vgl. aber auch OLG Hamburg v. 1. 3. 1954, VersR 1954, 193. Der französische Parallelfall — Cass. civ. 29. 6. 1966, D. 1966, 645 mit Anmerkung von Tunc — war besonders tragisch: Ein Autofahrer, der auf einem vereisten Straßenstück ins Schleudern geraten war, hatte angehalten, um andere Fahrzeuge vor dieser Gefahrenstelle zu warnen. Ein herannahendes Fahrzeug konnte nicht rechtzeitig abbremsen, schleuderte und überfuhr ihn. Die Witwe erhielt keinen Schadensersatz.

[40] LG Osnabrück v. 19. 11. 1956, VersR 1957, 711; AG Lahr v. 31. 3. 1960, VersR 1961, 344 nahm ein unabwendbares Ereignis an, obwohl der Fahrer erkennen konnte, daß sich auf der Fahrbahn Splitt befand.

[41] Vgl. *Geigel*, S. 460.

[42] LG Heidelberg v. 10. 6. 1953, VersR 1954, 70; vgl. ferner *Geigel*, S. 468; Cass. civ. 10. 4. 1964, D. 1965, 169 mit Anmerkung von Tunc: keine Haftung. *Anders* Cass. civ. 24. 3. 1965, D. 1965, 405 mit Anmerkung von Tunc.

[43] s. o. 1. Hauptteil B.I.1.; vgl. ferner *v. Hippel*, NJW 1967, 1730.

[44] Art. 59 Abs. 1 SVG.

schwerer Schuldvorwurf trifft. Es genügt nach der bewußt gewählten[45] Fassung von § 7 Abs. 2 StVG, daß der Unfall „auf das Verhalten des Verletzten oder eines ... Dritten zurückzuführen ist". Die bloße Schadensverursachung reicht also aus. Folglich mußte sich ein Kind, das hinter entgegenkommenden Fahrzeugen plötzlich seinem auf die Fahrbahn rollenden Ball nachlief und von einem vorbeifahrenden Fahrzeug verletzt wurde, die eigene Unvorsichtigkeit trotz fehlender Deliktsfähigkeit zurechnen lassen[46]. Ebenso wurde einem Fußgänger, der auf einem schlecht ausgebauten Fußweg stürzte und vom Kotflügel eines vorbeifahrenden Kraftfahrzeugs erfaßt wurde, eine Entschädigung versagt[47]. Der Halter eines Kraftfahrzeugs haftet nach einem Urteil des KG vom 16. 9. 1954[48] nicht, wenn er einen Radfahrer anfährt, der wegen eines Hindernisses auf der Fahrbahn unerwartet nach links ausgeschwenkt ist. Der BGH hat in einer Entscheidung vom 10. 6. 1963[49] ferner ein unabwendbares Ereignis angenommen, wenn ein Motorradfahrer, der kurz nach einem Überholvorgang auf der Straßenmitte stürzte, von dem nachfolgenden Kraftwagen angefahren wurde. Als unabwendbares Ereignis bewertete das OLG Hamm[50] den tödlichen Unfall eines Radfahrers, der sich abends auf dunkler und regennasser Straße über die Straßenmitte hinaus zum Linksabbiegen eingeordnet hatte und von einem mit mittlerer Geschwindigkeit entgegenkommenden Kraftfahrzeug überfahren wurde.

bb) In all diesen Fällen eines unabwendbaren Ereignisses erscheint die Versagung einer Entschädigung fragwürdig. Die Wertungen des Gesetzgebers bedürfen angesichts der starken technischen und sozialen Wandlungen seit Erlaß des Kraftfahrzeuggesetzes einer kritischen Überprüfung. Es ist zwischen den Interessen der Kraftfahrer an einer möglichst engen schadensrechtlichen Begrenzung ihres Risikos und den Interessen der Unfallopfer an möglichst weitgehendem Ersatz ihres Schadens abzuwägen. Da die Schadensüberwälzung bei rechtswidriger und schuldhafter Verletzung unproblematisch ist, braucht nur entschieden zu werden, ob und von wem ein *schuldlos verursachter Schaden* zu tragen ist[51].

---

[45] Bei den gesetzgeberischen Beratungen über den Erlaß eines Kraftfahrzeuggesetzes wurde der Vorschlag zurückgewiesen, in § 7 Abs. 2 den Begriff „Verhalten" durch den des „Verschuldens" zu ersetzen, vgl. *Weimar*, S. 54.

[46] Vgl. BGH v. 20. 12. 1960, VersR 1961, 229; RG v. 12. 3. 1938, JW 1938, 1821 für den Fall, daß der Kraftfahrer seine Geschwindigkeit innerhalb einer geschlossenen Ortschaft nicht vermindert hatte (anders das erstinstanzliche Urteil).

[47] LG Würzburg v. 11. 10. 1954, VersR 1955, 143; vgl. auch Cass. civ. 17. 12. 1963 D. 1964, 569.

[48] VersR 1954, 538; LG Berlin v. 19. 2. 1954, VersR 1954, 243.

[49] VersR 1963, 1045; vgl. auch *Geigel*, S. 462.

[50] Unveröffentlichte Entscheidung v. 4. 12. 1967, 3 U 188/67.

[51] Vgl. *Marton*, AcP 162 (1963), 15.

Bei der Lösung werden vor allem die Institute der Gefährdungshaftung und der Versicherung Berücksichtigung finden müssen, da sie eine hervorragende Bedeutung für die Verteilung von Unglücksschäden erlangt haben und geeignet sind, den römisch-rechtlichen Grundsatz „casum sentit dominus" in Einklang mit den Bedürfnissen des modernen Massenverkehrs stark einzuschränken.

α) Ein erster Blick auf die positiv-rechtliche Ausgestaltung der Tierhalterhaftung, der Haftung der Eisenbahn- und Luftverkehrsunternehmer sowie der Inhaber von Energie- bzw. Atomenergieanlagen zeigt, daß der Gefährdungsgedanke auch im Bereich des Straßenverkehrs Haftungserweiterungen zuläßt[52].

Die gegenwärtige, vergleichsweise milde Haftung der Kraftfahrzeughalter steht in auffälligem Mißverhältnis zu der Gefährdung, die von dem Betrieb von Kraftfahrzeugen ausgeht. Während sich andere technische Gefährdungen im wesentlichen auf bestimmte Personengruppen, etwa die Passagiere von Eisenbahnen oder Flugzeugen beschränken, ist praktisch jedermann den Gefahren des Straßenverkehrs ausgesetzt. Diese ständige, fast schicksalhafte Bedrohung des modernen Menschen findet in der Unfallstatistik sinnfälligen Ausdruck. Danach nimmt der Straßenverkehr unter den Gefahrenquellen der Technik eine Spitzenstellung ein. Mit 15 752 Unfalltoten gegenüber 469 im Eisenbahnverkehr, 38 im Luftverkehr[53] und etwa 5000 Opfern von Arbeitsunfällen[54] oder 9 Toten auf 100 Mill. Fahrkilometer[55] gegenüber einer Vergleichszahl von 0,56 pro 100 Mill. Flugmeilen[56] ist die *Unfallhäufigkeit* im Bereich des Straßenverkehrs *absolut und relativ am größten.* Es läßt sich ernsthaft nicht bestreiten[57], daß die Gefährlichkeit des Straßenverkehrs in entscheidender Weise auf den Betrieb von Kraftfahrzeugen zurückzuführen ist. Eine einfache Überlegung beweist die Richtigkeit dieser Aussage: falls — etwa infolge eines gesetzlichen Verbots — der Betrieb von Kraftfahrzeugen eingestellt würde, gäbe es kaum noch Unfalltote und Verletzte.

Aus dieser offenbaren Gefährlichkeit des Kraftfahrzeugbetriebes leitet sich die Notwendigkeit zu einer Haftungsausweitung ab, die eine objektive Einstandspflicht des Halters für sämtliche Betriebsgefahren zum Inhalt hat. Eine solche weitreichende Schadensüberwälzung auf den

---

[52] Vgl. § 833 BGB; § 1 und § 1a RHG; § 25 ff. AtomG; § 22 Wasserhaushaltsgesetz; § 29 Bundesjagdgesetz.

[53] *Fochler-Hauke,* Der Fischer Weltalmanach 1967, S. 343.

[54] *Fochler-Hauke,* Der Fischer Weltalmanach 1967, S. 236.

[55] *Schmitz-Ohlstedt,* S. 53.

[56] *Fochler-Hauke,* Der Fischer Weltalmanach 1967, S. 342.

[57] A. A. aber *F. Koenigs,* IAV 1951, 394, der dem Kraftfahrzeugverkehr eine besondere Gefährlichkeit abspricht, da die Technik „alle erdenklichen Sicherheitseinrichtungen entwickelt" habe und das Publikum gelernt habe, „sich im modernen Schnellverkehr und seinen Gefahren zu bewegen".

Betriebsinhaber rechtfertigt sich aus dem Grundgedanken der Gefährdungshaftung. Der Halter steht wegen seines „aktiven Interesses" an der Aufrechterhaltung der latent gefährlichen Tätigkeit dem konkret eingetretenen Schaden „näher" als der Verletzte („cuius commodum, eius periculum")[58]. Ihn muß deshalb eine gesteigerte soziale Verantwortung für die typischen Betriebsgefahren treffen, auch soweit sie ohne schuldhafte Mitwirkung einer bei dem Betrieb tätigen Person zu dem Unfall geführt haben. Viele Schadensfälle aus unabwendbaren Ereignissen gehören zu den typischen Gefahrenquellen des Kraftfahrzeugbetriebes. Es sei auf die oben angeführten Beispiele[59] verwiesen: schlechte Straßen-, Sicht- und Windverhältnisse, verkehrswidriges Verhalten des Geschädigten oder Dritter sind Ereignisse, die untrennbar mit dem motorisierten Straßenverkehr verbunden sind und immer wieder eintreten. Da sie aus der Risikosphäre des Kraftfahrzeughalters herrühren, muß diesen als den Nutznießer der gefahrreichen Tätigkeit grundsätzlich auch die Verpflichtung zum Schadensausgleich treffen.

β) Eine solche Verteilung der technisch bedingten Unglücksschäden entspricht einer Wertentscheidung, die im Bereich der *Arbeitsunfälle* seit mehr als 80 Jahren weltweite Anerkennung gefunden hat. Seit Einführung der sozialen Unfallversicherung wird dem Unternehmer das Risiko für sämtliche betriebsbedingten Unfallschäden auferlegt. Diese objektive Einstandspflicht beruht auf dem Gedanken der Gefährdungshaftung[60]. Die Technisierung des Arbeitsprozesses hat das Gefahrenpotential bedeutend gesteigert. Die technischen Anlagen und Einrichtungen bieten ein Sicherheitsrisiko, das trotz aller gebotenen Abwehrmaßnahmen nicht völlig auszuschließen ist. Die Arbeitnehmer sind dieser Gefährdung in einem mechanisierten und abstumpfenden Arbeitsprozeß ausgesetzt. Da der Unternehmer den Hauptnutzen aus dem gefahrreichen Betrieb zieht und die Arbeitnehmer die finanziellen Lasten von Arbeitsunfällen nicht selbst tragen können, erscheint eine Risikoüberwälzung auf den Unternehmer gerechtfertigt. Dieser wird wiederum nicht unbillig belastet, da ihn die Schadensersatzpflicht nicht unmittelbar trifft. An seiner Stelle haftet die Berufsgenossenschaft, d. h. eine Organisation, der sämtliche Unternehmer einer bestimmten Branche kraft Gesetzes angehören. Äquivalent dieser Haftungsersetzung ist die alleinige Beitragspflicht des Unternehmers gegenüber der Berufsgenossenschaft. Die Versicherungsprämien kann der Unternehmer wiederum in den Preis seiner Produkte oder Dienstleistungen einkalkulieren und somit an den Konsumenten weitergeben.

---

[58] Vgl. *Marton*, AcP 162 (1963), 20; *v. Hippel*, NJW 1967, 1730.

[59] s. o. 2. Hauptteil C.II.1.a)aa).

[60] Vgl. *Gotzen-Doetsch*, § 636, S. 162.

Bis auf die letzte Stufe dieser mehrfachen Schadensverlagerung und -teilung läßt sich das Modell der sozialen Unfallversicherung auf den Bereich des Straßenverkehrs übertragen, da das sachliche Substrat — die Gefährdung in einem technisierten und abstumpfenden Geschehensablauf — weitgehend übereinstimmt[61].

Das Institut der Versicherung könnte im Bereich der Verkehrsunfallschäden ähnliche Funktionen wie bei Arbeitsunfällen übernehmen. Ein solcher Funktionszuwachs entspräche einer Entwicklung, die bereits im geltenden Entschädigungssystem eingeleitet ist. Gewisse *haftungsausweitende Tendenzen* im Kfz-Haftpflichtrecht lassen sich *nicht* ohne die Rolle des *Versicherungsmoments* erklären. Es sei beispielsweise an die neuere Rechtsprechung zu dem Problem des merkantilen Minderwerts und des Nutzungsentgelts für unfallbedingten Gebrauchsentzug erinnert. Aber auch allgemein ist zu beobachten, daß der „favor judicis" im Haftpflichtprozeß zwischen dem unfallgeschädigten, nicht versicherten Verkehrsteilnehmer und dem pflichtversicherten Kraftfahrzeughalter regelmäßig dem ersteren gehört. Er erklärt sich aus der Tatsache, daß der Halter bei einer Verurteilung infolge der Versicherungsdeckung keine finanziellen Belastungen zu erwarten hat[62]. Der Gedanke der Versicherbarkeit des Haftpflichtrisikos erklärt auch, warum fast alle verunglückten Fußgänger — in Frankreich sind es 95 %[63] — Schadensersatz erhalten, obwohl sie den überwiegenden Teil aller Unfälle durch eigenes verkehrswidriges und schuldhaftes Verhalten verursacht haben[64]. Diese vom Ergebnis her zu begrüßende Interessenbewertung wird unter dem Mantel haftungsrechtlicher Erwägungen vorgenommen. Die Rechtsprechung verlangt von dem Kraftfahrer die Beobachtung einer überdurchschnittlichen Sorgfalt, deren Verletzung längst nicht mehr einen persönlichen Vorwurf begründen kann[65]. Nicht zu Unrecht wird kritisiert, daß die Rechtsprechung in dem Bestreben nach möglichst weitgehendem Schadensausgleich zu schnell aus der Tatsache des eingetretenen Unfalls auf die Verletzung einer Sorgfaltspflicht schließt[66]. Der Betrachter erliegt nicht selten der Gefahr, ex post, d. h. in Kenntnis des Unfallgeschehens den Beteiligten vorzuwerfen, bestimmte Möglichkeiten zur Schadensabwen-

---

[61] Die Gefährdung des Arbeitnehmers am Arbeitsplatz und die des Verkehrsteilnehmers zeigen keine entscheidungserheblichen Unterschiede, wie es *Schneider* (S. 190 f.) meint. Beide Formen der Gefährdung sind im wesentlichen durch technische Vorgänge bedingt. Auch die Gewöhnung an diese Gefahren ist vergleichbar.

[62] Vgl. Bericht in VW 1967, 339.

[63] Vgl. *Tunc*, S. 26.

[64] Vgl. *Fochler-Hauke*, Der Fischer Weltalmanach 1967, S. 342.

[65] So bereits *Esser*, Grundlagen 1941, S. 41; *Trendel* (zit. bei F. Koenigs IAV 1951, 394) meint, die Rechtsprechung verlange von den Kraftfahrern eine „göttliche Allwissenheit".

[66] Vgl. *Geigel*, S. 23 ff.

dung nicht ergriffen zu haben. Die Beteiligten, für die sich der Unfall als ein schnell ablaufendes Geschehen darstellt, können dagegen seinen Verlauf häufig nicht überblicken. Meist läßt das Verkehrsgeschehen ihnen auch keine Überlegungszeit. Umgekehrt können jedoch Entscheidungen in ähnlich liegenden Fällen, wo die Rechtsprechung den Unfallopfern Entschädigungsansprüche versagte, ebenfalls nicht befriedigen. Sie entsprechen zwar stärker der gesetzlichen Wertung, widersprechen aber vielfach den heutigen Gerechtigkeitsvorstellungen. Der Richter kann also nur zwischen Scylla und Charybdis wählen. Die Wahl wird entsprechend seiner Einstellung unterschiedlich ausfallen. Es kann deshalb nicht verwundern, daß sich das heutige Kfz-Haftpflichtrecht durch eine kaum noch übersehbare Kasuistik auszeichnet, die eine beträchtliche Rechtsunsicherheit zur Folge hat[67]. Eine entscheidende Wende ist erst bei einer Grundsatzreform zu erwarten, die auf der Basis der Unfallversicherung auf haftpflichtrechtliche Erwägungen gänzlich verzichtet.

γ) Der Gesetzgeber hat den *ersten Schritt zu* einer endgültigen Ersetzung der Halterhaftpflicht durch ein *Unfallversicherungssystem* bereits mit der Einführung des direkten Forderungs- und Klagerechts in § 3 PflichtVersG vollzogen. Der Geschädigte kann zwar weiterhin den Haftpflichtigen kumulativ oder alternativ in Anspruch nehmen; unter Anerkennung der bisherigen Regulierungspraxis hat der Gesetzgeber jedoch die unmittelbare Schadensabwicklung zwischen Versicherer und Geschädigtem in mehrfacher Weise begünstigt. Der Versicherer kann dem Geschädigten Einwendungen aus dem internen Vertragsverhältnis, die ihn zur Leistungsverweigerung oder -einschränkung berechtigen würden, nur dann nicht entgegenhalten, wenn er von dem Geschädigten unmittelbar auf Leistung in Anspruch genommen wird[68]. Die Zahl der möglichen Gerichtsstände wird erweitert, da der Versicherer auch am Ort seines Sitzes und seiner Niederlassung verklagt werden kann[69]. Der Geschädigte vermeidet bei direkter Inanspruchnahme des Versicherers die Gefahr doppelter Prozeßführung im Haftpflicht- und Deckungsverhältnis[70]. Der Schädiger kann schließlich als Zeuge in einem Rechtsstreit zwischen seinem Versicherer und dem Geschädigten benannt werden.

Konsequenter Abschluß dieser Entwicklung würde eine vollständige Haftungsentlastung der Kraftfahrzeughalter bei gleichzeitiger Ausdehnung des Versicherungsschutzes sein. Von einer solchen Reform sind keine negativen Auswirkungen auf die „Verkehrsmoral" zu erwarten, da die Haftung wegen des regelmäßig eingreifenden Versicherungsschut-

---

[67] Vgl. die Rechtsprechungsnachweise bei *Geigel*, S. 459 ff.

[68] § 3 Nr. 1, 4—6 PflichtVersG.

[69] Vgl. §§ 17, 21 ZPO; § 48 VVG.

[70] Vgl. *Fleischmann*, S. 83 ff.

zes für den Halter ohnehin keine nennenswerten wirtschaftlichen Auswirkungen mehr hat. Ferner stellt der Wegfall der Haftpflicht des Halters und Führers des Fahrzeugs für den Geschädigten keinen Nachteil dar. Ihre Haftung ist im allgemeinen nur bei bestehender Versicherungsdeckung von Interesse. Dem Geschädigten wird keine wirtschaftlich relevante Sicherung entzogen, da die deutschen Versicherer bisher stets in der Lage waren, begründete Ersatzforderungen zu befriedigen. Fälle von Illiquidität, in denen die Haftung des Halters und Fahrzeugführers Bedeutung erlangen könnten, sind bisher nicht bekannt geworden[71].

δ) Während dem Geschädigten zivilrechtliche Ersatzansprüche wegen eines unabwendbaren Ereignisses oder fehlender Drittbeteiligung versagt werden, gewährt ihm der *Sozialversicherungsträger* auch bei solchen Verkehrsunfällen vollen Versicherungsschutz, da die Leistungen *unabhängig vom Vorliegen eines Fremdverschuldens* erbracht werden[72]. Auf diese Weise erhalten 80 % der Gesamtbevölkerung bei unfallbedingter Krankheit, Invalidität und Tod Sozialversicherungsleistungen. Eine ähnliche Regelung gilt für Beamte, denen bei Verkehrsunfällen umfassende Versorgungsansprüche gegen ihren Dienstherrn zustehen[73]. Schließlich greift bei krassen Notständen die staatliche Sozialhilfe ein, deren Leistungen ebenfalls unabhängig von einem Verschulden erbracht werden. Diese sozialen Schutzmaßnahmen besitzen für den Ausgleich von Verkehrsunfallschäden eine erhebliche Bedeutung. Nach dem „Michigan Automobile Injury Survey" wurden nur 46 % aller Unfallschäden nach Haftpflichtrecht ausgeglichen, während 27 % durch Leistungen der Privatversicherer (ohne Haftpflichtversicherung) und 13 % durch Sozialleistungen gedeckt wurden[74]. Der Anteil der Sozialleistungen bei der Entschädigung von Verkehrsopfern wird in Deutschland beträchtlich höher sein, da für die soziale Sicherung etwa DM 62,5 Mrd., in den USA dagegen nur $ 5,5 Mrd. aufgewendet werden[75].

Die Schadensabwälzung auf die Sozialversicherungs- und Versorgungsträger ist in doppelter Weise unbefriedigend: Zunächst wird dem Verletzten der entstandene Schaden nicht vollständig vergütet. Die Leistungspflicht des Sozialversicherungs- und Versorgungsträgers beschränkt sich vielmehr auf Unfälle mit Personenschäden, die großenteils nach festen Taxen ersetzt werden. Immaterielle Schäden und Sachschäden sind nicht ersatzfähig. Außerdem werden entferntere Gefahrengemeinschaften mit dem Sonderrisiko des Kraftverkehrs belastet, obwohl

---

[71] Vgl. Bericht VW 1967, 225.

[72] Vgl. oben 1. Hauptteil C.I.5.

[73] s. o. 1. Hauptteil C.I.5.e).

[74] Vgl. *Conard* u. a., S. 174; ferner S. 44 ff.

[75] Vgl. *Fochler-Hauke*, Der Fischer Weltalmanach 1967, S. 239.

spezifische Gefahrengemeinschaften in der Pflichtversicherung der Kraftfahrzeughalter vorhanden sind[76].

Eine moderne Kraftverkehrsversicherung könnte beide Mißstände ausräumen. Sie könnte sich dem Leistungsbedarf der Unfallgeschädigten besser anpassen, da ihr Aufgabenkreis enger begrenzt ist und die Risiken eine weitaus stärkere Homogenität[77] aufweisen als die vielfältigen Risiken der Sozialversicherung. Durch einen möglichst umfassenden Schutz der Verkehrsopfer in der Kraftverkehrsversicherung würden die sozialen Institutionen von ständig wachsenden Ausgaben befreit, die von einer näherliegenden Gefahrengemeinschaft übernommen würden.

ε) Bei einer Reform der Kraftverkehrsversicherung ließen sich ferner Überschneidungen durch eine *mehrfache Deckung des Versicherungsrisikos* vermeiden[77a]. Die Aufgaben der einzelnen Versicherungstypen könnten schärfer voneinander abgegrenzt werden. Eine stärkere Harmonisierung unter den verschiedenen Typen der Individual- und Sozialversicherung ist schon aus finanziellen Gründen geboten. Ein mehrfacher und teilweise unnötiger Prämienaufwand ist die Folge des unzureichenden Schutzes durch die Haftpflichtversicherung. Da infolge der Akzessorietät der Haftpflichtversicherungsleistungen nicht von vornherein mit einer sicheren Entschädigung zu rechnen ist, schließen viele Verkehrsteilnehmer private Zusatzversicherungen ab. Das gilt besonders für die Gruppe der Kraftfahrer, die mit einem Anteil von 50 % aller Verkehrstoten und Verletzten von allen Verkehrsteilnehmern am stärksten gefährdet ist[78]. Nach Auskunft des HUK-Verbandes[79] haben schätzungsweise 35 % aller Kraftfahrer neben der Haftpflichtversicherung freiwillig eine Insassenversicherung und etwa 70 % eine Fahrzeugversicherung abgeschlossen. Beide Versicherungstypen haben starke Wachstumsraten.

Neben dem Privatversicherungsschutz besteht für Beamte, Arbeiter und Angestellte, die etwa 75 % aller Personenkraftwagen besitzen[80], eine umfassende Vorsorge im Rahmen der Staatsversorgung und der Sozialversicherung.

Eine mehrfache Versicherung gleicher Risikobereiche[81] erfordert nicht nur einen mehrfachen Prämienaufwand, sondern verlangt auch die

---

[76] Dazu besonders *Ehrenzweig*, VW 1952, 255.

[77] s. o. 2. Hauptteil B.III.1.

[77a] Diese Unzulänglichkeiten und Schwierigkeiten im geltenden System erwähnt *Weitnauer* in seiner Kritik an Tunc leider nicht, vgl. DB 1968, 880.

[78] *Muth*, ZfV 1966, 434. Die Zahl umschließt Insassen von Personen-, Lastkraftwagen und motorisierten Zweiradfahrzeugen.

[79] Die Auskunft verdanke ich Herrn Rechtsanwalt Schomaker vom HUK-Verband.

[80] Vgl. *Sanden*, VersR 1967, 414.

[81] Vgl. Committee on Personal Injury Claims, S. 172.

Lösung des schwierigen Problems, von welchem Versicherer und in welchem Umfang der Schaden endgültig zu tragen ist.

Im allgemeinen soll ein Schadensereignis nicht zu einer Bereicherung des Geschädigten führen. Dieser Grundsatz hat in der privaten Schadensversicherung und in der Sozialversicherung Anerkennung gefunden[82]. Der Verkehrsgeschädigte erhält demgemäß trotz seiner Aufwendungen für mehrere Versicherungen seinen Schaden nur einmal ersetzt. Das Gesetz erreicht dieses Ziel mit dem Institut des Forderungsübergangs. Falls der private Schadensversicherer dem Versicherungsnehmer den Schaden ersetzt oder eine Leistungspflicht des Sozialversicherungsträgers besteht, gehen Haftpflichtansprüche des Geschädigten gegen einen Dritten nach § 67 VVG bzw. § 1542 RVO kraft Gesetzes auf den Versicherer über *(Prinzip der Anspruchskonkurrenz)*[83]. Wenn also der Geschädigte, dem eine zivilrechtliche Ersatzforderung zusteht, eine private Fahrzeugversicherung abgeschlossen hat oder wenn er zu den Leistungsempfängern der sozialen Unfall-, Kranken- oder Rentenversicherung gehört, so hat sich wegen des Forderungsübergangs der mehrfache Prämienaufwand für ihn nicht „gelohnt"[84].

In der privaten Personenversicherung, die im Verkehrssektor besonders als Insassenunfall-, allgemeine Unfall- und Krankenversicherung in Erscheinung tritt, gilt dagegen der Grundsatz der *Anspruchskumulation*. Der Versicherte darf sich also an dem Unfall „bereichern"[85]. Die Versagung der Regreßnahme im Rahmen der privaten Personenversicherung — § 67 VVG gilt entsprechend seiner systematischen Stellung nur für die Schadensversicherung — erklärt sich aus der Tatsache, daß der historische Gesetzgeber entsprechend den damals bekannten Versicherungsformen die Personenversicherung stets als Summenversicherung ansah[86]. Im Unterschied zur Schadensversicherung *(Prinzip der konkreten Bedarfsdeckung)*[87] hängt aber die Leistungspflicht der Summenversicherung nicht davon ab, ob und in welcher Höhe dem Versicherten ein Schaden entstanden ist[88].

---

[82] Vgl. *G.* und *D. Reinicke*, NJW 1954, 1103; *Marschall v. Bieberstein*, S. 145 ff., 248 ff.; *Ehrenzweig*, S. 18 f. und Ersatzrecht-Versicherung, S. 18 f.; *Oftinger* I, S. 337 ff.

[83] Vgl. *G.* und *D. Reinicke*, NJW 1954, 1103. Zu dem Problem der Verjährung der Rückgriffsforderung vgl. *D. Reinicke*, VersR 1967, 1; *Oftinger* I, S. 340 f.

[84] Vgl. *Bosonnet*, S. 90. Der Regreß kommt dem Versicherten nur in beschränktem Maße bei der Prämienkalkulation zugute, da die Versicherer nicht schlechthin mit der erfolgreichen Durchsetzung ihrer Regreßforderung rechnen können; vgl. *Ehrenzweig*, S. 18 und Ersatzrecht-Versicherung, S. 19; ferner *Oftinger* I, S. 359 Fußn. 92.

[85] Vgl. *Bosonnet*, S. 80; kritisch zur geltenden Regelung *Oftinger* I, S. 358.

[86] Statt vieler: *Marschall v. Bieberstein*, S. 151 f.

[87] *Bruck-Möller*, § 1 A. 24.

[88] Vgl. § 1 VVG.

Die Anspruchskumulation in der privaten Personenversicherung steht im Gegensatz zur Anspruchskonkurrenz bei der Sozialversicherung[89], die gleichfalls als Personen- und Summenversicherung[90] ausgestaltet ist. Diese unterschiedlichen Lösungen lassen sich nicht überzeugend damit erklären, daß die Sozialversicherung in der Form der Summenversicherung materiell die Deckung des konkreten Vermögensschadens bezwecke und deshalb als Schadensversicherung aufzufassen sei[91]; denn das Merkmal der Bedarfsdeckung ist der Versicherung schlechthin immanent[92]. Auch dient die Summenversicherung — wenngleich unter Anknüpfung an typisierte Bedarfslagen — letztlich dem Ziel des Schadensausgleichs.

Weder mit dem Prinzip der Anspruchskumulation noch dem der Anspruchskonkurrenz läßt sich eine völlig befriedigende Koordination der verschiedenen Ersatzquellen erzielen. *Oftinger*[93] hat zutreffend darauf hingewiesen, daß bei einer doppelten Versicherungsdeckung stets einer der Beteiligten bevorzugt werde: bei einer Anrechnung der Versicherungsleistungen auf die Haftpflichtforderung sei es der Schädiger, bei einem Anspruchsübergang der Versicherer und bei einer Anspruchskumulation der Geschädigte.

Für den Versicherungsnehmer zahlt sich nur bei einer Kumulation der Versicherungsleistungen der mehrfache Prämienaufwand aus. Es besteht jedoch weder für ihn noch die Allgemeinheit ein Bedürfnis nach einem Versicherungsschutz, der den effektiven Schaden überkompensiert. Deshalb wird in der privaten Personenversicherung zunehmend bei Leistungen, die sich an dem konkreten Schadensbedarf orientieren, die Kumulation ausgeschlossen, indem der Versicherer dieses Risiko von vornherein nicht deckt oder sich ein Regreßrecht vorbehält[94]. Als Beispiele sind die modernen Formen der Unfall-[95] und Krankenversicherung[96] zu nennen, die beim Ersatz von Heilungskosten eine Anspruchskumulation ausschließen.

Auf der anderen Seite hat sich die Regreßnahme wegen der hohen Kosten der „Haftungsumlegung“ als unpraktisch erwiesen[97]. Deshalb sind besonders zwischen Sozialversicherungsträgern und den Haftpflicht-

---

[89] Vgl. § 1542 RVO.

[90] Den Charakter der Summenversicherung verdankt die Sozialversicherung ihren Pauschalleistungen.

[91] Vgl. *Marschall v. Bieberstein*, S. 145 und S. 249.

[92] Vgl. *Bruck-Möller*, § 1 A. 2 ff.; s. o. 2. Hauptteil B.III.I.

[93] I, S. 359.

[94] Vgl. besonders OLG Celle v. 4. 5. 1959, VersR 1961, 241 und LG Frankfurt v. 9. 4. 1964, VersR 1964, 955.

[95] § 8 Abs. IV AUB.

[96] Vgl. § 11 Abs. 1 der Allgemeinen Versicherungsbedingungen der privaten Krankenversicherung.

[97] *Ehrenzweig*, Ersatzrecht-Versicherung, S. 19.

versicherern *Regreßverzicht- und Schadensteilungsabkommen* geschlossen worden[98]. Nach diesen Vereinbarungen ersetzen die Haftpflichtversicherer dem Sozialversicherungsträger einen bestimmten Prozentsatz seiner Leistungen, die er erfahrungsgemäß erhielte, wenn er in jedem Einzelfall Rückgriff nehmen würde. Auf diese Weise sollen dem Sozialversicherungsträger Kosten und Arbeit einer individuellen Regreßnahme erspart werden. Trotz des unbestreitbaren Rationalisierungseffekts stellen diese Abkommen infolge ihrer pauschalen Regelung mannigfache Probleme, von denen eines im Rahmen dieser Arbeit besonderes Interesse verdient. In den Schadensteilungsabkommen wird häufig vereinbart, daß die Leistungen *„ohne Prüfung der Sach- und Rechtslage“* erbracht werden sollen[99]. Typisch sind etwa folgende Klauseln[100]:

„Wird ein bei der Berufsgenossenschaft ... Versicherter verletzt und ist der nach § 1542 RVO Schadensersatzpflichtige bei der (X-Versicherung) durch eine Haftpflichtversicherung gegen Ersatzansprüche gedeckt, so verpflichtet sich die letztgenannte Versicherungsgesellschaft, von dem Schaden bis zum Betrage von 6000 RM ohne Prüfung der Haftungsfrage der Berufsgenossenschaft 50 % allerAufwendungen, zu denen sie gesetzlich verpflichtet ist, zurückzuerstatten, während die Berufsgenossenschaft auf etwa weitergehende Ansprüche verzichtet.“

Solche Vereinbarungen dienen dem Zweck eines summarischen und kostensparenden Schadensausgleichs unter den verschiedenen Leistungsträgern. Aus diesem Grunde darf der zum Ausgleich verpflichtete Privatversicherer nicht prüfen, ob sein Versicherungsnehmer schuldhaft gehandelt hat[101]. Selbst der Einwand mangelnder Kausalität ist ihm verwehrt[102]. Entsprechend diesen Vereinbarungen wird der Haftpflichtversicherer demnach häufig mit Schadensrisiken belastet, für die er nach Haftpflichtrecht gar nicht einzustehen hätte. Da die Sozialversicherungsträger gleichfalls ohne Prüfung der Haftungsfrage zu Leistungen an den Verletzten verpflichtet sind, ist auf diesem Wege bereits heute in begrenztem Umfange eine mittelbare und objektive Einstandspflicht der Privatversicherer für sämtliche Unfallschäden gegeben.

Bei einer Grundsatzreform würden die beschriebenen Koordinationsprobleme nicht auftreten. Auf die derzeitigen komplizierten Mechanismen der Schadensverlagerung könnte verzichtet werden, wenn sämtliche Risiken des Straßenverkehrs von einem einheitlichen Versicherungstyp gedeckt würden[103]. In diesem Fall bliebe die Sozialversicherung auf die Deckung von Risiken, die nicht aus dem Bereich des Straßenverkehrs

---

[98] Vgl. zum folgenden: *Geigel*, S. 842 ff.

[99] Vgl. *Geigel*, S. 844 f.

[100] Zit. in BGH v. 28. 5. 1956, BGHZ 20, 386 (387).

[101] BGH v. 28. 5. 1956, BGHZ 20, 386.

[102] Vgl. *Geigel*, S. 844 m. w. N.

[103] Vgl. *Tunc*, Art. 11, S. 71; *v. Hippel*, NJW 1967, 1735.

herrühren, beschränkt. Neben dem Vorteil einer unmittelbaren finanziellen Entlastung der Sozialversicherungsträger könnten auf diese Weise unnötige Verwaltungsarbeit und entsprechende Kosten gespart werden, die sich trotz Schadensteilungsabkommen nicht vollständig vermeiden lassen.

ζ) Die Ersetzung des Haftpflichtsystems durch ein Unfallversicherungssystem würde auch eine *rationellere Schadensabwicklung* ermöglichen. Die Regulierung von Unfallschäden wird erheblich vereinfacht, wenn der Unfallhergang nicht mehr in allen Einzelheiten rekonstruiert zu werden braucht. Da die Leistungen unabhängig von der Haftpflicht der Beteiligten gewährt werden, kommt es auf die Feststellung des Unfallverlaufs nicht an. Dadurch entfällt die mühsame Aufgabe, mit der Versicherungsgesellschaften, Gerichte, Anwälte, Parteien, Zeugen und Sachverständige heute täglich konfrontiert sind, an Hand unzureichender Beweismittel Monate und Jahre nach dem Unfall einen Sachverhalt festzustellen, der infolge der komplizierten Ursachenkette und der Schnelligkeit des Geschehensablaufs selbst von einem aufmerksamen Beobachter zur Tatzeit kaum zutreffend geschildert werden kann[104]. Das trifft besonders auf Unfälle im dichten Stadtverkehr zu. Ihr Anteil an der Gesamtzahl der Unfälle beträgt bereits 70 bis 80 %[105]. Typischerweise handelt es sich um komplizierte Geschehensabläufe, an denen meistens mehrere Verkehrsteilnehmer beteiligt sind. Aber auch bei Serienunfällen auf den Autobahnen und Landstraßen lassen sich bei den hohen Geschwindigkeiten und der vielfältigen Ursachenverknüpfung nur mit erheblichen Schwierigkeiten der Unfallhergang und die Schuldfrage klären. In einer Zeit des Massenverkehrs, da sich 10 000mal täglich die Betriebsgefahr zu einem Haftpflichttatbestand konkretisiert[106], ist eine Rationalisierung des Schadensausgleichs dringend notwendig. Die Verkehrslage hat sich seit Erlaß des Kraftfahrzeuggesetzes im Jahre 1909 grundlegend gewandelt: der damalige Kraftfahrzeugbestand von 41 727 Fahrzeugen in einem etwa doppelt so großen Gebiet, der der heutigen Inlandsproduktion des VW-Werkes von knapp 6 Tagen entspricht, hat sich um das 350fache auf ca. 14 Mill. erhöht[107].

Die Vereinfachung infolge des Verzichts auf eine detallierte Unfallermittlung führt zu einem beschleunigten Schadensausgleich und zu Kosteneinsparungen. Wenngleich die Verhältnisse in Deutschland nicht gar so unbefriedigend zu sein scheinen wie in Frankreich[108] und beson-

---

[104] Vgl. *Ehrenzweig*, S. 5 und Ersatzrecht-Versicherung, S. 13; *Keeton & O'Connell*, S. 1 und S. 18; *Tunc*, S. 23; *Green*, S. 67.

[105] *Schmitz-Ohlstedt*, S. 53; Jahresbericht 1966 der Bundesverkehrswacht, vgl. FAZ Nr. 137 v. 16./17. 6. 1967, S. 19.

[106] *Sanden*, VersR 1967, 413.

[107] *Sanden*, VersR 1967, 413 mit Nachweisen.

[108] Vgl. *Tunc*, S. 25.

ders in den USA[109], wo mehrmonatige und jahrelange Wartefristen den Regelfall bilden[110], ist auch bei uns eine *schnellere Schadensabwicklung* sehr erwünscht[111]. Der Allgemeine Deutsche Automobil Club veröffentlichte 1967 eine Statistik, die u. a. Auskunft über die Abwicklungsgeschwindigkeit bei Unfallschäden gibt[112]. Danach wurden nur etwa 68 % der den Versicherern im Jahre 1966 gemeldeten Schäden noch im gleichen Jahr abgewickelt. 32 %, d. h. etwa ein Drittel aller Haftpflichtfälle erforderten eine längere Zeit. Lange Verzögerungen treten bei der Regulierung von Schadensfällen auf, die prozessual ausgetragen werden. Der Verfasser hat sich durch Einsichtnahme in etwa 100 Unfallakten bei einem mittelgroßen Amtsgericht davon überzeugt, daß die durchschnittliche Zeitdauer vom Unfalldatum bis zum Abschluß des gerichtlichen Verfahrens[113] 9,8 Monate beträgt. Solche Wartefristen sind besonders deshalb unerfreulich, weil der Geschädigte regelmäßig auf baldige Ersatzleistungen angewiesen ist, um die unmittelbaren Unfallkosten decken zu können[114]. Die Notwendigkeit einer schnelleren und kostensparenden Schadensabwicklung wird nunmehr auch von den Versicherern erkannt, wie die Errichtung von Schadensschnelldienststationen beweist[115]. Dort werden leichtere und mittlere Fahrzeugschäden umgehend begutachtet. In rechtlich einfach liegenden Fällen übernehmen die Versicherer unmittelbar die Reparaturkosten durch Erklärung gegenüber einer von dem Geschädigten zu bestimmenden Werkstatt. Diese begrüßenswerte Maßnahme bietet jedoch nur eine begrenzte Lösung, die sich im wesentlichen für Massenschäden in der Großstadt ohne rechtliche Komplikationen eignet. Bei einer Grundsatzreform ließe sich eine weiterreichende Rationalisierung erzielen. Das beweist das Entschädigungssystem von Saskatchewan, wo die Schadensabwicklung durchschnittlich innerhalb von 2 Wochen, bei tödlichen Unfällen innerhalb von 6 bis 8 Wochen erfolgt[116].

Welche *Kosten* bei einer Reform eingespart werden könnten, läßt sich wegen fehlender statistischer Unterlagen nur schwer beurteilen. Als Anhaltspunkt kann auf die Tatsache verwiesen werden, daß der Anteil der Verwaltungskosten im Vergleich zu den Entschädigungsleistungen

---

[109] *Keeton & O'Connell*, S. 1 f. u. S. 13 ff.; *Conard* u. a., S. 242 ff.; *Ehrenzweig*, S. 5; *Marx*, 10 A.B.A.J. 495 (1924).

[110] Vgl. *Conard* u. a., S. 245 Figur 7—5.

[111] Vgl. *Hauss*, VersWiss 1967, 166.

[112] Bericht, ADAC-Motorwelt, Nr. 7 (1967), 66.

[113] Unter dem Abschluß des gerichtlichen Verfahrens sind hier Urteil, Vergleich oder Klagerücknahme zu verstehen.

[114] Vgl. schon *Marx*, 10 A.B.A.J. 495 (1924).

[115] Vgl. Bericht, Der Junior 1967, 49.

[116] s. o. 1. Hauptteil A.II.4.d).

bei den Haftpflichtversicherern in den USA bei über 100 %[117], in Frankreich bei etwa 50 %[118] und in Deutschland bei 25 %[119] liegt. In der Sozialversicherung mit ihrem vergleichbaren Schadensverteilungssystem sind Quoten von 6,3 % (Frankreich)[120], 5,4 % (Deutschland)[121] und 3 % (USA)[122] üblich.

Ein wesentliches Anliegen der Reformen besteht weiter darin, die *Prozeßflut* einzudämmen, von der die Gerichte heute überrollt werden. In Frankreich, das einen ähnlichen Grad der Motorisierung aufweist, werden jährlich 120 000 Prozesse um den Ausgleich von Verkehrsunfallschäden geführt[123]. In den USA erheben 5% aller Unfallgeschädigten Klage[124]. Schon 1925 sollen dort 3/4 der anhängigen Schadensersatzprozesse Unfallsachen gewesen sein[125]. In Deutschland sind die Zahlenangaben widersprüchlich: einige Quellen sprechen von 10 000[126], andere von 100 000[127] Prozessen. Bei einer Gesamtzahl von 913 908 Zivilprozessen im Jahre 1964[128] entspricht dies einem Anteil von 1 bzw. 10 %. Im Verhältnis zur Gesamtzahl der Unfälle würden danach 0,4 bzw. 4 % gerichtliche Verfahren zur Folge haben. Nach einer Pressemeldung[129] sollen sogar 40 % aller Prozesse Verkehrssachen betreffen. M. E. sind Angaben in der Größenordnung von 10 % nicht zu hoch gegriffen. Ein solcher Anteil der Verkehrssachen an der Gesamtzahl aller Zivilverfahren entspricht französischen und amerikanischen Vergleichszahlen. Der Verfasser hat ferner selbst bei der Einsichtnahme in 1101 Akten — das entspricht etwa dem Jahresbestand von 1½ Dezernaten bei einem mittelgroßen Amtsgericht — feststellen können, daß 136, d. h. etwa 15 % Verkehrsunfallsachen waren.

Die vielen Prozesse überlasten nicht nur die Gerichte, sondern verursachen auch *hohe Prozeß- und Anwaltskosten.* Diese Kosten können so beträchtlich sein, daß sich ein Prozeß im Ergebnis für keinen der Beteiligten gelohnt hat. Das gilt gerade für die zweifelhaften Fälle mit

---

117 Vgl. *Conard* u. a., S. 59 Tafel 1—4 und S. 61 Figur 1—1.

118 Vgl. *Tunc,* S. 18; *a. A.* Rechtsanwaltskammer von Paris in Droit Social 1967, 119, die 32 % angibt.

119 Vgl. *Bodes,* S. 112 nach dem Gesamtergebnis der Jahre 1955 bis 1964.

120 Vgl. *Tunc,* S. 19.

121 Vgl. Bundesministerium für Arbeit und Sozialordnung, S. 31.

122 Vgl. *Conard* u. a., S. 8.

123 Vgl. *Dupeyroux,* Droit Social 1967, 69.

124 Vgl. *Conard* u. a., S. 3.

125 Vgl. *Marx,* 11 A.B.A.J. 732 (1925).

126 Vgl. *Sanden,* VersR 1967, 417.

127 *Friedrich* lt. Bericht VW 1967, 341.

128 Vgl. *Sanden* 1967, 417.

129 Hamburger Abendblatt v. 22. 2. 1967: „Die Richter schaffen es einfach nicht mehr", zit. bei *v. Hippel,* NJW 1967, 1736 Fußn. 122.

mittleren Haftpflichtschäden, die ja das Gros aller Unfälle darstellen. Zur Verdeutlichung sei folgender Fall berichtet: Ein Kraftfahrer hatte im Stadtverkehr ein anderes Fahrzeug überholt und kurz darauf vor einer Ampel gebremst. Das überholte Fahrzeug fuhr auf. Es war nicht festzustellen, an welcher Stelle der Überholvorgang beendet war, mit welcher Geschwindigkeit er ausgeführt wurde und ob das überholte Fahrzeug geschnitten worden war. Der Halter des überholten Fahrzeugs klagte einen Schaden von 759,40 DM ein. Das Gericht gab der Klage zu einem Viertel statt. Der Beklagte mußte dem Kläger also 189,85 DM ersetzen. Der Kläger hatte jedoch drei Viertel der Kosten des Rechtsstreits zu tragen. Auf beiden Seiten waren Anwälte tätig. Die Anwaltskosten beliefen sich auf zusammen 270,— DM[130], die Gerichtsgebühren auf 90,— DM[131] ohne Zustellungskosten und Zeugengebühren. Dem Kläger entstanden also mehr als 270,— DM Kosten bei einer Forderung von 189,85 DM.

Die Reform des Entschädigungssystems würde nicht nur zu einer Entlastung der Gerichte und damit zu wesentlichen Zeit- und Kostenersparnissen beitragen, sondern auch die *Rechtssicherheit* fördern[132]. Der Geschädigte kann gegenwärtig wegen der schwierig zu beurteilenden Schuld- und Verursachungsprobleme sowie der kaum übersehbaren Kasuistik[133] die Rechtslage auch bei juristischer Beratung nicht zutreffend beurteilen. Bei einer Reform könnte jedes Unfallopfer dagegen mit einer Entschädigung rechnen, ohne in langwierige und komplizierte Diskussionen über die Haftpflichtfrage verwickelt zu werden.

cc) Auf Grund der bisherigen Untersuchungen erscheint eine Ausweitung der Entschädigungspflicht durch eine Unfallversicherung aus den Gesichtspunkten gerechter Risikoverteilung und rationeller Schadensabwicklung wünschenswert. Nunmehr müssen die *Grenzen* der von der Kraftverkehrsversicherung zu übernehmenden Risiken festgelegt werden. Es fragt sich zunächst, ob in der „Primärbeziehung" zwischen dem Geschädigten und dem Versicherer ausnahmslos alle Unfallschäden gedeckt werden sollen. Danach ist zu entscheiden, ob der Versicherer stets endgültiger Schadensträger sein soll oder ob ihm nicht in der „Sekundärbeziehung" zum Schädiger eine Regreßmöglichkeit einzuräumen ist.

In beiden Fragenkreisen muß besonders die Rolle des *Schuldelements* geklärt werden.

---

[130] Jeweils drei volle Gebühren nach § 31 der Bundesgebührenordnung für Rechtsanwälte v. 26. 7. 1957, BGBl. I, 907.

[131] Jeweils drei volle Gebühren nach § 25 Gerichtskostengesetz v. 26. 7. 1957, BGBl. I, 941.

[132] Vgl. *Tunc*, S. 22 ff.; *Hauss*, VersWiss 1967, 166; *Ehrenzweig*, S. 34.

[133] Eindrucksvoll insofern *Geigel*, S. 459 ff., 488 ff.

α) Das Prinzip der Gleichbehandlung gebietet, daß ein Schadensordnung, die das Verschulden zum wichtigsten Zurechnungsgrund erklärt, sowohl das Verschulden des Schädigers als auch das des Geschädigten berücksichtigt[134]. Die Regel des § 254 BGB ist somit Spiegelbild der auf dem Schuldgrundsatz beruhenden Haftungsregelung.

Daneben ist sie jedoch kraft gesetzlicher Verweisungsnormen auch in Fällen der Gefährdungshaftung anzuwenden[135]. Im Bereich der Gefahren der modernen Technik ist die Geltung dieses Grundsatzes durchaus nicht selbstverständlich. Die Haftungsbestimmungen des 3. Buches der RVO beweisen, daß auf eine Berücksichtigung des *Selbstverschuldens* verzichtet werden kann. Dieser Verzicht schließt dort selbst Formen grob fahrlässiger Unfallverursachung ein. Auch in der privaten Unfallversicherung ist der Versicherungsschutz nur bei vorsätzlicher Herbeiführung des Unfalls ausgeschlossen[136]. Andere private und gesetzliche Personenversicherungen, z. B. die Krankenversicherung[137], weisen vergleichbare Regelungen auf. Das zeigt, daß dem Verletzten regelmäßig nur bei einem haftpflichtrechtlichen, nicht jedoch bei einem versicherungsrechtlichen Schadensausgleich eine eigene schuldhafte Unfallverursachung schadet.

Die Reformpläne, die eine Haftungsersetzung durch Versicherungsschutz vorsehen, berücksichtigen ein Selbstverschulden des Geschädigten nur in beschränktem Umfang. Ein Leistungsausschluß ist überwiegend nur bei vorsätzlicher Unfallverursachung vorgesehen. Nach Ehrenzweig[138] soll allerdings bereits grobe Fahrlässigkeit ausreichen, während von Hippel[139] in diesem Fall nur eine Kürzung der Versicherungsleistungen vorschlägt. Nach dem Ontario Plan[140], Greens „Loss Insurance"[141] und dem Projekt Tunc[142] kann der Geschädigte bei der Verwirklichung bestimmter Straftaten keinen Schadensausgleich verlangen.

Von dem Ziel gerechter Risikoverteilung und wirksamer Unfallverhütung her kann m. E. ein vollständiger Leistungsausschluß auf Fälle *vorsätzlicher Unfallverursachung* beschränkt bleiben. Außerdem sollte der Versicherungsträger jedoch die Möglichkeit erhalten, bei *grobem Selbstverschulden* des Geschädigten seine Leistungen zu kürzen. Falls der Geschädigte die erforderliche Sorgfalt nicht in so hohem Maße ver-

---

[134] Vgl. *Hauss*, VersWiss 1967, 165.
[135] Vgl. § 9 StVG; § 3 SHG; § 34 LVG; § 1a Abs. IV RHG; § 27 AtomG.
[136] Vgl. § 181 VVG.
[137] s. o. 1. Hauptteil C.I.5.
[138] 1. Hauptteil A.II.5.a).
[139] 1. Hauptteil C.II.6.c)aa).
[140] 1. Hauptteil A.II.8.a).
[141] 1. Hauptteil A.II.6.a).
[142] 1. Hauptteil B.II.2.a).

letzt hat, sollte er dagegen die vorgesehenen Versicherungsleistungen in voller Höhe erhalten.

Für diese differenzierte Regelung sind folgende Erwägungen ausschlaggebend: Der Grundsatz der Schadensteilung oder „Verschuldensaufrechnung" beruht auf dem Gedanken verminderter Verantwortlichkeit des Schädigers und entsprechender Rechtsschutzverwirkung des Verletzten im Falle zurechenbarer Mitverursachung[143]. Diese Wertung verdient ungeteilte Zustimmung, wenn der Schädiger dem Geschädigten persönlich haftet. In diesem Fall ist es unbillig, daß der Geschädigte vollen Ersatz seines Schadens erhält, obwohl er an seiner Entstehung zurechenbar beteiligt ist. Die Interessenlage ist jedoch anders zu beurteilen, wenn nicht der Schädiger, sondern dessen Versicherer die Entschädigung zahlt[144]. Die persönliche Verantwortlichkeit des Schädigers weicht einer kollektiven Einstandspflicht der in der Gefahrengemeinschaft vereinigten Kraftfahrer. Dann erscheint es einseitig, dem Geschädigten wegen seiner Unfallbeteiligung seinen Ersatzanspruch zu kürzen oder gänzlich zu nehmen, während den versicherten Kraftfahrer keine finanziellen Folgen seines Verschuldens treffen[145].

Auch *rechtstatsächliche Gründe* sprechen für eine weitgehende Nichtberücksichtigung des Selbstverschuldens. Unter den Bedingungen des modernen Straßenverkehrs ist es problematisch, ob das Verhalten der beteiligten Verkehrsteilnehmer die entscheidende Grundlage für die Beurteilung der Entschädigungsfrage bilden kann. Angeblich[146] sollen zwar 80 bis 90 % aller Verkehrsunfälle auf menschlichem und nicht auf technischem Versagen beruhen[147]. Danach liegt es nahe, an das menschliche Fehlverhalten im Falle der Verantwortlichkeit rechtliche Konsequenzen zu knüpfen[148] Bei einer näheren Betrachtung der Unfallursachen offenbart sich jedoch der zweifelhafte Wert zivilrechtlicher Schuldfeststellung. Mehr als 70 % aller Verkehrsunfälle ereignen sich auf den stark befahrenen Stadt- und Gemeindestraßen[149]. Dieser auf engem Straßenraum zusammengedrängte Verkehr, an dem Kraftfahrzeuge, Radfahrer, Fußgänger, Schienenfahrzeuge und andere Verkehrsmittel teilnehmen, erfordert ein so hohes Maß an Aufmerksamkeit, daß ihm selbst ein besonders sorgfältiger, geistesgegenwärtiger und umsichtiger Verkehrsteilnehmer[150] nicht stets genügen kann. Eine von der *Welt-*

---

[143] *Esser*, JZ 1952, 259.
[144] So bereits *Strahl*, 3 Scand. Studies in Law 221 (1959).
[145] *Tunc*, S. 32.
[146] Kritisch zu diesen Zahlenangaben: *Holscher*, S. 47.
[147] Vgl. *Schneider*, S. 190.
[148] Vgl. *Schneider*, S. 190; *Rasehorn*, DAR 1960, 109.
[149] s. o. 2. Hauptteil C.II.1.a)bb)ζ).
[150] Diese Sorgfaltsanforderungen werden vom BGH beim Entlastungsbeweis nach § 7 Abs. 2 StVG gestellt, vgl. BGH v. 12. 5. 1959, VersR 1959, 789 und oben 1. Hauptteil C.I.1.

gesundheitsorganisation (WHO) veranlaßte Untersuchung[151] hat ergeben, daß ein Kraftfahrer im Ortsverkehr auf einer Strecke von 1 km durchschnittlich 150 Beobachtungen durchführt und 15 Entscheidungen trifft. *Ihm unterläuft alle 3 km ein Fehler.* Alle 800 km kommt es beinahe zu einer Kollision. Bei der ständigen psychischen und physischen Belastung eines jeden — auch des nichtmotorisierten — Verkehrsteilnehmers[152] und infolge starker Abstumpfung gegenüber den Gefahren des Straßenverkehrs hängt es von bloßen Zufälligkeiten ab, ob sich eine geringe Unaufmerksamkeit zu einem Schadensereignis konkretisiert[153]. Bei der Komplexität und Schnelligkeit des Verkehrsgeschehens[154] unterlaufen auch dem sorgfältigen Verkehrsteilnehmer ständig Fehlleistungen. Mögen sie als Einzelerscheinung gesehen zu vermeiden sein, so stellen sie sich im Gesamtablauf des Verkehrsgeschehens als typische und nicht schlechthin zu vermeidende Folgen des motorisierten Straßenverkehrs dar. Die auftretenden Schadensfälle sind vorwiegend Unglücks-, nicht dagegen Unrechtsschäden. Demzufolge verliert der auf überschaubare Lebensverhältnisse zugeschnittene Schuldbegriff im Bereich technisch bedingter, nicht selten bloßer Reaktions-Fehler seinen wahren Gehalt[155]. Auf eine Abwägung gegenseitiger Schuld sollte deshalb bei Bemessung der Ersatzleistungen im Regelfall verzichtet werden.

Dafür spricht auch der *praktische Gesichtspunkt*, daß der genaue Unfallhergang nicht mehr in allen Einzelheiten aufgedeckt zu werden braucht[156]. Damit entfallen schwierige, mit erheblichem Zeit- und Kostenaufwand verbundene Untersuchungen.

Von dieser rationelleren Form der Schadensregulierung sind keine negativen Auswirkungen auf die *Verkehrssicherheit* zu erwarten. Das Schadensrecht, das seiner Funktion nach nur sekundär der Unfallverhütung dient[157], vermag ohnehin durch die Androhung von Anspruchskürzungen die typischen Fehlleistungen kaum nennenswert zu verringern. Strafrecht und gezielte Verwaltungsmaßnahmen können dagegen, z. B. durch schuldangemessene Strafen, Fahrverbote, Entzug des Führerscheins, Verpflichtung zum Besuch eines polizeilichen Verkehrsunterrichts oder Eintragung in die sog. Verkehrssünderkartei pädagogisch wirksamer zu verkehrsrichtigem Handeln anhalten[158]. Außerdem ist zu

---

[151] Vgl. *Keeton & O'Connell*, S. 16; ferner *Tunc*, S. 34 f.

[152] Vgl. *Bosonnet*, S. 72.

[153] Vgl. *Tunc*, S. 35; *Deutsch*, JuS 1967, 498.

[154] Vgl. *Green*, S. 66 f.

[155] Vgl. *Tunc*, S. 35; *v. Hippel*, NJW 1967, 1732; *Marx*, 10 A.B.A.J. 497 (1924).

[156] Vgl. *v. Hippel*, NJW 1967, 1732.

[157] s. o. 2. Hauptteil B.II.2.

[158] Vgl. *Sieg*, ZHR 113 (1950), 102 und Ausstrahlungen, S. 266; *F. Koenigs*, IAV 1951, 397; *Lintz*, NZ 1935, 854; *Deutsch*, JuS 1967, 499.

berücksichtigen, daß das Risiko erheblicher Verletzungen die meisten Verkehrsteilnehmer, insbesondere Fußgänger und Radfahrer zur Vorsicht ermahnt[159]. Die ständig sinkende Zahl von Arbeitsunfällen in Deutschland, die sich seit 1954 um 1/4 verringerten[160], und die langjährigen positiven Erfahrungen mit dem Saskatchewan Plan beweisen, daß trotz voller Entschädigungsleistungen im Falle des Selbstverschuldens die Unfallhäufigkeit abnehmen kann[161].

Eine *Ausnahme* ist jedoch in Fällen grobfahrlässiger Selbstschädigung angebracht[162]. Wenngleich die meisten Reformprojekte unter Einschluß des Saskatchewan Plans dem Verletzten ungekürzte Versicherungsleistungen auch in diesem Extremfall gewähren wollen, erscheint eine solche pauschale Preisgabe des Gedankens der Eigenverantwortlichkeit nicht sachgerecht. Wer sich in „unentschuldbarer Weise"[163] selbst gefährdet, indem er etwa in betrunkenem Zustand, unter Benutzung eines verkehrsunsicheren Fahrzeugs[164] oder unter Mißachtung elementarer Verkehrspflichten[165] grob verkehrswidrig und rücksichtslos am Verkehr teilnimmt, verdient keinen vollen Versicherungsschutz[166]. Er muß vielmehr an dem Sonderrisiko solch gravierender Verkehrsverstöße durch angemessene Kürzungen der Versicherungsleistungen beteiligt werden. Eine solche differenzierende Lösung, die Vorschriften des schweizerischen Versicherungsrechts zum Vorbild hat[167], anerkennt auf der einen Seite den Wert individueller Verantwortung, auf den im Interesse einer gerechten Lastenverteilung und der Verkehrserziehung nicht zu verzichten ist; andererseits berücksichtigt sie die faktischen und rechtlichen Besonderheiten des modernen Straßenverkehrs.

Eine interessante Parallellösung ist auch bei der Haftung des Arbeitnehmers bei *schadensgeneigter Arbeit* anzutreffen. Nach ständiger Rechtsprechung[168] hat der Arbeitnehmer, der seinem Arbeitgeber bei der Durchführung schadensgeneigter Arbeit einen Schaden zufügt, entgegen

---

[159] So bereits Begründung zu § 178 VVG (heute § 181 VVG), abgedruckt bei *Grewing*, VW 1967, 718; ferner *Starck*, R.T. 1966, 656.

[160] *Fochler-Hauke*, Der Fischer Weltalmanach 1967, S. 236.

[161] Vgl. *Ehrenzweig*, Ersatzrecht-Versicherung, S. 21 Fußn. 62; unzutreffend *Boettinger*, VersR 1952, 309 Fußn. 12.

[162] Vgl. *Strahl*, 3 Scand. Studies in Law 222 (1959); *Tunc*, S. 53 ff.; *v. Hippel*, NJW 1967, 1732.

[163] *Tunc*, S. 54 spricht von einer „faute inexcusable".

[164] z. B. abgefahrene Reifen, defekte Bremsen, u. ä.

[165] Vgl. § 315c StGB.

[166] Vgl. *Hauss*, VersWiss 1967, 164.

[167] Vgl. Art. 14 Abs. 2 des Bundesgesetzes über den Versicherungsvertrag v. 2. 4. 1908.

[168] RAG v. 12. 6. 1937 ARS 30, 3; BAG v. 25. 9. 1957 BAGE 5, 1; BGH v. 10. 2. 1955 BGHZ 16, 111.

den allgemeinen Haftungsbestimmungen nur im Falle eines groben Sorgfaltsverstoßes vollen Schadensersatz zu leisten. Bei normaler Fahrlässigkeit findet dagegen eine Schadensteilung statt[169], die bei „leichtester" Fahrlässigkeit[170] in der Regel zum völligen Wegfall der Ersatzpflicht führt.

Die Interessenlage zeigt große Ähnlichkeit mit derjenigen bei Straßenverkehrsunfällen[171]. Gerade die Haftung des Berufskraftfahrers gegenüber seinem Arbeitgeber hat den Anstoß zu dieser Rechtsprechung gegeben[172]. Die Zahl der technisch bedingten Risiken ist in beiden Bereichen so erheblich, daß „immer wieder einmal" Fehlleistungen auftreten können[173]. Als Einzelerscheinung betrachtet, sind diese Unfälle zwar vermeidbar; im Gesamtablauf stellen sie sich jedoch als Aktualisierung einer von dem Betrieb oder der Anlage ausgehenden Dauergefährdung dar[174]. Für diese Schadensfälle ist ferner charakteristisch, daß bereits kleine Unachtsamkeiten unverhältnismäßig hohe Schäden verursachen können[175].

Zur Rechtfertigung einer aus Billigkeitsgründen[176] geforderten, von den starren[177] gesetzlichen Vorschriften abweichenden Schadensteilung beruft sich die herrschende Auffassung auf eine „Fürsorgepflicht" des Arbeitgebers[178]. Unter Vermeidung dieses dehnbaren und unscharfen Begriffs[179] hat dagegen *Larenz*[180] zu Recht auf das Zusammentreffen

---

[169] Vgl. auch § 39 Abs. 1 des Entwurf eines neuen österreichischen Arbeitsrechts, wonach der Arbeitnehmer grundsätzlich nur bei „böser Absicht" oder „auffallender Sorglosigkeit" haftet (abgedruckt in RdA 1960, 445 ff.).

[170] Die vom BAG (vgl. BAG v. 19. 3. 1959 BAGE 7, 290) vorgenommene Dreiteilung in grobe, einfache und geringe oder „leichteste" Fahrlässigkeit ist dem System des BGB fremd; zur Terminologie vgl. *Mayer-Maly*, AcP 163 (1964) 114 ff.; auch Entwurf 1967 II, S. 48.

[171] Vgl. *Isele*, NJW 1964, 1449; *Hauss*, Festschrift S. 355; *Deutsch*, JuS 1967, 498. Der BGH (Entscheidung v. 13. 6. 1961, VersR 1961, 486) hat für Schadensfälle aus Familienfahrten ähnliche Erwägungen wie bei der schadensgeneigten Arbeit angestellt. Für eine sinngemäße Anwendung dieser Regeln auch *Stoll*, JZ 1964, 63.

[172] Vgl. *Larenz* II, § 48 II, S. 212 ff.

[173] Vgl. *Larenz* II, § 48 II, S. 213.

[174] Vgl. *Isele*, NJW 1964, 1449; *Hauss*, Festschrift, S. 355; *Larenz* II, § 48 II, S. 213.

[175] Zu Recht *Larenz* II, § 48 II, S. 211 mit dem Hinweis, daß die fehlende Proportion zwischen Schuld und Schaden hier besonders ausgeprägt sei; ähnlich *Isele*, NJW 1964, 1442.

[176] Vgl. *Isele*, NJW 1964, 1442 m. w. N.

[177] Allerdings soll de lege ferenda der Grundsatz der Totalreparation in Ausnahmefällen eingeschränkt werden, vgl. § 255a BGB, Entwurf 1967 I, S. 2; II, S. 29 ff.

[178] Vgl. RAG v. 18. 12. 1940 ARS 41, 55; BGH v. 10. 2. 1955, BGHZ 16, 111 (116); weitere Nachweise bei *Isele*, NJW 1964, 1444 Fußn. 30.

[179] Kritisch dazu *Isele*, NJW 1964, 1446.

[180] *Larenz* II, § 48 II, S. 213; auch in der Entscheidung des BAG v. 19. 3. 1959, BAGE 7, 290 (298 f.) klingt dieser Gedanke an. Danach muß das fahrlässige Verhalten des Arbeitnehmers gegen „die auf den Arbeitgeber zurückgehende

unterschiedlicher Haftungsprinzipien hingewiesen. Auf der einen Seite gebietet das Prinzip individueller Verantwortlichkeit die Schadensüberwälzung auf den unsorgfältig handelnden Arbeitnehmer. Auf der anderen Seite sind diese immer wieder einmal vorkommenden, für den Betrieb typischen[181] Betriebsgefahren dem Unternehmer als dem Nutznießer der von ihm veranlaßten Tätigkeit zuzurechnen. Je nach der Schwere des Schuldvorwurfs und der Größe des Schadensrisikos wird eine Schadensteilung vorgenommen. Bei der Quotelung ist auch zu berücksichtigen, ob der Arbeitgeber gegen den Schaden versichert ist[182] oder der Arbeitnehmer Haftpflichtversicherungsschutz genießt[183].

β) Die Frage, wie weit der Versicherungsträger ein Recht auf *Regreß* gegen den verantwortlichen Schädiger erhalten sollte, wird in den Reformprojekten unterschiedlich beantwortet. In Saskatchewan darf der Versicherer bei Fahrerflucht, Trunkenheit am Steuer und Fahren ohne Führerschein Rückgriff nehmen[184]. Green[185] läßt bei Schäden, die durch auswärtige, unversicherte oder nicht feststellbare Fahrzeuge verursacht werden, einen Regreß zu. Fahrlässige Unfallverursachung soll nach dem Plan von Morris und Paul[186] ausreichen. Keeton und O'Connell[187] verlangen Vorsatz, von Hippel[188] fordert grobe Fahrlässigkeit und entsprechende strafgerichtliche Verurteilung. Ehrenzweig[189] erlaubt gegen den grobfahrlässigen Täter sowie gegen Schwarzfahrer und Diebe einen Regreß. Tunc[190] gestattet nur bei einer Verurteilung des Fahrzeugführers zu einer zweiwöchigen Freiheitsstrafe und bei entsprechender richterlicher Anordnung einen Regreß.

Veranlassung — nämlich das schuldlose Setzen der Möglichkeit des schuldhaften Versagens in gefahrengeneigten Situationen durch den Arbeitnehmer" — abgewogen werden.

[181] Vgl. RAG v. 18. 12. 1940, ARS 41, 55 (58). Das RAG definiert den Begriff schadensgeneigter Arbeit in der Weise, „daß auch einem gewissenhaften Dienstverpflichteten Fehlgriffe unterlaufen, die zwar für sich betrachtet jedesmal vermeidbar sind, mit denen aber angesichts der menschlichen Unzulänglichkeit als mit einem typischen mehr oder minder genau voraussehbaren Abirren der Dienstleistung erfahrungsgemäß gerechnet wird". Ähnlich BAG v. 25. 9. 1957, BAGE 5, 1 (7).

[182] So bereits RAG v. 18. 12. 1940, ARS 41, 59; vgl. auch *Isele*, NJW 1964, 1444 und 1442.

[183] Vgl. BAG AP Nr. 30 zu § 611 BGB „Haftung des Arbeitnehmers".

[184] s. o. 1. Hauptteil A.II.4.a).

[185] s. o. 1. Hauptteil A.II.6.a).

[186] s. o. 1. Hauptteil A.II.7.a).

[187] s. o. 1. Hauptteil A.II.9.a).

[188] s. o. 1. Hauptteil C.II.6.c)ee).

[189] s. o. 1. Hauptteil A.II.5.d).

[190] s. o. 1. Hauptteil B.II.2.a). Kritisch zu diesem Vorschlag *Gilliard*, ZSR 1967 II, 209 f.

Die Entscheidung über die Zulassung einer Regreßmöglichkeit hängt im wesentlichen von der Beantwortung der Frage ab, von wem die Schäden aus dem Betrieb von Kraftfahrzeugen grundsätzlich zu ersetzen sind. Wenn diese Schäden nach der hier vertretenen Auffassung grundsätzlich von der Kraftverkehrsversicherung gedeckt werden sollen, kann dieses Ergebnis nicht nachträglich durch ein weitreichendes Regreßrecht wieder in Frage gestellt werden. Aus diesem Grunde ist dem Versicherer ein Rückgriff im allgemeinen zu versagen. Wie im Falle der Anspruchskürzung ist jedoch bei *grob fahrlässiger* Schadenszufügung eine Ausnahme angebracht. Für diese differenzierende Lösung, die beim Rückgriff des Sozialversicherungsträgers gegen den Unternehmer[191] und des Staates gegen den Beamten[192] in ähnlicher Weise Anklang gefunden hat, sind folgende Erwägungen maßgebend: Es entspricht unseren Gerechtigkeitsvorstellungen, daß derjenige, der grob schuldhaft (z. B. infolge Trunkenheit oder Benutzung eines verkehrsunsicheren Fahrzeugs) einen Unfall verursacht, für dessen Folgen auch zivilrechtlich zur Verantwortung gezogen wird. Ferner würde eine unerfreuliche Begleiterscheinung des geltenden Rechts entfallen[193]; danach verliert der Geschädigte bei einem Selbstverschulden seinen Anspruch auf (vollständigen) Schadensersatz, während der Kraftfahrer auch bei größter Unachtsamkeit für die Folgen des von ihm verursachten Unfalls infolge der Haftpflichtdeckung nicht verantwortlich ist[194]. Ein Verschulden wirkt sich also finanziell vollkommen unterschiedlich aus. Ein weiterer Vorteil der vorgeschlagenen Lösung liegt darin, daß die Versicherungen, d. h. über die Prämienberechnung letztlich die Kraftfahrer von inadäquaten Risiken entlastet werden. Zugleich bietet die Regreßmöglichkeit infolge ihrer Sanktionswirkung ein Mittel zur Verkehrserziehung.

Die *Höhe* der Regreßforderung sollte — ähnlich wie im Falle der Anspruchskürzung — auf die Umstände des Einzelfalls abgestimmt werden[195]. Vor allem wäre darauf Bedacht zu nehmen, daß zwischen Schuld und Haftung ein angemessenes Verhältnis besteht und der Regreß nicht — härter als die Verhängung einer Kriminalstrafe — zum wirtschaftlichen Ruin des Betroffenen und seiner Familie führt. Insofern verdient der Vorschlag von Ehrenzweig[196], den Regreß als Buße auszu-

---

[191] Vgl. § 640 RVO.

[192] Vgl. Art. 34 S. 2 GG.

[193] Vgl. *Tunc*, S. 32, der von einer „paradoxen" Erscheinung spricht.

[194] s. o. 2. Hauptteil B.V.1.

[195] So auch die entsprechende Regelung in der sozialen Unfallversicherung. Die Träger der Sozialversicherung können gem. § 640 Abs. 2 RVO „nach billigem Ermessen insbesondere unter Berücksichtigung der wirtschaftlichen Verhältnisse des Schädigers" auf die Realisierung ihrer Regreßforderung verzichten.

[196] s. o. 1. Hauptteil A.II.5.d).

gestalten, bei deren Bemessung strafrechtliche Gesichtspunkte im Vordergrund stehen, eine sorgfältige Prüfung.

Die *Versicherbarkeit* des Regreßrisikos muß allerdings ausgeschlossen werden, wenn man den Verantwortlichkeitsgedanken und die erzieherische Wirkung nicht wieder preisgeben möchte. Der Regreß hätte andernfalls, wie es beim Rückgriff des Sozialversicherungsträgers gegen den haftpflichtversicherten Unternehmer der Fall ist, eine rein wirtschaftliche Funktion. Da Unfall- und Haftpflichtversicherer häufig identisch sein dürften, würden Prämienerhöhungen eine wirtschaftlich sinnvollere Lösung darstellen.

γ) Neben dem Regreßrecht sollte allerdings die Möglichkeit der Prämienerhöhung beibehalten werden. Mit der *Prämienbemessung nach dem Schadensverlauf* kann eine gerechte Lastenverteilung erzielt werden, da sich die Prämienhöhe dem individuellen Risiko jedes Versicherungsnehmers anpaßt. Der Kraftfahrer, der wegen seiner vorsichtigen Fahrweise einen günstigen Schadensverlauf nachweisen kann, wird durch Gewährung eines Prämiennachlasses belohnt[197]. Auf der anderen Seite sollten diejenigen Kraftfahrer, die überdurchschnittlich häufig Unfälle verursachen — also die sog. Unfäller[198] —, durch Prämienzuschläge stärker belastet werden. Die Koppelung von Bonus- und Malussystem, die nunmehr auch in Deutschland geplant ist[199], hat sich in der Schweiz und in Saskatchewan erfolgreich bewährt[200]. Ein feiner differenziertes Prämiensystem, das die Person des Versicherungsnehmers als Bemessungsfaktor stärker berücksichtigt, sorgt aber nicht nur für eine gerechte Risiko- und Lastenverteilung unter den Versicherten. Da jeder Kraftfahrer weiß, daß er selbst seine Prämie beeinflussen kann, sind auch günstige Auswirkungen auf sein Fahrverhalten zu erwarten[201]. Andererseits ist wohl nicht mit einem Anstieg der Unfallfluchtkriminalität zu rechnen. Es wird zwar weiterhin Kraftfahrer geben, die sich der Feststellung ihrer Person durch die Flucht entziehen, um nicht in eine

---

[197] Bei den meisten deutschen Versicherungsunternehmen beträgt der Rabatt nach einem schadenfreien Kalenderjahr 10 %, nach zwei Kalenderjahren 30 % und nach drei Kalenderjahren 50 %, vgl. *Heimbücher*, Der Junior 1967, 55.

[198] Erfahrungsgemäß verursacht eine kleine Gruppe von Kraftfahrern immer wieder Schäden, während andere jahrelang unfallfrei fahren, vgl. *Brugger*, VW 1967, 210. In den USA wird das Thema der sog. accident proneness stark diskutiert, vgl. *Conard* u. a., S. 89 Fußn. 26 m. w. N. Nach *Ehrenzweig*, S. 19 sollen 4/5 aller Unfälle von 1/5 aller Kraftfahrer verursacht werden.

[199] Vgl. Bericht, Die Welt, Nr. 285 v. 7. 12. 1967, S. 1.

[200] Die Prämien staffeln sich nach Art. 7 der schweizerischen Allgemeinen Bedingungen der Kfz-Haftpflichtversicherung in 21 Tarifgruppen, die von 50 bis 280 % der Grundprämie reichen. Zu Saskatchewan s. o. 1. Hauptteil A.II.4.e).

[201] Vgl. *Tunc*, S. 61; *Brugger*, VW 1967, 210; a. A. wohl *Sauerbrey*, VW 1967, 291.

ungünstigere Tarifgruppe eingestuft zu werden. Wirksame Abhilfe versprechen jedoch vor allem strenge straf- und verwaltungsrechtliche Sanktionen sowie geeignete verkehrserzieherische Maßnahmen. Daneben wird der Anreiz zur Unfallflucht dadurch vermindert, daß nach dem vorgeschlagenen Reformplan sog. Bagatellschäden ohnehin vom Versicherungsschutz ausgenommen und — abgesehen von Ausnahmefällen — vom Geschädigten selbst zu tragen sind[202].

Ein dem individuellen Risiko angepaßtes Prämiensystem darf schließlich nicht außer acht lassen, daß der Versicherungsnehmer manchmal auf Grund fremden Verschuldens Leistungen seiner Versicherung in Anspruch nehmen muß. Im Interesse einer gerechten Prämienbemessung sollte er sich dem Versicherer gegenüber darauf berufen dürfen, daß ihn bzw. den Fahrer seines Fahrzeugs an der Herbeiführung des Unfalls kein Verschulden trifft[203]. Falls ihm ein entsprechender Nachweis gelingt, dürfte keine Prämienerhöhung vorgenommen werden; eine bereits erfolgte Prämienerhöhung wäre rückgängig zu machen. In der Praxis wird eine solche Regelung m. E. keine Prozeßflut auslösen, da der Exculpationsbeweis dem Versicherungsnehmer obliegt und ihn das Kostenrisiko von der Erhebung unbegründeter Klagen abhalten wird.

b) Neben der Verbesserung der Rechtsstellung Dritter, die außerhalb des verunglückten Kraftfahrzeugs zu Schaden gekommen sind, besteht ein wesentliches Anliegen der Reformpläne in einer stärkeren Sicherung der *innerhalb des Kraftfahrzeugs* selbst geschädigten Personen.

Der Fahrzeugführer und die anderen Fahrzeuginsassen genießen nach geltendem Recht nur einen beschränkten Versicherungsschutz. Dem Fahrzeugführer wird ein Schaden nur dann vergütet, wenn er ohne eigene Schuld einen Kollisionsunfall mit einem anderen, versicherungspflichtigen Fahrzeug erleidet und sich dieser Unfall nicht aus der Sicht des anderen Fahrzeughalters als unabwendbares Ereignis darstellt[204]. Mitwirkende Betriebsgefahr und eigenes Verschulden schmälern seine Ersatzansprüche[205]. Falls sich der Unfall ohne Mitwirkung anderer Personen, etwa infolge eines plötzlichen Schwächeanfalls, eines unerwarteten Wildwechsels, einer vereisten Fahrbahn oder eines eigenen Fehlverhaltens ereignet, versagt der Mechanismus des überkommenen Versicherungssystems. Auch wenn der Unfall durch ein schuldhaftes Verhalten nicht versicherungspflichtiger Verkehrsteilnehmer verursacht wird, kann eine Ersatzforderung wegen fehlender Liquidität dieser Personen häufig nicht realisiert werden[206].

---

[202] Vgl. dazu ausführlich 2. Hauptteil C.II.2.b)bb)β).
[203] Vgl. *Tunc*, S. 61.
[204] Vgl. § 7 Abs. 2 StVG.
[205] s. o. 1. Hauptteil C.I.1.
[206] Vgl. *v. Hippel*, NJW 1967, 1735.

Haftpflichtansprüche von Angehörigen des Versicherungsnehmers, denen dieser auf Grund gesetzlicher Verpflichtung Unterhalt gewährt, sind ausdrücklich vom Versicherungsschutz ausgeschlossen[207].

Andere unentgeltlich beförderte Insassen sind nur bei nachgewiesenem Verschulden des Fahrzeugführers anspruchsberechtigt[208]. Die Haftung richtet sich nach den von der Rechtsprechung und Lehre entwickelten Grundsätzen der Gefälligkeitsfahrt[209].

Offenkundig besteht ein Bedürfnis nach besserer Sicherung der Fahrzeuginsassen. In der Bundesrepublik wurden die meisten verunglückten Personen nicht von Kraftfahrzeugen angefahren, sondern als Insassen verletzt. Im Jahre 1965 befanden sich 8280 der insgesamt 15 712 Verkehrstoten in Kraftfahrzeugen[210]. Die zunehmende Verbreitung der Insassen-Unfallversicherung[211], deren Aufgaben von der geplanten Verkehrsversicherung mit umfaßt würden, beweist das große Interesse der Kraftfahrer an einem umfassenden Schutz der Insassen. Der Fahrzeugführer fühlt sich besonders gegenüber mitfahrenden Freunden und Bekannten auch ohne rechtliche Verpflichtung bei einem Schadenseintritt moralisch verantwortlich. In der Schweiz hat man bereits die Notwendigkeit eines besseren Versicherungsschutzes bei Unfällen von Motorradfahrern anerkannt und jeden Halter eines Motorrades verpflichtet, neben der Haftpflicht- auch eine Unfallversicherung abzuschließen[212].

aa) Nach dem Haftpflichtversicherungsvertrag besitzen *Angehörige* des Versicherungsnehmers keine Ansprüche auf Leistungen der Haftpflichtversicherung. Dieser Ausschluß wird mit der besonderen Kollusionsgefahr begründet, die für den Versicherer ein übermäßiges Risiko darstelle[213]. Es sei zu befürchten, daß die Angehörigen Haftpflichtansprüche stellen könnten, auf deren Durchsetzung sie verzichteten, wenn der Haftpflichtige nicht versichert wäre[214]. Diese Argumentation vermag

---

207 § 11 Nr. 4 AKB.

208 Vgl. § 8a StVG.

209 Aus der umfangreichen Rechtsprechung und Diskussion vgl. BGH v. 14. 3. 1961, BGHZ 34, 355; *Stoll*, Das Handeln auf eigene Gefahr, durchgehend; *Hauss*, Festschrift, S. 345; *v. Hippel*, Festschrift, S. 233.

210 Motorisierte Zweiradfahrzeuge sind mitgerechnet; zu den Zahlenangaben *Muth*, ZfV 1966, 434.

211 s. o. 2. Hauptteil C.II.1.a)bb)ε).

212 Vgl. Art. 58 der Verordnung über Haftpflicht und Versicherungen im Straßenverkehr v. 20. 11. 1959 AS Nr. 46, S. 1271 ff.

213 Vgl. LG Würzburg v. 5. 11. 1963, VersR 1964, 583; OLG Hamburg v. 19. 11. 1963, VersR 1964, 1095.

214 Haftpflichtansprüche der Angehörigen gegeneinander sind kraft Gesetzes nicht ausgeschlossen. Ob allerdings der Haftungsmaßstab nach § 1359 bzw. § 1664 BGB zu mildern ist, kann zweifelhaft sein, vgl. dazu *Hauss*, Festschrift, S. 357 f.

allerdings wenig zu überzeugen. Falls nämlich der Sozialversicherungs- oder Versorgungsträger — wie im Regelfall — unfallbedingte Krankheitskosten übernimmt, gehen Haftpflichtansprüche der Angehörigen auf ihn kraft Gesetzes über. Trotz der fehlenden Kollusionsgefahr besteht für den Versicherungsnehmer kein Haftpflichtversicherungsschutz. Um dieses allgemein als unbillig empfundene Ergebnis zu vermeiden, hat die Rechtsprechung neuerdings die Rückgriffsrechte der öffentlichen Versicherungs- und Versorgungsträger unter Berufung auf den dem § 67 Abs. 2 VVG zugrundeliegenden Rechtsgedanken eingeschränkt[215].

Im Rahmen der Reformpläne kann auf die Angehörigenklausel vollständig verzichtet werden, da die Gefahr fingierter Forderungen wegen der geplanten Haftungsersetzung gegenstandslos ist.

bb) Auch *andere*, gefälligkeitshalber mitgenommene *Fahrgäste* erhalten nach dem neuen System vollen Versicherungsschutz. Der viel diskutierte und bis heute nicht abschließend geklärte Problemkreis der Gefälligkeitsfahrt[216] verliert mithin sein Eigengewicht. Im geltenden Recht ist nicht ausdrücklich entschieden[217], ob sich ein vollständiger oder partieller Haftungsausschluß für den Halter daraus herleiten läßt, daß der Fahrgast unentgeltlich befördert worden ist und sich freiwillig dem Risiko einer Autofahrt ausgesetzt hat[218]. Entgegen der früheren Gerichtspraxis[219], die unter dem Gesichtspunkt des Handelns auf eigene Gefahr oder eines stillschweigenden Verzichts[220] eine Haftung des gefälligen Fahrers vielfach ausschloß, beweist die gegenwärtige Rechtsprechung[221] gegenüber Haftungserleichterungen „äußerste Zurückhaltung“[222]. Im allgemeinen muß der Gefälligkeitsgast gemäß § 254 BGB nur dann eine Anspruchskürzung hinnehmen, wenn er sich trotz Kenntnis oder Erkennbarkeit bestimmter gefahrerhöhender Umstände (z. B. Fahruntüchtigkeit des Fahrers) einer besonderen Gefährdung ausgesetzt hat[223]. Diese haftungsfreudige Einstellung der Rechtsprechung ist ersichtlich von der

[215] BGH v. 11. 2. 1964, BGHZ 41, 79; BGH v. 8. 1. 1965, BGHZ 43, 72; BGH v. 9. 1. 1968, VersR 1968, 248; vgl. auch *Hauss*, Festschrift, S. 360 f.

[216] Vgl. *Larenz* II, § 71 IV, S. 495; *Hauss*, Festschrift, S. 345; *v. Hippel*, Festschrift, S. 234.

[217] § 8a StVG schließt nur die Anwendung von § 7 StVG aus.

[218] Vgl. *Hauss*, Festschrift, S. 345; *v. Hippel*, Festschrift, S. 233 Fußn. 3.

[219] RG v. 19. 6. 1943, RGZ 141, 262.

[220] Im ersten Fall ist die Rechtswidrigkeit der Verletzungshandlung ausgeschlossen, im zweiten ist die Haftungsfolge abbedungen; dazu näher *Hauss*, Festschrift, S. 347.

[221] Grundlegend ist die Entscheidung des BGH v. 14. 3. 1961, NJW 1961, 655, in der er sich mit der früheren Rechtsprechung und der Literatur auseinandersetzt.

[222] Vgl. *Hauss*, Festschrift, S. 351.

[223] Vgl. BGH v. 5. 3. 1963, BGHZ 39, 156.

Erkenntnis geleitet, daß eine uneingeschränkte Schadenshaftung den Fahrer nicht unerträglich belastet, weil er durch die obligatorische Haftpflichtversicherung finanziell geschützt wird[224]. Im Falle versicherungsmäßiger Deckung erscheint die volle Inanspruchnahme des gefälligen Fahrers keineswegs treuwidrig[225], sondern wird häufig auch in dessen wohlverstandenem Interesse[226] liegen.

Die vollständige Integrierung des Fahrgastes in den Versicherungsschutz ist wegen der Haftungsentlastung des Fahrers nicht nur unbedenklich, sondern der konsequente Abschluß einer Entwicklung, die zunehmend auf eine Gleichstellung aller Verkehrsgeschädigten hinausläuft[227]. Sie wurde im Jahre 1957 eingeleitet, als die strenge Unterscheidung zwischen den geschädigten Insassen und anderen Verkehrsteilnehmern für den Fall entgeltlicher, geschäftsmäßiger Personenbeförderung aufgegeben wurde[228]. Es ist bereits zweifelhaft, ob der Fahrgast allgemein ein Sonderrisiko eingeht, da die Zahl der verunglückten Insassen und Fußgänger annähernd übereinstimmt[229]. Ferner rechtfertigt der Gedanke der „acceptation des risques" keine Unterscheidung zwischen entgeltlicher und unentgeltlicher Beförderung, da der Geschädigte in beiden Fällen das Risiko freiwillig auf sich nimmt. Dementsprechend behandelt das schweizerische Haftpflichtrecht die Gefälligkeitsfahrt als „normalen Vorgang des heutigen Straßenverkehrs"[230] und unterstellt sie den Regeln der Sachhalterhaftung. Erkennbar wird das Moment der Unentgeltlichkeit gegenüber dem der Gefährdung zurückgestellt.

Eine unangemessene finanzielle Mehrbelastung der Kraftfahrzeughalter ist von einer Reform nicht zu erwarten: einerseits wird das Risiko durch die Versicherungsdeckung mediatisiert, andererseits nimmt die Praxis schon heute regelmäßig ein Verschulden des Fahrers an[231], um den Insassen den Versicherungsschutz nicht vorzuenthalten[232].

cc) Abweichend vom geltenden System, das nur den Ausgleich von Fremdschäden bezweckt, soll die geplante Kraftverkehrsversicherung den Halter und Fahrer des Fahrzeugs auch gegen *eigene Unfallschäden*

---

[224] Dazu besonders BGH v. 5. 3. 1963, BGHZ 39, 156 (161); *Hauss*, Festschrift, S. 352 f.; *v. Hippel*, Festschrift, S. 238 u. 240 ff.

[225] Vgl. BGH v. 5. 3. 1963, BGHZ 39, 156.

[226] Vgl. *Hauss*, Festschrift, S. 353, der zu Recht darauf hinweist, daß der Versicherungsnehmer gern den Verlust seines Schadensfreiheitsrabatts hinnähme, wenn dafür der geschädigte Fahrgast eine Unfallvergütung erhielte.

[227] Vgl. *Münzel*, NJW 1964, 806; *Hauss*, Festschrift, S. 345 f.

[228] § 8a StVG wurde durch Gesetz v. 16. 7. 1957 eingefügt.

[229] Vgl. *Muth*, ZfV 1966, 434.

[230] Vgl. *Oftinger* II/2, S. 639.

[231] Vgl. *v. Hippel*, Festschrift, S. 240; *Tunc*, D. 1965, 169.

[232] Vgl. *Hauss*, Festschrift, S. 351; *v. Hippel*, Festschrift, S. 240 m. w. N.

sichern. Sie dient also gleichermaßen fremden wie eigenen Interessen. Bei der notwendigerweise obligatorischen Einführung dieser Versicherung „für fremde und eigene Rechnung“ würde zweifellos ein Zwang zur eigenen Vorsorge ausgeübt, während es heute dem einzelnen überlassen bleibt, ob er sich — z. B. durch Abschluß einer Insassen-Unfallversicherung — gegen das Risiko eigener Unfallschäden schützen will. Den von einigen Kritikern[233] geäußerten Bedenken gegen eine Pflichtvorsorge kann jedoch in einer Rechtsordnung, die mehr als 80 % ihrer Bürger im Rahmen einer ständig expandierenden Sozialversicherung[234] zur Eigenvorsorge verpflichtet, kein überragendes Gewicht beigemessen werden. Es ist keineswegs Sinn der Reform, dem Staatsbürger durch ein allumfassendes Netz von Versorgungsleistungen jedes Lebensrisiko abzunehmen, sondern ihn vor den finanziellen Auswirkungen von Verkehrsunfällen zu schützen. Die Vorsorge erstreckt sich auf einen Lebensbereich, dem typischerweise ein ungewöhnlich großes Gefahrenpotential innewohnt. Ebenso gewichtige Gründe, die den Gesetzgeber zur Einführung der obligatorischen Haftpflichtversicherung veranlaßten, sprechen für die Einbeziehung der verunglückten Kraftfahrer in den Versicherungsschutz[235]:

Die Kfz-Haftpflichtversicherung dient dem doppelten Zweck, den Kraftfahrer vor eigenen wirtschaftlichen Einbußen infolge einer Inanspruchnahme seitens Dritter zu bewahren und dem Verletzten die Durchsetzung seiner begründeten Ersatzansprüche auch bei mangelnder Solvenz des Schuldners zu ermöglichen. Der Schutz der Verkehrsopfer wird heute auch in der Haftpflichtversicherung als primäre Aufgabe anerkannt[236]. Dieser Schutz muß bei einer Reform jedoch ebenfalls dem Kraftfahrer selbst gewährt werden; denn die Gefahr, bei einem Unfall Dritte zu schädigen, ist nicht größer als diejenige, selbst einen Schaden zu erleiden. Ebensowenig wie bei Drittschäden kann es allein dem Ermessen des Kraftfahrers überlassen bleiben, Versicherungsschutz zu nehmen. Die Interessen der Angehörigen und der Allgemeinheit gebieten gerade bei Verkehrsunfällen, die einen langen Krankenhausaufenthalt oder den Tod des Ernährers zur Folge haben können, eine sichere und ausreichende Vorsorge[237].

---

[233] Vgl. *Drouillat*, Droit Social 1967, 94; zweifelnd bereits der Columbia Report, S. 140.

[234] Erst am 8. 12. 1967 beschloß der Bundestag, die Pflichtversicherungsgrenze für Angestellte bei der gesetzlichen Rentenversicherung aufzuheben. Seit längerem wird auch erwogen, Selbständige in die Rentenversicherung einzubeziehen, vgl. Bericht, Die Welt Nr. 287 v. 9. 12. 1967, S. 1.

[235] Vgl. *Dalcq*, J.T. 1965, 503; *Tunc*, S. 49 f.

[236] s. o. 2. Hauptteil B.IV.

[237] Vgl. *Tunc*, S. 49; *v. Hippel*, NJW 1967, 1735.

Die Versicherungsleistungen sollten deshalb in Übereinstimmung mit den oben entwickelten Grundsätzen[238] ohne Berücksichtigung eines eigenen Verschuldens erbracht werden. Falls der Fahrer allerdings den Unfall grob fahrlässig herbeigeführt hat, sollten seine Ansprüche gegen die Versicherung angemessen gekürzt werden.

2. Umfang der Leistungen

Die Festlegung der Versicherungsleistungen, die bei Eintritt des Versicherungsfalls zu erbringen sind, gehört zu den wichtigsten und zugleich schwierigsten Problemen bei einem Systemwechsel[239]. Seine Lösung wird primär von finanziellen Gesichtspunkten bestimmt. Der Umfang der Versicherungsleistungen spiegelt sich in der Höhe der Versicherungsprämien wider. Da noch keine fundierten versicherungsmathematischen Untersuchungen vorliegen, lassen sich nur schwer Aussagen über die Versicherungskosten treffen. Sicher wäre der Ausgleich aller unfallbedingten Personen- und Sachschäden, die gegenwärtig nur im Falle eines begründeten Haftpflichtanspruchs ersetzt werden, mit unvertretbaren Prämienerhöhungen verbunden[240]; denn auch die Einsparung unproduktiver Verwaltungskosten, für die ein engerer Spielraum als in Frankreich oder in den USA zur Verfügung steht[241], würde kein entscheidendes Gegengewicht zu den Erweiterungen im Leistungssektor bilden. Eine Begrenzung der Versicherungsleistungen ist deshalb unumgänglich.

a) *Wichtigstes Ziel* der Reformpläne ist ein besserer Schutz der Geschädigten bei Unfällen, die zur Verletzung oder Tötung eines Menschen geführt haben. Demgegenüber wird dem Ausgleich von Sachschäden nur eine sekundäre Bedeutung beigemessen. Wenngleich diese Rangordnung anerkannt ist, weisen die Reformprojekte besonders im Leistungsbereich erhebliche Strukturunterschiede auf.

aa) Für den Ausgleich unfallbedingter Vermögensschäden stehen *zwei Grundtypen* zur Auswahl, die *Summen- und die Schadensversicherung*. Während die Summenversicherung nach dem Prinzip der abstrakten Schadensdeckung an typisierte Bedarfslagen anknüpft und mit dem Eintritt des Versicherungsfalls von vornherein feststehende Pauschalleistungen gewährt, soll die Schadensversicherung den konkreten Vermögensverlust des Betroffenen ausgleichen[242].

α) Da die Personenversicherung — besonders die private und soziale Unfallversicherung — in vielen Rechtsordnungen als Summenversiche-

---

[238] s. o. 2. Hauptteil C.II.1.a)cc)α).
[239] Vgl. *Tunc*, S. 46 Fußn. 118; *Hannak*, VersRundschau 1960, 148.
[240] Vgl. *Bosonnet*, S. 83 und 79; *Gentile*, Droit Social 1967, 130.
[241] s. o. 2. Hauptteil C.II.1.a)bb)ζ).
[242] s. o. 2. Hauptteil C.II.1.a)bb)ε).

rung vorkommt[243], liegt es nahe, diese Methode der Leistungsbemessung auf die Kraftverkehrsversicherung zu übertragen. Es überrascht deshalb nicht, daß der Columbia-Plan[244], das Saskatchewan Modell[245], die Vorschläge von Marx[246], Ehrenzweig[247], Hannak[248] und der Ontario Plan[249] diese Konzeption übernommen haben. Wie in der privaten und sozialen Unfallversicherung sind in der Regel folgende Leistungen vorgesehen: bei tödlichen Unfällen wird den Angehörigen eine Rente oder Abfindung gezahlt; bei vorübergehendem oder dauerndem Unfallschaden erhält der Verletzte eine Invaliditätsrente, die sich nach festen Tabellen berechnet; für entgangenen Arbeitsverdienst wird eine Pauschalvergütung gezahlt; schließlich werden die Arzt-, Arzneimittel- und Krankenhauskosten ersetzt[250].

Die Vorteile eines Systems mit pauschalen Versicherungsleistungen liegen auf der Hand[251]. Es kann auf eine komplizierte und kostspielige Feststellung der Schadenshöhe weitgehend verzichtet werden. Demzufolge kann die Schadensregulierung innerhalb kurzer Zeit abgeschlossen sein[252]. Neben dieser Rationalisierung des Verfahrens wird die Rechtssicherheit gefördert, da jeder Verletzte mit festen Entschädigungsbeträgen rechnen kann.

β) Diese Vorteile werden jedoch durch Nachteile aufgewogen, so daß m. E. an der herkömmlichen Schadensberechnung festgehalten werden sollte[253].

αα) Ein System mit Pauschalleistungen läßt sich nicht ohne eine gewisse Schematisierung durchführen. Zwar könnten die Schadenstabellen verfeinert werden, indem abgestufte Invaliditätsgrade eingeführt und die unterschiedliche soziale Stellung der Betroffenen berücksichtigt würden[254]. Die individuellen Bedürfnisse jedes einzelnen lassen sich jedoch

---

[243] Vgl. *Marschall v. Bieberstein*, S. 151 f.; *Oftinger* I, S. 340; *Picard-Besson*, S. 452 ff.

[244] s. o. 1. Hauptteil A.II.3.b).

[245] s. o. 1. Hauptteil A.II.4.a).

[246] s. o. 1. Hauptteil A.II.2.b).

[247] s. o. 1. Hauptteil A.II.5.b).

[248] s. o. 1. Hauptteil C.II.6.b).

[249] s. o. 1. Hauptteil A.II.8.b).

[250] Abweichend insoweit das Saskatchewan Modell, s. o. 1. Hauptteil A.II.4.a).

[251] Vgl. dazu *Bosonnet*, S. 83; *Waleffe*, J.T. 1966, 417; *Hofstadter*, 328 Annals of the American Academy of Political and Social Science 53 (1960). Bereits im germanischen Recht wurden die Bußen bei Körperverletzungen nach genau festgelegten Tabellen berechnet. In Schweden wurden diese erst mit Einführung des Strafgesetzbuches von 1864 beseitigt, vgl. *Strahl*, 3 Scand. Studies in Law 201 (1959).

[252] s. o. 1. Hauptteil A.II.4.d).

[253] So bereits *Tunc*, S. 46 und Droit Social 1967, 87; *Bosonnet*, S. 81 ff.

[254] Vgl. die detaillierte Regelung in Saskatchewan, s. o. 1. Hauptteil A.II.4.a).

nicht von vornherein katalogisieren[255]. Im Unterschied zur gesetzlichen Unfallversicherung, die sich den überschaubaren Bedürfnissen bestimmter Personenkreise mit festem Gehalt oder Lohn anpassen kann, muß die geplante Kraftverkehrsversicherung den Bedürfnissen der Gesamtbevölkerung gerecht werden. Den Hilfsarbeiter wie den Generaldirektor bei einer Arbeitsunfähigkeit nach denselben Taxen zu entschädigen, erscheint ebenso unangemessen wie bei der Bemessung einer Unfallrente nicht den unterschiedlichen Konsequenzen Rechnung zu tragen, die der Verlust der körperlichen Integrität haben kann[256]. Je stärker ein Pauschalsystem jedoch diese Unterschiede berücksichtigen würde, desto komplizierter würde seine praktische Handhabung.

ββ) Das Tarifsystem vermag in der vorgeschlagenen Form ferner deshalb nicht zu befriedigen, weil sich die Leistungen an den Maßstäben unterer Einkommensklassen orientieren[257]. Untragbare soziale Härtefälle werden bereits im Rahmen der Sozialversicherung und der Sozialhilfe erfaßt. Deutschland verfügt insofern über eines der besten Schutzsysteme der Welt[258]. Eine moderne Versicherung muß über die Sicherung der elementaren Lebensbedürfnisse hinaus jedoch gewährleisten, daß ein Verkehrsunfall den einmal erreichten Lebensstandard nicht ernstlich gefährden kann.

γγ) Bei einem Pauschalsystem muß schließlich das Problem gelöst werden, ob und gegebenenfalls wie ein nichtversicherter Schaden ersetzt wird. Fast alle Pläne[259] auf der Grundlage der Summenversicherung räumen dem Verletzten die Möglichkeit ein, seinen Restschaden bei einem Verschulden des Schädigers nach Deliktsrecht einzuklagen. Ein solches doppelspuriges Ersatzsystem empfiehlt sich aber bei Personenschäden nicht, da die Betroffenen von dieser Möglichkeit voraussichtlich regen Gebrauch machen würden[260]; denn bei Verkehrsunfällen mit Dauerfolgen (z. B. Teilinvalidität) oder bei einem vorübergehenden Verdienstausfall eines leitenden Angestellten würden die Pauschalleistungen häufig nicht zur Schadensdeckung ausreichen. Auch die Erfahrungen, die man im geltenden doppelgleisigen Haftungssystem mit Schmerzensgeldansprüchen gesammelt hat[261], lassen befürchten, daß in Zukunft um den Ausgleich der ungedeckten Schäden vielfache Auseinandersetzungen statt-

---

[255] Vgl. *Tunc*, S. 46; *Bosonnet*, S. 82 f.; *Green*, S. 99.

[256] Vgl. *Tunc*, S. 46; *Green*, S. 98 f.; *Keeton & O'Connell*, S. 138. Eine Unterschenkelamputation hat für einen Berufsfußballer andere finanzielle Auswirkungen als für einen pensionierten Beamten.

[257] So ausdrücklich *Ehrenzweig*, S. 36.

[258] Vgl. *Fochler-Hauke*, Der Fischer Weltalmanach 1967, S. 234 f.

[259] Ausgenommen sind der Columbia Plan (s. o. 1. Hauptteil A.II.3.c) und der Vorschlag von *Hannak* (s. o. 1. Hauptteil C.II.6.b).

[260] Vgl. *Bosonnet*, S. 86.

[261] Vgl. Entwurf 1967 II, S. 158.

finden würden. Die in tatsächlicher und rechtlicher Beziehung problematische Schuldfrage würde unter Beibehaltung eines doppelgleisigen Ersatzsystems sogar stärkere Bedeutung gewinnen, da die Divergenz zwischen eingetretenem Schaden und Versicherungsleistungen im Vergleich zum geltenden Recht zunimmt. Die von einer Reform zu erwartenden praktischen Vorteile, insbesondere Zeit- und Kosteneinsparungen würden sich gleichzeitig verringern. Da aus Unfällen mit Personenschäden häufig hohe Ersatzforderungen erwachsen, würde — wie das Beispiel Saskatchewans[262] zeigt — die Einführung einer zusätzlichen obligatorischen Haftpflichtversicherung unumgänglich. Bei Fortsetzung ihrer bisherigen Praxis wären die Gerichte alsdann geneigt, auch in zweifelhaften Fällen einen Sorgfaltsverstoß auf Seiten des versicherten Schädigers anzunehmen, da dieser den Schaden nicht aus eigener Tasche zu bezahlen hat[263]. Auf dem Umweg über das Haftpflichtrecht würde deshalb häufig das gleiche Ergebnis erzielt, das sich bei sofortiger umfassender Versicherungsdeckung rationeller erreichen ließe.

δδ) In Übereinstimmung mit den Vorschlägen von Green[264], Keeton und O'Connell[265], Tunc[266] und von Hippel[267] sollte die geplante Unfallversicherung daher als Schadensversicherung ausgestaltet werden. Dem Opfer eines Verkehrsunfalls sind also grundsätzlich alle Vermögensschäden zu ersetzen, wenn es bei dem Betrieb eines Kraftfahrzeugs einen Personenschaden erlitten hat.

Aus versicherungstechnischen Gründen könnten für Verdienstausfall und die Hinterbliebenenrente bestimmte, hoch anzusetzende Maximalbeträge festgelegt werden[268]. Damit ließen sich im Interesse der Prämienzahler Leistungsspitzen abtragen, die bei der Entschädigung von Personen mit besonders hohem Einkommen auftreten können.

Da gerade bei ernsteren Verletzungen die genaue Feststellung der Schadensfolgen längere Zeit in Anspruch nimmt, ist zu erwägen, ob nicht der Versicherer, dessen Leistungspflicht ohnehin dem Grunde nach feststeht, zu Vorschußzahlungen verpflichtet werden sollte. Damit ließe sich eine ähnlich rasche Schadensregulierung wie im Rahmen der Summenversicherung erreichen.

bb) Der Verletzte wird durch einen Unfall nicht nur finanziell betroffen, sondern auch in seiner körperlichen und seelischen Sphäre. Es

---

[262] s. o. 1. Hauptteil A.II.4.c).

[263] Vgl. *Bosonnet*, S. 86.

[264] s. o. 1. Hauptteil A.II.6.b).

[265] s. o. 1. Hauptteil A.II.9.b).

[266] s. o. 1. Hauptteil B.II.2.b).

[267] s. o. 1. Hauptteil C.II.6.c)bb).

[268] Vgl. *Tunc*, S. 44; *Keeton & O'Connell*, S. 283; *Bosonnet*, S. 83 ff.; *v. Hippel*, NJW 1967, 1733.

unterliegt erheblichen Zweifeln, ob ein haftungsersetzendes Versicherungssystem auch den Schutz dieser *Immaterialgütersphäre* übernehmen soll.

Nach den meisten Reformvorschlägen[269] sollen nur bei Vermögensschäden Versicherungsleistungen erbracht werden. Das Verkehrsopfer und die Allgemeinheit seien in erster Linie an dem Ausgleich materieller Schäden interessiert. Für die Gewährung eines Schmerzensgeldes, das im Einzelfall schwer zu bemessen und insgesamt mit einer erheblichen finanziellen Belastung der Versicherer verbunden sei[270], bestehe dagegen kein Bedürfnis.

Anhaltspunkte für eine interessengerechte Lösung lassen sich dem geltenden Schadensersatzrecht entnehmen. Gemäß § 847 BGB wird nur bei schuldhafter Schädigung ein Anspruch auf Ausgleich des Nichtvermögensschadens anerkannt. Die sonderrechtlichen Gefährdungstatbestände schließen dagegen Schmerzensgeldansprüche aus. Auch in der sozialen Unfallversicherung, dem Prototyp der „Ersatzrechts-Versicherung“[271], werden nur Vermögensschäden ersetzt. Das Gesetz sieht also das Verschuldensmoment als haftungskonstituierend an. Die Bedeutung des Schuldmoments, das auch die Höhe des Anspruchs beeinflußt[272], erklärt sich aus der doppelten Funktion des Schmerzensgeldes. Es soll dem Verletzten einen angemessenen Ausgleich für die erlittene Lebensbeeinträchtigung und eine Genugtuung für das zugefügte Unrecht verschaffen[273]. Beim Übergang zu einer objektiven, auf dem Gefährdungsprinzip beruhenden Einstandspflicht entfällt der Genugtuungsgedanke als einer der beiden Gründe, auf die sich eine Durchbrechung des in § 253 BGB niedergelegten Grundsatzes stützt.

Der völlige Ausschluß von Schmerzensgeldansprüchen erscheint jedoch, wie auch der Referentenentwurf zur Reform des Haftpflichtrechts erkennen läßt[274], nicht sachgerecht. Es kann nicht bestritten werden, daß sich die Vorstellungen vom Wert der Gesundheit und der körperlichen

---

[269] So *Marx* (s. o. 1. Hauptteil A.II.2.b)), der Columbia Plan (s. o. 1. Hauptteil A.II.3.b)), das Saskatchewan Modell (s. o. 1. Hauptteil A.II.4.a)), *Ehrenzweig* (s. o. 1. Hauptteil A.II.5.b)), *Green* (s. o. 1. Hauptteil A.II.6.b)), *Morris & Paul* (s. o. 1. Hauptteil A.II.7.b)), der Ontario Plan (s. o. 1. Hauptteil A.II.8.b)) sowie *Keeton & O'Connell* (s. o. 1. Hauptteil A.II.9.b)). *Tunc* (s. o. 1. Hauptteil B.II.2.b)) und *v. Hippel* (s. o. 1. Hauptteil C.II.6.c)bb)) geben in Ausnahmefällen einen Anspruch auf Ersatz des immateriellen Schadens. Nach *Yadin*, 13 A.J.Comp.L. 288 Fußn. 35 (1964) ist kein Grund für den Ausschluß von Schmerzensgeld ersichtlich.

[270] Vgl. *Tunc*, S. 46.

[271] Vgl. den Titel von *Albert A. Ehrenzweig*.

[272] Vgl. *Lieberwirth*, S. 15.

[273] Vgl. BGH (GZS) v. 6. 7. 1955, BGHZ 18, 149.

[274] Der Schmerzensgeldanspruch soll de lege ferenda auf sonderrechtliche Gefährdungstatbestände ausgedehnt werden, vgl. Entwurf 1967 II, S. 219.

Integrität unter dem Eindruck steigender Unfallziffern gewandelt haben[275]. Der Schmerzensgeldanspruch hat demgemäß eine wachsende Bedeutung erlangt. Auch finanzielle Erwägungen spielen bei weitem nicht die gleiche Rolle wie im anglo-amerikanischen und französischen Rechtskreis, da die deutschen Gerichte bei der Gewährung von Schmerzensgeld wesentlich zurückhaltender sind. Das bislang höchste Schmerzensgeld in Höhe von 80 000 DM sprach das OLG Köln[276] einem 22jährigen Mann zu, der infolge eines Unfalls eine dauernde Querschnittslähmung, eine Schädelfraktur und Knochenbrüche erlitten hatte. In den USA sind dagegen Schmerzensgelder von $ 1 Mill. keine Seltenheit. Auch in Frankreich werden höhere Schmerzensgelder gezahlt[277]. Andererseits darf aber nicht übersehen werden, daß die Ausgaben der Versicherer für Schmerzensgeld auch in Deutschland ansteigen. Während 1966 etwa 130 Mill. DM aufgewendet wurden, rechnet man 1967 bereits mit 150 Mill. DM. Das entspricht etwa 7 % der gesamten Versicherungsleistungen[278]. Aus finanziellen Erwägungen sollte deshalb zunächst für eine Probezeit ein Kompromiß eingegangen werden, der in ähnlicher Form bei der Haftung des Entschädigungsfonds Anerkennung gefunden hat. Entsprechend § 12 PflichtVersG sollten die Versicherer zur Zahlung eines Schmerzensgeldes verpflichtet werden, „*wenn und soweit die Leistung einer Entschädigung wegen der besonderen Schwere der Verletzung zur Vermeidung einer groben Unbilligkeit erforderlich ist*". Der Vorteil einer solchen Lösung liegt darin, daß das schwer betroffene Unfallopfer in Härtefällen ein Schmerzensgeld erhält, gleichzeitig jedoch wegen der strengen Anspruchsvoraussetzungen eine starke finanzielle Mehrbelastung der Versicherer vermieden wird. Damit ist eine flexible Formel gefunden, die sich von der starren Regelung[279] im Bereich der sozialen Unfallversicherung abhebt, ohne den Unterschied zur Unrechtshaftung nach dem BGB zu verwischen. Falls sich in der Praxis allerdings wegen des den Versicherern eingeräumten Ermessensspielraums eine übermäßige Rechtsunsicherheit einhergehend mit einer erheblichen Prozeßflut verbreiten sollte[280], müßte die Einführung einer Schmerzensgeldtabelle erwogen werden[281].

b) Die Reformpläne behandeln die finanzielle Sicherung der unfallverletzten Personen und ihrer Angehörigen als primäre soziale Aufgabe, der gegenüber der *Ausgleich zerstörter oder beschädigter Sachwerte* wegen

[275] Vgl. *Lieberwirth*, S. 15.

[276] OLG Köln v. 9. 3. 1967, NJW 1967, 1968; vgl. auch Bericht Welt am Sonntag Nr. 47 v. 19. 11. 1967, S. 23.

[277] Vgl. *Giese*, S. 46.

[278] Vgl. *Sanden*, VersR 1967, 417.

[279] Vgl. kritisch *Lieberwirth*, S. 108 ff.

[280] Ohne Einführung einer Schmerzensgeldtabelle lassen sich allerdings Ermessensentscheidungen nie ganz vermeiden.

[281] Vgl. *Tunc*, S. 47.

der weniger weitreichenden Folgen eine untergeordnete Rolle spielt[282]. Eine Reform, die sich — in Übereinstimmung mit den meisten Plänen[283] — auf den Ausgleich von Personenschäden beschränken würde, wäre unbefriedigend; denn etwa 3/4 aller Unfälle verursachen reinen Sachschaden. Zudem wird die Verletzung eines Menschen regelmäßig nicht ohne eine Beschädigung oder Zerstörung des benutzten Kraftfahrzeugs eintreten. Beläßt man es in bezug auf Sachschäden bei dem geltenden Verteilungsmodus, so müßte fast bei jedem Unfall auch die Haftpflichtfrage geklärt werden.

Die Regelung der gesetzlichen Unfallversicherung kann insoweit nicht auf den Bereich des Straßenverkehrs übertragen werden. Bei Arbeitsunfällen entstehen dem Arbeitnehmer meistens nur kleinere Sachschäden (z. B. durch Zerstörung der Berufskleidung), während die Beschädigung von Kraftfahrzeugen vielfach erhebliche Vermögensverluste zur Folge hat. Im übrigen wird neuerdings erörtert, ob dem Arbeitnehmer auch Sachschäden bei fehlendem Fremdverschulden von dem Arbeitgeber zu ersetzen sind[284].

aa) Für Verkehrsunfälle sollte, nicht zuletzt um auch die praktischen Vorteile eines Systemwechsels zu wahren, eine einheitliche Konzeption für Personen- und Sachschäden geschaffen werden. Die Unfallversicherung sollte deshalb durch *eine Sachversicherung* ergänzt werden[285], deren Leistungspflicht ebenfalls unabhängig von der Haftungslage ist. Der Versicherer hätte also dem Geschädigten Schadensersatz zu leisten, wenn durch den Betrieb eines Kraftfahrzeugs eine Sache beschädigt oder zerstört worden ist. Bei grob fahrlässiger Sachbeschädigung wäre der Versicherer nach den oben entwickelten Grundsätzen[286] zur Anspruchskürzung bzw. zum Rückgriff gegen den Schädiger berechtigt.

Die folgenden Erörterungen beschränken sich auf den weitaus wichtigsten Schadensfall, die Zerstörung oder Beschädigung eines Kraftfahrzeugs[287]. Die Regulierung dieser Schäden beweist in besonderem Maße die Reformbedürftigkeit des herkömmlichen Haftpflichtsystems. Jeder

---

[282] Vgl. *Tunc*, S. 56; ferner *Marx*, 42 A.B.A.J. 481 (1956).

[283] Dazu zählen der Columbia Plan (s. o. 1. Hauptteil A.II.3.c)) und die Pläne von *Ehrenzweig* (s. o. 1. Hauptteil A.II.5.b)), *Morris & Paul* (s. o. 1. Hauptteil A.II.7.b)), des Ontario Komitees (s. o. 1. Hauptteil A.II.8.b) und c)), und von *Keeton & O'Connell* (s. o. 1. Hauptteil A.II.9.b)); unentschieden *Marx* (s. o. 1. Hauptteil A.II.2.b)).

[284] Vgl. *Larenz* II, § 48 II, S. 216.

[285] Übereinstimmend der Saskatchewan Plan (s. o. 1. Hauptteil A.II.4.b)), *Green* (s. o. 1. Hauptteil A.II.6.a) und b)), *Tunc* (s. o. 1. Hauptteil B.II.2.c)) und *v. Hippel* (s. o. 1. Hauptteil C.II.6.c)cc).

[286] s. o. 2. Hauptteil C.II.1.a)cc)α) und β).

[287] Es spricht jedoch nichts dagegen, auch anderweitige Sachschäden (z. B. zerstörte Kleidungsstücke eines Fußgängers) in den Deckungsbereich der Sachversicherung einzubeziehen, vgl. *Tunc*, S. 56.

Schadensfall erfordert zwecks Klärung der Verantwortlichkeit eine umfassende Untersuchung des Unfallgeschehens. Ein umfangreicher Schriftwechsel zwischen Geschädigtem, Schädiger und den beteiligten Versicherern, Vernehmung von Unfallzeugen, Einholen von Sachverständigengutachten, Inanspruchnahme von Anwälten und Gerichten stehen mit ihrem Aufwand an Zeit und Kosten häufig in keinem angemessenen Verhältnis zur Bedeutung des Schadens. Kleinere und mittlere Sachschäden stellen — besonders in Großstädten[288] — den Hauptanteil der von den Versicherern regulierten Haftpflichtfälle. Diese Massenschäden nehmen infolge steigender Verkehrsdichte „außerordentlich stark“[289] zu. Sie waren ein wichtiger Grund für die ständigen Erhöhungen der Haftpflichtprämien. Die Umstellung auf eine — gleichsam automatisch leistungspflichtige — Kaskoversicherung[290] würde die Schadensregulierung wesentlich rationalisieren, da die Aufklärung der Unfallursachen und die Feststellung der Verantwortlichkeit regelmäßig auf sich beruhen können.

bb) Infolge des breiteren Deckungsumfangs einer Kaskoversicherung würde die vollständige Entschädigung aller Sachschäden allerdings Prämienzuschläge erfordern[291], da die höheren Versicherungsleistungen nur teilweise durch Einsparung unproduktiver Verwaltungskosten kompensiert werden könnten. Die Prämienzuschläge werden in Frankreich auf 24 % veranschlagt[292]. Eine solche Verteuerung ist zwar nicht unerheblich; es ist aber zu bedenken, daß sich in Deutschland die Prämien für die Haftpflichtversicherung ständig erhöht haben, ohne daß sich der Dekkungsumfang in gleicher Weise ausgeweitet hätte. So hatte der Kraftfahrer in der Tarifgruppe von 24 bis 34 PS bei einer Deckungssumme von DM 250 000 im Jahre 1957 DM 157 zu zahlen, im Jahre 1967 dagegen DM 305[293]. Um die Kraftfahrer nicht noch wesentlich stärker zu belasten, könnten jedoch bei Sachschäden *Ausnahmen* vom Grundsatz der vollständigen Schadensreparation zugelassen werden. Solche Beschränkungen sehen auch das Saskatchewan Modell[294] sowie die Pläne von Green[295], Tunc[296] und von Hippel[297] vor.

---

[288] 45 % aller Unfälle mit Sachschäden ereignen sich in Großstädten, vgl. Bericht, Der Junior 1967, 49.

[289] Vgl. Bericht VW 1967, 910. Die Versicherer haben lt. Bericht VW 1967, 549 ca. 2 Mrd. DM an die Reparaturwerkstätten gezahlt.

[290] Die Kaskoversicherung wurde in der Seeversicherung entwickelt. „Casko = cascajo“ (span.) bedeutet Schiffskörper oder Schiffsrumpf.

[291] *Ussing,* 1 A.J.Comp.L. 370 (1952), meint sogar, es sei finanziell unmöglich, eine alle Risiken umfassende Kaskoversicherung einzuführen.

[292] Vgl. *Brissac,* Droit Social 1967, 128.

[293] Vgl. Bericht, Der Spiegel Nr. 38 v. 11. 9. 1967, S. 50.

[294] s. o. 1. Hauptteil A.II.4.b).

[295] s. o. 1. Hauptteil A.II.6.b).

[296] s. o. 1. Hauptteil B.II.2.c).

[297] s. o. 1. Hauptteil C.II.6.c) cc).

α) Zunächst könnten die von der *Teilkaskoversicherung* gedeckten Risiken ausgeklammert werden. Dazu zählen Fahrzeugschäden infolge von Brand, Explosion, Entwendung, Sturm, Hagel, Blitzschlag, Überschwemmung und infolge eines Zusammenstoßes mit Haarwild[298]. Für eine zwangsweise Einbeziehung dieser Schäden in den Versicherungsschutz ist kein hinreichendes Bedürfnis zu erkennen. Es kann vielmehr der freien Entschließung des Sachherrn überlassen bleiben, sein Fahrzeug gegen solche Schäden zu versichern.

β) Gewichtige Gründe sprechen auch für die Einführung einer *Selbstbeteiligung.* Ein bestimmter Teil der unfallbedingten Sachschäden würde dann nicht zu Lasten des Versicherers gehen. Unter den verschiedenen Formen der Franchise sollte zweckmäßigerweise die der Abzugsfranchise[299] gewählt werden. Sie hat auch in den Allgemeinen Versicherungs-Bedingungen Anerkennung gefunden. Nach § 3 Abs. 2 (1) S. 2 AHB ist die Leistungspflicht des Versicherers auf den Ersatz desjenigen Teils des Schadens begrenzt, der den Betrag von 30 DM übersteigt. Die Versicherungsleistungen werden also von vornherein um einen bestimmten Betrag gekürzt. Auf diese Weise hat der Versicherer kleinere Schäden überhaupt nicht zu ersetzen, während Schäden, die über diese Mindestgrenze hinausgehen, bis auf den Freiteil erstattet werden. Die genaue Höhe der Selbstbeteiligung muß versicherungsmathematischen Untersuchungen vorbehalten bleiben. Eine Vorstellung von der ungefähren Größenordnung vermitteln die Angaben von Green[300] — $ 100 —, Tunc[301] — mindestens 150 F — und von Hippel[302] — etwa DM 200 —. Eine wesentlich höhere Selbstbeteiligung wie nach dem Saskatchewan Modell[303] — $ 200 — oder wie nach dem Entschädigungsfonds in Deutschland[304] — DM 1000 — empfiehlt sich nicht. Bei einer solchen Lösung müßte dem Geschädigten das Recht vorbehalten bleiben, seinen ungedeckten Schaden nach Haftpflichtrecht von dem Schädiger ersetzt zu verlangen. Da es sich um relativ hohe Schadensbeträge handeln kann, wäre die Beibehaltung einer obligatorischen Haftpflichtversicherung aus Solvenzgründen unumgänglich. Gegen ein weitgehend zweigleisiges Entschädigungssystem sprechen aber die bereits oben genannten Erwägungen[305].

Der Ausschluß der sog. *Bagatellschäden* würde die Versicherer von einer steigenden finanziellen Belastung befreien. Die Regulierung von

---

298 Vgl. § 12 Abs. 1 I AKB.

299 Vgl. *Manes,* Versicherungslexikon, Stichwort „Franchise", S. 586; *A. Ehrenzweig,* Versicherungsrecht, § 76 II B, S. 254.

300 s. o. 1. Hauptteil A.II.6.b).

301 s. o. 1. Hauptteil B.II.2.c).

302 s. o. 1. Hauptteil C.II.6.c)cc).

303 s. o. 1. Hauptteil A.II.4.b).

304 § 12 Abs. 2 S. 3 PflichtVersG.

305 s. o. 2. Hauptteil C.II.2.a)aa)β)γγ).

Bagatellschäden gewinnt mit wachsender Verkehrsdichte immer stärkere Bedeutung. Gerade bei Auffahrunfällen, die bereits 50 bis 60 % aller Haftpflichtschäden ausmachen[306], entsteht häufig nur leichter Sachschaden. Die Bearbeitung dieser Schadensfälle erfordert einen hohen Arbeits- und Kostenaufwand. In Frankreich erreichen die Regulierungskosten bei Schäden unter 500 F bald die Höhe der ausgezahlten Versicherungsleistungen[307]. Ferner erleiden die Versicherer besonders bei Bagatellschäden durch unrichtige Angaben über die tatsächliche Schadenshöhe erhebliche Verluste. Viele Versicherungsnehmer scheuen sich nicht, im Einvernehmen mit den Reparaturwerkstätten ihre Fahrzeuge gründlicher überholen zu lassen, als es auf Grund der Beschädigung gerechtfertigt ist[308]. Den Versicherern ist es bei der Vielzahl der Schadensfälle und aus Kostengründen nicht möglich, die angemeldeten Schäden in jedem Fall durch Sachverständige auf ihre Berechtigung überprüfen zu lassen.

Die Einrichtung von Schadensschnelldienststationen bietet nur eine begrenzte Lösung[309], zudem kein Kraftfahrer verpflichtet ist, diese vor Aufsuchen der Werkstatt in Anspruch zu nehmen.

Meist lohnen sich auch keine gerichtlichen Auseinandersetzungen. Abgesehen von dem ungewissen Ausgang eines Prozesses stehen die Gerichts- und Anwaltskosten vielfach in keinem vertretbaren Verhältnis zum Streitwert.

Um diesen Mißständen zu begegnen, muß das Interesse des Versicherungsnehmers an der Schadensverhütung und der Begrenzung der Schadenshöhe geweckt werden. Dieses Ziel läßt sich erreichen, wenn der Versicherungsnehmer durch Einführung einer Selbstbeteiligung die finanziellen Auswirkungen eines Unfalls stärker zu spüren bekommt. Dabei sollte die Selbstbeteiligung *progressiv* ausgestaltet werden, um auch einen Anreiz zur Begrenzung des geltend gemachten Schadens zu geben. Die oben genannten Beträge hätten demzufolge als Mindestbeteiligung zu gelten. Darüber hinaus hätte der Geschädigte grundsätzlich einen bestimmten Prozentsatz seines Schadens selbst zu tragen.

Eine solche Kostenbeteiligung bedeutet für den Betroffenen kein unzumutbares Opfer. Schon nach geltendem Recht muß er sich aus dem Gesichtspunkt der mitwirkenden Betriebsgefahr Abzüge von seinem dem

---

[306] Vgl. Bericht, Der Spiegel Nr. 38 v. 11. 9. 1967, S. 50; *Wimmer*, DAR 1967, 11.

[307] Vgl. *Tunc*, S. 57 f.

[308] Vgl. Bericht, Der Spiegel Nr. 38 v. 11. 9. 1967, S. 50; *Kemmer*, S. 14; Bericht, VW 1967, 549: „Jeder Kraftfahrer, der schon einmal mit einer zerknitterten Karosserie in den Werkstatthof gefahren ist, kennt wohl die Frage des Meisters: ‚Wer muß bezahlen, — Sie oder der andere?‘ “

[309] Vgl. *Kemmer*, S. 34.

Grunde nach berechtigten Ersatzanspruch gefallen lassen[310]. Dabei kommt es nach herrschender Auffassung[311] nicht darauf an, ob die Forderung auf allgemeines Deliktsrecht oder Sonderrecht gestützt wird. Wer mit seinem Fahrzeug am gefahrreichen Straßenverkehr teilnimmt, muß zudem bei verständiger Überlegung bereit sein, kleinere Fahrzeugschäden hinzunehmen, wenn er bei größeren Sacheinbußen und bei jeder körperlichen Schädigung mit sicherem Schadensersatz rechnen kann[312]. Eine Kostenbeteiligung entspricht schließlich dem Zweck einer Versicherung, deren Abschluß nicht in das freie Belieben des einzelnen gestellt wird. Eine Pflichtversicherung soll ihrer eigentlichen Funktion nach vor schwerer wiegenden Risiken, nicht dagegen vor kleineren Unannehmlichkeiten schützen[313]. Eine Selbstbeteiligung, die in der Transport-, speziell in der Seeversicherung seit Jahrhunderten bekannt ist[314], setzt sich zunehmend auch in der Kraftverkehrsversicherung durch. Sie kann bei uns im Rahmen der Vollkaskoversicherung, in Frankreich auch in der Haftpflichtversicherung bei Sachschäden[315] vereinbart werden. In der Schweiz werden jugendliche Kraftfahrer bis zur Höhe von 300 Fr und in England bis zu £ 25 an sämtlichen Haftpflichtschäden beteiligt[316].

Es bleibt zu erörtern, ob der von der Sachversicherung *nicht gedeckte Schaden* von dem Betroffenen stets endgültig als Selbstbehalt zu tragen ist. Entgegen einem solchen Vorschlag von Tunc[317], regt von Hippel[318] eine Schadensteilung zwischen den Parteien an. Beide Vorschläge beinhalten praktikable, jedoch starre Pauschallösungen, die m. E. die Besonderheiten der verschiedenen Fallkonstellationen zu wenig berücksichtigen. Bei einer gröblichen Pflichtverletzung durch den Schädiger läßt sich eine einseitige und — auch von Tunc nicht in Abrede gestellte — spürbare Belastung des Geschädigten nicht rechtfertigen. Der Vorschlag von Hippels führt dagegen zu einem „patt", falls die Schäden beider Parteien gleich oder annähernd gleich groß sind; zudem können unsoziale Härten auftreten, wenn dem Eigentümer eines gehobenen Wagentyps von dem — im Regelfall mitgeschädigten — Eigentümer einer einfacheren Wagenklasse ein höherer Schaden als umgekehrt ersetzt werden muß.

---

[310] Vgl. *v. Hippel*, NJW 1967, 1733; ferner *Geigel*, S. 157 ff.

[311] BGH v. 23. 6. 1952, BGHZ 6, 319; BGH v. 20. 1. 1954, BGHZ 12, 124. Die Betriebsgefahr wird sogar auf den Schmerzensgeldanspruch des verletzten Kraftfahrers angerechnet; ablehnend insoweit *Larenz* II, § 71 IV, S. 497 Fußn. 2.

[312] Vgl. *Tunc*, S. 58 f.

[313] Wer sich auch gegen kleinere Schäden schützen möchte, mag freiwillig gegen entsprechend hohe Prämien eine Vollkaskoversicherung abschließen.

[314] Vgl. *Manes*, Versicherungslexikon, Stichwort „Franchise", S. 586.

[315] s. o. 1. Hauptteil B.I.2.

[316] Vgl. *Brugger*, VW 1967, 208; Bericht, VW 1967, 608.

[317] s. o. 1. Hauptteil B.II.2.c).

[318] s. o. 1. Hauptteil C.II.6.c)cc).

Es ist m. E. gerechter, bei einem nachweisbar groben Sorgfaltsverstoß dem Geschädigten das Recht vorzubehalten, seinen Restschaden gegenüber dem Schädiger geltend machen zu können. Diese Lösung steht in Einklang mit den oben entwickelten Grundsätzen zur Bedeutung des Schuldelements in einem modernen Entschädigungssystem[319]. Die Vernachlässigung leichten Verschuldens wiegt dabei weniger schwer, weil bei dieser Haftungsform gegenwärtig ohnehin die mitwirkende Betriebsgefahr stärker ins Gewicht fällt[320]. Da relativ kleine Schadensbeträge zur Diskussion stehen, kann auf einen obligatorischen Haftpflichtschutz verzichtet werden. Die unerfreulichen Begleiterscheinungen der Regulierung von Bagatellschäden[321] treffen deshalb nicht den Versicherer. Außerdem tritt der Präventionsgedanke wieder stärker in den Vordergrund.

γ) Falls aus Prämiengründen weitere Leistungsbeschränkungen notwendig sind, könnte ein Verzicht auf den Ersatz entgangener Gebrauchsvorteile[322] und des merkantilen Minderwerts[323] erwogen werden. Beide Schadensposten sind hinsichtlich ihrer Voraussetzungen und ihres Umfangs noch immer umstritten[324]. Sie berechtigen auch in der Vollkaskoversicherung nicht zu Ersatzleistungen[325]. Besonders die Anerkennung eines „Sachschmerzensgeldes" für Nutzungsverluste, die der Geschädigte nicht durch Beschaffung eines Ersatzwagens konkretisiert hat, förderte auch in anderen Bereichen haftungsausweitende Tendenzen, die von der Lehre zu Recht kritisch beobachtet werden[326].

3. Organisation der Versicherung

Die vorgeschlagene Unfall- und Sachversicherung kann entweder in Form der Privatversicherung oder in Form einer öffentlich-rechtlich organisierten Versicherung betrieben werden. Die Reformmodelle folgen beiden Lösungsmöglichkeiten. Während sich der Saskatchewan Plan[327] und Krebs[328] für eine öffentlich-rechtliche Organisationsform entschei-

---

319 s. o. 2. Hauptteil C.II.1.a)cc)α).

320 Bei grobem Verschulden kann dagegen die mitwirkende Betriebsgefahr des Geschädigten völlig zurücktreten, vgl. OLG Nürnberg v. 22. 4. 1959, VersR 1960, 574; OLG Karlsruhe v. 28. 4. 1961, VersR 1961, 566.

321 s. o. 2. Hauptteil C.II.2.b)aa).

322 s. o. 1. Hauptteil C.I.1.

323 s. o. 1. Hauptteil C.I.1.

324 s. o. 1. Hauptteil C.I.1; ferner *Larenz*, Festschrift, S. 489; *Boetticher*, Schadensersatz für entgangene Gebrauchsvorteile, VersR 1966, 301 ff.

325 Vgl. § 13 Abs. 6 AKB; *Stiefel-Wussow*, § 13 A. 17.

326 Vgl. *A. Heldrich*, NJW 1967, 1737 ff.; ferner *Larenz*, Festschrift, S. 489 ff. (491).

327 s. o. 1. Hauptteil A.II.4.d).

328 Das gilt allerdings ausdrücklich nur für den Alternativplan von Krebs, während im übrigen die Organisationsfrage offenbleibt, s. o. 1. Hauptteil C.II.6.a).

den, soll nach den Plänen von Ehrenzweig[329], Green[330], Keeton und O'Connell[331], Tunc[332] und des Ontario Plans[333] die Form der Privatversicherung beibehalten werden. Die Vorschläge von Marx[334], des Columbia Komitees[335], von Morris und Paul[336] sowie von Hippel[337] lassen die Organisationsfrage offen. Die unterschiedlichen Lösungen widerlegen die Befürchtung, eine Grundsatzreform müsse notwendigerweise zu einer Sozialisierung der Kraftverkehrsversicherung führen[338]. Bereits in der sozialen Unfallversicherung ist eine Sozialisierung keine zwingende Konsequenz ihrer inneren Struktur. So werden die Aufgaben der sozialen Unfallversicherung in fast allen nordamerikanischen Bundesstaaten von der privaten Versicherungswirtschaft erfüllt[339].

Für eine öffentlich-rechtliche Organisationsform sprechen allerdings auf den ersten Blick gewichtige Gründe: Die Fälle der Anonymschäden und Nichtversicherung stellen keine Sonderprobleme, wenn der Dekkungsschutz kraft Gesetzes garantiert ist und nur ein einziger Versicherungsträger den Schaden ersetzt. Außerdem bedarf es keiner Regelung für die Schadensabwicklung aus Kollisionsunfällen zwischen zwei oder mehr versicherten Kraftfahrzeugen[340]. Hier kann zweifelhaft sein, welcher Versicherer ersatzpflichtig ist und ob gegebenenfalls der entstandene Schaden zwischen den Versicherern aufgeteilt werden sollte.

Diese Schwierigkeiten sind indes nicht unüberwindbar[341]. Zunächst könnte der in § 12 PflichtVersG vorgesehene Entschädigungsfonds in modifizierter Form beibehalten werden. Dieser Fonds könnte wie die Kraftverkehrsversicherung zur Zahlung von Entschädigungsleistungen verpflichtet werden, wenn ein Verkehrsteilnehmer durch unbekannte oder durch nicht versicherte Personen einen Unfallschaden erleidet. Ferner könnte bei Kollisionsunfällen bestimmt werden, daß jeder Versicherer für die Schäden seines eigenen Versicherungsnehmers und dessen Insassen einzustehen hat. Falls durch die Kollision auch dritte, nichtmotorisierte Verkehrsteilnehmer geschädigt werden, könnten die be-

[329] s. o. 1. Hauptteil A.II.5.e).

[330] s. o. 1. Hauptteil A.II.6.d).

[331] s. o. 1. Hauptteil A.II.9.e).

[332] s. o. 1. Hauptteil B.II.2.e).

[333] s. o. 1. Hauptteil A.II.8.e).

[334] s. o. 1. Hauptteil A.II.2.d).

[335] s. o. 1. Hauptteil A.II.3.d).

[336] s. o. 1. Hauptteil A.II.7.d).

[337] s. o. 1. Hauptteil C.II.6.c)ff).

[338] Vgl. *Hauss*, VersWiss 1967, 151 ff.

[339] Nur in sieben Staaten der Union wird die Versicherung staatlich betrieben, vgl. *Marx*, 42 A.B.A.J. 481 (1956).

[340] Vgl. *v. Hippel*, NJW 1967, 1735.

[341] Vgl., auch zum folgenden, *Bosonnet*, S. 96.

teiligten Versicherer als Gesamtschuldner haften[342]. Im Innenverhältnis zwischen den Versicherern könnte ein Schadensausgleich stattfinden, der sich nach der Stärke der Fahrzeuge zu richten hätte.

In einer freiheitlich verfaßten Wirtschaftsordnung sollte ein Wirtschaftszweig erst dann von der öffentlichen Hand betrieben werden, wenn eine zweck- und ordnungsgemäße Erfüllung der Aufgaben durch die Privatwirtschaft nicht gewährleistet ist[343]. Ein solcher Nachweis ist bei der Kraftverkehrsversicherung bisher nicht erbracht worden. Wegen fehlender Untersuchungen läßt sich noch kein zuverlässiges Bild darüber gewinnen, ob eine öffentlich-rechtliche Versicherung durch Einsparung von Verwaltungskosten eine höhere Leistungsfähigkeit als eine Privatversicherung erreichen kann[344]. Die Unzulänglichkeiten bei der bisherigen Schadensabwicklung sind weitgehend systembedingt, während die Organisationsform nur eine sekundäre Bedeutung besitzt. Da sich der Staat durch eine strenge Versicherungsaufsicht[345], eine Kontrolle der Versicherungsbedingungen[346] und der Preispolitik[347] eine starke Einflußnahme gesichert hat, ferner eine ausreichende Liquidität der Versicherer vorhanden ist[348] und die Versicherer einem Kontrahierungszwang[349] unterliegen, ist die Allgemeinheit ohnehin vor den Nachteilen einer privatwirtschaftlichen Organisationsform geschützt. Auch bei einem Systemwechsel sollten deshalb die privaten Versicherungsunternehmen Träger der Kraftverkehrsversicherung bleiben[350].

D. Zusammenfassung und Vorschlag

Die vorliegende Untersuchung ist zu dem Ergebnis gelangt, daß die herkömmlichen Institutionen von Haftpflichtrecht und obligatorischer

---

[342] So auch *Keeton & O'Connell*, s. o. 1. Hauptteil A.II.9.a).

[343] Vgl. *Bosonnet*, S. 95. Vgl. auch die Bestimmungen in deutschen Gemeindeordnungen, wonach die Gemeinden nur dann wirtschaftliche Unternehmen betreiben dürfen, wenn ein dringender öffentlicher Zweck das Unternehmen erfordert und dieser Zweck durch andere Unternehmen *nicht besser und wirtschaftlicher* erfüllt werden kann (vgl. § 69 der Gemeindeordnung von Nordrhein-Westfalen).

[344] Ablehnend *Schneider*, S. 193 m. w. N.

[345] Vgl. Gesetz über die Beaufsichtigung der privaten Versicherungsunternehmungen und Bausparkassen vom 6. 6. 1931 RGBl. I, 315.

[346] Die Versicherungsbedingungen sind nach § 4 Abs. 1 S. 1 PflichtVersG genehmigungspflichtig.

[347] Der Gewinn der Kfz-Versicherer darf 4 % nicht überschreiten. Überschüsse sind an die Versicherungsnehmer zurückzuzahlen, vgl. Bericht, ADAC Motorwelt Nr. 7 (1967), S. 63.

[348] s. o. 2. Hauptteil C.II.1.a)bb)γ).

[349] Vgl. § 5 PflichtVersG.

[350] Im Ergebnis ebenso: *Tunc*, Droit Social 1967, 87 f.; *Bosonnet*, S. 95 ff.

Haftpflichtversicherung weder einen sozial angemessenen Ausgleich von Verkehrsschäden, eine wirkungsvolle Gefahrenprophylaxe noch eine zweckmäßige Schadensregulierung ermöglichen. Das „Zeitalter des Verkehrs" verlangt, die Verkehrsopfer gegen die Folgen der ständig zunehmenden Unfälle möglichst lückenlos zu sichern, die Entschädigungstechnik zu rationalisieren und gleichwohl dem Gedanken individueller Verantwortung hinreichende Geltung zu verschaffen. Zu diesem Zweck erscheint eine Grundsatzreform erforderlich, die die im geltenden Entschädigungssystem sichtbar werdenden Entwicklungstendenzen konsequent zu einem neuen System des Schadensausgleichs bei Verkehrsunfällen vollendet.

Solche Tendenzen zeichnen sich bereits bei der Kfz-Haftpflichtversicherung ab, deren Funktion einen tiefgreifenden Wandel erfahren hat. Ursprünglich als Versicherung im Interesse des haftpflichtigen Halters konzipiert, dient sie heute nach zahlreichen Eingriffen des Gesetzgebers vornehmlich dem Schutz des geschädigten Verkehrsteilnehmers. Das Haftpflichtrecht ist infolge der Verknüpfung der obligatorischen Halterversicherung weitgehend von dem Prinzip der individuellen Verantwortung abgerückt und zu einem Hilfsmittel zur Bestimmung der Versicherungsleistungen geworden. Gegenüber der dominierenden Funktion des Schadensausgleichs spielen Sanktions- und Präventionsfunktionen eine untergeordnete Rolle. Indes vermag das Schadensersatzrecht auch die ihm zugedachte Aufgabe der Kompensation von Verkehrsschäden nur unzureichend zu erfüllen, da es trotz strengerer Haftungsregeln noch stark von subjektiven Kriterien geprägt ist und notwendigerweise versagt, wenn ein Verkehrsteilnehmer ohne Beteiligung anderer Personen einen Unfall erleidet.

Eine Reform, die sich mit einer „akzessorischen Haftungsersetzung" begnügt, vermöchte diese Lücken im Opferschutz allerdings nicht zu schließen, da die Versicherungsleistungen weiterhin von einem begründeten Haftpflichtanspruch abhängen würden. Zudem hat der Gesetzgeber inzwischen dem Hauptanliegen dieser Reformpläne entsprochen und dem Geschädigten ein eigenes Recht gegen den Versicherer eingeräumt. Deshalb sollte eine umfassendere Reform angestrebt werden, bei der das Haftpflichtrecht und die Haftpflichtversicherung als Mittel der Schadensverteilung durch eine obligatorische Unfall- und Sachversicherung ersetzt werden. Der Übergang zu einer „verdrängenden" Versicherungslösung, den der deutsche Gesetzgeber für die Regulierung von Arbeitsunfällen bereits im vergangenen Jahrhundert mit Erfolg vollzogen hat, gewährleistet einen lückenlosen Schutz aller Verkehrsteilnehmer vor den Folgen von Straßenverkehrsunfällen. Bei einem Systemwechsel werden die Verkehrsopfer auch dann entschädigt, wenn der Unfall auf ein unabwendbares Ereignis zurückzuführen ist. Außerdem sind der Fahrer, seine Angehörigen und andere Insassen in gleicher Weise ersatzberechtigt wie außenstehende Dritte. Die Schadensabwicklung wird vereinfacht, beschleunigt und verbilligt, da die Unfallopfer grundsätzlich ohne Rücksicht auf Schuld oder Nichtschuld entschädigt werden.

Kurz zusammengefaßt könnte der *Reformplan* folgende Gestalt erhalten:

Die Versicherung gewährt Leistungen, wenn bei dem Betrieb eines Kraftfahrzeugs ein Unfall eingetreten ist, der einen Personen- oder Sachschaden verursacht hat. Bei einer Kollision von zwei oder mehr Fahrzeugen deckt jeder Versicherer die Schäden seines Versicherungsnehmers und der mitversicherten Personen. Für die Schäden nicht motorisierter Verkehrsteilnehmer haften alle Versicherer solidarisch. Im Innenverhältnis sind sie entsprechend der Stärke der versicherten Fahrzeuge zum Schadensausgleich verpflichtet.

Die Versicherungsleistungen umfassen grundsätzlich den vollständigen Ersatz aller Schäden, die bei der Verletzung oder Tötung eines Menschen bzw. der Beschädigung oder Zerstörung einer Sache entstehen.

Bei Personenschäden werden Einkommensverluste oberhalb einer hoch anzusetzenden Grenze nicht ersetzt. Anspruch auf Schmerzensgeld besteht — zumindest für eine Übergangszeit — nur, wenn und soweit die Leistung einer Entschädigung wegen der besonderen Schwere der Verletzung zur Vermeidung einer groben Unbilligkeit erforderlich ist.

Die Sachversicherung deckt nicht die Risiken der Teilkaskoversicherung. Bei Fahrzeugschäden wird eine Selbstbeteiligung von x %, mindestens aber x DM eingeführt. Der ungedeckte Schaden kann bei grober Fahrlässigkeit von dem Schädiger persönlich ersetzt verlangt werden. Falls weitere Kostensenkungen erforderlich sind, kann auf den Ersatz entgangener Gebrauchsvorteile und des merkantilen Minderwerts verzichtet werden.

Der Geschädigte muß eine angemessene Kürzung seiner Versicherungsansprüche hinnehmen, falls ihn ein schweres Selbstverschulden trifft. Der Versicherer besitzt hinsichtlich seiner Aufwendungen in angemessener Höhe ein nicht versicherbares Regreßrecht gegen den Schädiger, falls dieser grob fahrlässig gehandelt hat.

Bei Leistungen der Kraftverkehrsversicherung entfällt eine Entschädigungspflicht der Sozialversicherung. Eine Inanspruchnahme des Schädigers nach Haftpflichtrecht ist vorbehaltlich der oben erwähnten Einschränkung ausgeschlossen.

Die Versicherungsprämien sind von dem Halter des Kraftfahrzeugs aufzubringen. Die Höhe der Prämien bemißt sich nach dem Schadensverlauf. Bei unfallfreiem Fahren werden Rabatte gewährt. Häufige Unfälle berechtigen den Versicherer zur Erhebung von Prämienzuschlägen, wenn es dem Versicherungsnehmer nicht gelingt, seine oder des Fahrers Schuldlosigkeit nachzuweisen.

Die Versicherung wird wie bisher in Form der Privatversicherung betrieben.

Literaturverzeichnis

Aebi, Hans Kaspar: Der Begriff des Verschuldens im Privatrecht und im Strafrecht, Diss. Winterthur 1957

— Amtliche Begründung zum Gesetz über die Einführung der Pflichtversicherung für Kraftfahrzeughalter und zur Änderung des Gesetzes über den Verkehr mit Kraftfahrzeugen sowie des Gesetzes über den Versicherungsvertrag vom 7. November 1939, DJ 1939, 1771

Artmaier, Edwin G.: Die Haftung des Kraftfahrzeugeigentümers in den USA, Diss. München 1966

Ballantine, Arthur A.: A Compensation Plan for Railway Accident Claims, 29 Harv.L.R. 705 (1916)

Bedour, Jean: Précis des accidents d'automobile, 3. Aufl., Paris 1955

— Pour un droit spécial aux accidents de la circulation routière, Paris 1968

Besson, André: Les conditions générales de l'assurance de responsabilité automobile obligatoire, Paris 1960

Blaevoet, Ch.: Nouvelle orientation de notre système de responsabilité civile, D. 1966. chr. 113

Bloembergen, A. R.: Auf dem Wege zur Abschaffung der Haftpflicht bei Verkehrsunfällen? DRiZ 1968, 34

Blum, Walter J. — *Kalven,* Harry, Jr.: Public Law Perspectives on a Private Law Problem, Boston 1965

Bodes, Ludwig: Geschäftsergebnisse 1960—1964 der privaten deutschen Versicherungsunternehmen in der Feuer-, Einbruch-, Wasser-, Glas-, Sturm-, Unfall-, Haftpflicht- und Kraftverkehrsversicherung, Köln 1965

Bosonnet, Gaston: Haftpflicht- oder Unfallversicherung? Ersatz der Haftpflicht des Motorfahrzeughalters durch eine generelle Unfallversicherung der Verkehrsopfer (Zürcher Beiträge zur Rechtswissenschaft, N.F., Heft 256), Diss. Zürich 1965

Bötticher, Eduard: Die Einschränkung des Ersatzes immateriellen Schadens und der Genugtungsanspruch wegen Persönlichkeitsminderung, MDR 1963, 353

Boettinger, Karl: Der Versicherungsfall in der allgemeinen Haftpflichtversicherung nach deutschem und ausländischen Rechten sowie die zeitliche Geltungsdauer des Versicherungsschutzes nach § 1 AHB, in: Rechtsfragen aus der Privat- und Sozialversicherung, S. 1, Berlin 1953
(zit.: Versicherungsfall)

— Überwindung der Haftpflichtversicherung? VersR 1952, 306

— Gestaltung des Rechts der Haftpflicht im Verkehr, VersR 1952, 410

Bott, Burchard: Der Schutz des Unfallgeschädigten durch die Kraftfahrzeug-Pflichtversicherung rechtsvergleichend nach deutschem, schweizerischem, französischem und englischem Recht (Veröffentlichungen des Seminars für Versicherungswissenschaft der Universität Hamburg und des versicherungswissenschaftlichen Vereins in Hamburg e.V., N.F., Heft 24), Karlsruhe 1964

Brédin, Jean-Denis — *Brissac,* Georges — *Drouillat,* René — *Dupeyroux,* Jean-Jacques — *Gentile,* François — *Givord,* François — *Lebret,* Jacques — *Marty,* Gabriel — *Mehl,* Lucien — *Michel,* Clément — *Raynaud,* Pierre — *Tunc,* André — *Le Barreau de Paris:* Le „Projet Tunc" et la réforme du droit des droit des accidents de la circulation, Droit Social 1967, 66 ff., Numéro spécial

Der Neue Brockhaus: Allbuch in 5 Bänden und 1 Atlas, 3. Aufl., Wiesbaden 1965

Bruck, Ernst — *Möller,* Hans: Kommentar zum Versicherungsvertragsgesetz, Band. 1, 8. Aufl., Berlin 1961
(zit.: Bruck - Möller)

Brugger, Werner: Die Struktur des Kraftfahrt-Versicherungstarifes, VW 1967, 204

Bundesaufsichtsamt: Globalstatistiken des Bundesaufsichtsamtes, Neumanns Jahrbuch der Deutschen Versicherungswirtschaft 1965/66, Teil II, Karlsruhe 1966
(zit.: Bundesaufsichtsamt)

Bundesministerium für Arbeit und Sozialordnung: Die gesetzliche Krankenversicherung im Jahre 1963, Statistischer und finanzieller Bericht, Bonn 1966

Bundesministerium für Justiz: Referentenentwurf eines Gesetzes zur Änderung und Ergänzung schadensersatzrechtlicher Vorschriften, Bd. 1 (Wortlaut), Bd. 2 (Begründung), Bonn 1967
(zit.: Entwurf 1967)

Burchard, Johann: Verhandlungen des 26. DJT, Bd. 3, S. 195, Berlin 1902

Bussy, André: La loi fédérale sur la circulation doit-elle être réviseé? ZSR 1949, 77a

von Caemmerer, Ernst: Wandlungen des Deliktsrechts, in: Hundert Jahre Deutsches Rechtsleben, Festschrift zum hundertjährigen Bestehen des Deutschen Juristentages 1860—1960, Bd. 2, S. 49, Karlsruhe 1960

California Judicial Council: Eighteenth Biennial Report, Part I. Automobile Accident Litigation, 1961

California State Bar, Report of Committee on Personal Injury Claims, 40 J.S.B. Cal. 148 (1965)
(zit.: Committee on Personal Injury Claims)

Carman, Ernest C.: Is a Motor Vehicle Accident Compensation Act Advisable? 4 Minn. L.R. 1 (1919)

de Casterlé, J. L. Dierckx: Le „projet Tunc" par J. Fonteyne, J.T. 1966, 418

— L'article 1382 du Code Civil et les accidents de la circulation, J.T. 1965, 573

Colin, Ambroise — *Capitant,* Henry: Traité de droit civile, wiederbegründet von Julliot de la Morandière, Bd. II, Paris 1959

Columbia University Council for Research in the Social Sciences: Report by the Committee to Study Compensation for Automobile Accidents, Philadelphia 1932
(zit.: Columbia Report)

Conard, Alfred F. — *Morgan,* James N. — *Pratt,* Robert W., Jr. — *Voltz,* Charles E. — *Bombaugh,* Robert L.: Automobile Accidents Costs and Payments —Studies in the Economics of Injury Reparation, Ann Arbor, Mich. 1964
(zit.: Conard u. a.)

Dahan, Moïse: L'Assurance automobile, in: L'automobile en droit privé, S. 375, Paris 1965

Dalcq, Roger: L'article 1382 du Code civil et les accidents de la circulation, J.T. 1965, 497

Deutsch, Erwin: Fahrlässigkeit und erforderliche Sorgfalt. Eine privatrechtliche Untersuchung. Köln, Berlin, Bonn, München 1963

— Abschied von der culpa in concreto? JuS 1967, 496

— Grundmechanismen der Haftung nach deutschem Recht, JZ 1968, 721

Eger, Alfred: Verhandlungen des 26. DJT, Bd. 3, S. 163 ff., S. 202 ff., Berlin 1902

Ehrenzweig, Albert: Deutsches (österreichisches) Versicherungsvertragsrecht, Wien 1952

— Zurück zum alten deutschen Gesetz über den Versicherungsvertrag, ÖJZ 1950, 247

Ehrenzweig, Albert A.: Adjustment of Automobile Losses, Berkeley 1957

— Ersatzrecht-Versicherung. Ein Beitrag zur Überwindung der Haftpflichtversicherung im Kraftfahrrecht, in: Internationales Versicherungsrecht, Festschrift für Albert Ehrenzweig, S. 9, Karlsruhe 1955
(zit.: Ersatzrecht-Versicherung)

— „Full Aid" Insurance for the Traffic Victim-A Voluntary Compensation Plan, Berkeley und Los Angeles 1954

— „Full Aid" Insurance for the Traffic Victim — A Volutary Compensation Plan, 43 Cal.L.R. 1 (1955)

— Haftungsordnung und Haftpflichtversicherung, VW 1952, 254

— Negligence Without Fault—Trends Toward an Enterprise Liability for Insurable Loss, Berkeley und Los Angeles 1951
(zit.: Negligence Without Fault)

Enneccerus, Ludwig — *Lehmann,* Heinrich: Recht der Schuldverhältnisse, Ein Lehrbuch, 15. Aufl., Tübingen 1954
(zit.: Enneccerus - Lehmann)

Erman, Walter: Handkommentar zum Bürgerlichen Gesetzbuch, 4. Aufl., Münster 1967

Esmein, Paul: Un plan américain d'indemnisation des victimes d'accidents d'automobile, J.C.P. 1955. I. 1253

Esser, Josef: Schuldrecht. Allgemeiner und Besonderer Teil. Ein Lehrbuch, 2. Aufl., Karlsruhe 1960

— Die Verantwortlichkeit des Verletzten für mitwirkendes Verschulden seiner Hilfspersonen, JZ 1952, 257

— Die Zweispurigkeit unseres Haftpflichtrechts, JZ 1953, 129

— Grundfragen der Reform des Schadensersatzrechts, AcP 148 (1943) 121

Esser, Josef: Grundlagen und Entwicklung der Gefährdungshaftung, München und Berlin 1941
(zit.: Grundlagen 1941)

— Grundsatz und Norm in der richterlichen Fortbildung des Privatrechts, Tübingen 1956
(zit.: Grundsatz und Norm)

Europäisches Abkommen über die obligatorische Automobilhaftpflichtversicherung, Dokument 560 der Beratenden Versammlung des Europarats

Fleischmann, Rudolf: Zur Weiterentwicklung des Rechts der Pflichtversicherung für Kraftfahrzeughalter, in: Rechtsfragen der Individualversicherung, Festgabe für Erich R. Prölss, S. 71, Karlsruhe 1957

Fochler-Hauke, Gustav: Der Fischer Weltalmanach 1967, Frankfurt und Hamburg 1967

Fonteyne, Jean: Le „projet Tunc", Rev. gén. des ass. et resp., Mai 1966

Franklin, Marc A.: Replacing the Negligence Lottery; Compensation and Selective Reimbursement, 53 Virginia Law Review 774 (1967)

Friedmann, Wolfgang: Social Insurance and the Principles of Tort Liability, 63 Harv. L.R. 241 (1949)

Gaudemet-Tallon, Hélène: La responsabilité de l'automobiliste et du piéton dans les accidents de la circulation, in: L'automobile en droit privé, S. 199, Paris 1965

Geigel, Reinhart und Robert: Der Haftpflichtprozeß mit Einschluß des materiellen Haftpflichtrechts, 13. Aufl., München und Berlin 1967
(zit.: Geigel)

von Gierke, Julius: Versicherungsrecht, Stuttgart 1937 und 1947

Giese, Herbert: „Dommages — intérêts", Schaden und Schadensersatz im französischen Recht, Diss. Münster 1967

Gilliard, François: Vers l'unification du droit de la responsabilité, ZSR 1967 II, 193

Gmür, Max: Die Haftpflicht der Automobile, ZBJV 44 (1908), 10 ff., 62 ff., 113 ff.

Gotzen, Ottfried — *Doetsch*, Werner: Kommentar zur Unfallversicherung nach dem Unfallversicherung-Neuregelungs-Gesetz v. 30. April 1963, Darmstadt 1963
(zit.: Gotzen - Doetsch)

Grad, Frank P.: Recent Developments in Automobile Accident Compensation, 50 Col. L.R. 300 (1950)

Green, John: Automobile Accident Insurance Legislation in the Province of Saskatchewan, 31 J. Comp. L. & Int. L. 39 (1949)

— The Automobile Accident Insurance Act of Saskatchewan, 2 Chitty's Law Journal 38 (1952)

Green, Leon: Traffic Victims—Tort Law and Insurance, Evanston, Ill. 1958

Grewing, Heinrich: Zur Problematik des § 181 VVG, VW 1967, 718

Grossfeld, Bernhard: Die Privatstrafe. Ein Beitrag zum Schutz des allgemeinen Persönlichkeitsrechts (Arbeiten zur Rechtsvergleichung, Heft 9), Frankfurt und Berlin 1961

Hagen, Otto: Neue Wege in der Kraftfahrzeughaftpflichtversicherung, Berlin 1938

Hannak, Karl: Die Verteilung der Schäden aus gefährlicher Kraft, Grundsätze einer Schadensordnung für die Gefahren der modernen Technik, Tübingen 1960
(zit.: Verteilung)

— Probleme der Haftungsersetzung durch Versicherung, VersRundschau 1960, 144

Harper, Fowler V. — *James*, Fleming, Jr.: The Law of Torts, Volume 2, Boston 1956

Hauss, Fritz: Der Haftpflichtschutz des Kraftfahrzeugsinsassen in der neueren Rechtsprechung, in: Festschrift für Philipp Möhring, S. 345, München und Berlin 1965
(zit.: Festschrift)

— Entwicklungslinien des deutschen Schadensersatzrechts, VersWiss 1967, 151

Hazard, John N.: Personal Injury and Soviet Socialism, 65 Harv. L.R. 545 (1952)

Heimbücher, Bruno: 100 Fragen zur Kraftverkehrsversicherung, Der Junior 1967, 53

Heldrich, Andreas: Die allgemeinen Rechtsgrundsätze der außervertraglichen Schadenshaftung im Bereich der Europäischen Wirtschaftsgemeinschaft (Arbeiten zur Rechtsvergleichung, Heft 10), Frankfurt und Berlin 1961

— Vergeudung von Freizeit als Vermögensschaden? NJW 1967, 1737

Heldrich, Karl: Das gesetzliche Pfandrecht des Geschädigten bei der Kfz-Haftpflichtversicherung, DJ 1939, 777

Hilse, Karl: Gutachten über die Frage: Empfiehlt sich und in welchem Umfange die Ausdehnung der Haftpflicht auf Fahrzeuge, welche unabhängig von Schienensträngen auf öffentlichen Straßen durch elementare Kraft bewegt werden? 26. DJT, Bd. 1, S. 27, Berlin 1902

von Hippel, Eike: Schadensausgleich bei Verkehrsunfällen. Haftungsersetzung durch Versicherungsschutz. Eine rechtsvergleichende Untersuchung, Berlin und Tübingen 1968

— Schadensausgleich bei Verkehrsunfällen — Umrisse eines neuen Systems, NJW 1967, 1729

— Die Haftung bei Gefälligkeitsfahrten. Zugleich ein Beitrag zur Bedeutung des Versicherungsgedankens für das Schadensrecht, in: Festschrift für Fritz von Hippel, S. 233, Tübingen 1967
(zit.: Festschrift)

— Gefahrerhöhung und Versicherungsschutz in der Kraftfahrzeug-Haftpflichtversicherung, NJW 1966, 129

Hofstadter, Samuel H.: A Proposed Automobile Accident Compensation Plan, 328 Annals of the American Academy of Political and Social Science 53 (1960)

Hofstadter, Samuel H. — *Pesner*, Robert: A National Compensation Plan for Automobile Accident Cases, 22 The Record of the Association of the Bar of the City of New York 615 (1967)
(zit.: Hofstadter & Pesner)

Holscher, Helmut: Autofahrer sind bessere Fußgänger. Untersuchungen in Amerika, Die Zeit, Nr. 41 v. 13. 10. 1967, S. 47

Huss, Alphonse: Aspects du Droit et de la Justice face à l'accélération contemporaine du progrès technique. Pasicrisie Luxembourgeoise 1967, 33

Isaac: Empfiehlt sich eine zusammenfassende Neuregelung der Haftpflichtgrundsätze für Eisenbahn, Straßenbahn, Kraftfahrzeuge und Luftfahrzeuge? 35. DJT, Bd. 2, S. 201, Berlin 1928

Isele, Hellmut Georg: Empfiehlt es sich, die Haftung des Arbeitsnehmers gegenüber dem Arbeitgeber abweichend vom Schuldrecht des BGB zu regeln? NJW 1964, 1441

James, Fleming, Jr.: The Columbia Study of Compensation for Automobile Accidents: An Unanswered Challenge, 59 Col. L.R. 408 (1959)

— Book Review, 43 Cal. L.R. 559 (1955)

James, Fleming, Jr. — *Law*, Stuart: Compensation for Auto Accident Victims: A Story of Too Little and Too Late, 26 Conn. B.J. 70 (1952)

Jannott, Kurt: Der soziale Gedanke in der Haftpflichtversicherung, Jena 1941 (zit.: Der soziale Gedanke)

— Zur Vervollkommnung der Haftpflichtversicherung, Berlin 1940 (zit.: Zur Vervollkommnung)

Kalven, Harry, Jr.: Book Review, 26 U.Chi.L.R. 679 (1959)

— Book Review, 33 Texas L.R. 778 (1955)

Kämmer, Reinhard: Bemühungen um eine Verbesserung des Systems der Entschädigung von Unfallopfern in England, VersR 1967, 12

— Bestrebungen der Ersetzung der gesetzlichen Kraftfahrzeug-Haftpflichtversicherung durch eine gesetzliche Unfallversicherung im anglo-amerikanischen Rechtskreis, VersWiss 1967, 169

Keeton, Robert E. — *O'Connell*, Jeffrey: Basic Protection for the Traffic Victim — A Blueprint for Reforming Automobile Insurance, Boston und Toronto 1965
(zit.: Keeton & O'Connell)

Kemmer, Heinz-Günter: Die vom Unfall leben, Die Zeit, Nr. 14 v. 5. 4. 1968, S. 33

Kluwin, John A.: Analysis of Critism of the Fault System, Insurance Law Journal 389 (1967)

Köhler, Hanns: Haftpflicht- oder Unfallversicherung? VW 1966, 254

— Die Automobilversicherung in den Vereinigten Staaten von Nordamerika, VW 1966, 907 ff., 983 ff.

Koenigs, Folkmar: Zur Haftung der Eisenbahnen und des Kraftverkehrs für Personenschäden, IAV 1951, 394

Koenigs, Gustav: Die Haftung des Kraftfahrzeughalters, ZAkDR 1937, 620

Krebs, Th.: Das Recht der Haftpflicht im Verkehr, DAR 1951, 197

— Gestaltung des Rechts der Haftpflicht im Verkehr, VersR 1952, 409

Lambert, Thomas F., Jr.: In Defense of the Civil Jury, Insurance Law Journal 168 (1964)

Larenz, Karl: Lehrbuch des Schuldrechts, Bd. 1 (Allgemeiner Teil) und Bd. 2 (Besonderer Teil), 8. Aufl., München und Berlin 1967

Larenz, Karl: Der Vermögensbegriff im Schadensersatzrecht, Festschrift für H. C. Nipperdey zum 70. Geburtstag, Bd. 1 S. 489, München und Berlin 1965 (zit.: Festschrift)

— Präventionsprinzip und Ausgleichsprinzip im Schadensersatzrecht (Zum Urteil des BAG im Metallarbeiterstreik), NJW 1959, 865

Lebeau, Henry: S.O.S.-Barreau, J.T. 1966, 253

Lieberwirth, Ralf: Das Schmerzensgeld. Systematische Darstellung und Entscheidungssammlung. 3. Aufl., Heidelberg 1965

Linden, Allen M.: Automobile Accident Compensation in Ontario — A System in Transition, 15 A.J.Comp.L. 301 (1966/67)

Lintz, Bodo: Die Zwangshaftpflichtversicherung für Kraftfahrzeuge und ihre Gestaltung, NZ 1935, 849

Malone, Wex S.: Damage Suits and the Contagious Principle of Workmen's Compensation, 12 Louis.L.R. 231 (1952)

Manes, Alfred: Versicherungslexikon. Ein Nachschlagewerk für alle Wissensgebiete der gesamten Individual- und Sozial-Versicherung, 3. Aufl., Berlin 1930

Marschall von Bieberstein, Wolfgang Freiherr: Reflexschäden und Regreßrechte, Stuttgart, Berlin, Köln, Mainz 1967

— Haftungsbefreiung im dreispurigen Schadensausgleich, VersR 1968, 509

Marton, Géza: Versuch eines einheitlichen Systems der zivilrechtlichen Haftung, AcP 162 (1963) 1

Marty, Gabriel: La responsabilité en question, Rev. droit cont. 1966, 79

Marx, Robert S.: "Motorism", not "Pedestrianism": Compensation for the Automobile's Victims, 42 A.B.A.J. 421 ff., 477 ff. (1956)

— Compulsory Automobile Insurance, 11 A.B.A.J. 731 (1925)

— The Curse of Personal Injury Suit and a Remedy, 10 A.B.A.J. 493 (1924)

Mayer-Maly, Theo: Die Wiederkehr der culpa levissima, Diagnosen und Reflexionen zur Lehre von den Fahrlässigkeitsstufen, AcP 163 (1964) 114

Mazeaud, Henry et Léon — *Tunc,* André: Traité théorique et pratique de la responsabilité civile délictuelle et contractuelle, 5. Aufl., Bd. I und II, Paris 1957 und 1958
(zit.: Mazeaud - Tunc)

Mehr, Robert — *Cammack,* Emerson: Principles of Insurance, 3. Aufl., Homewood, Ill. 1961
(zit.: Mehr & Cammack)

Mertens, Hans-Joachim: Der Begriff des Vermögensschadens im Bürgerlichen Recht, Stuttgart, Berlin, Köln, Mainz 1967

Möhring, Hellmuth: Grundsätzliches zur Kraftfahrzeug-Haftpflichtversicherung, RdK 1938, 279

Möller, Hans: Die Überwindung der Haftpflichtversicherung, JW 1934, 1076

— Ist es zum Schutze der versicherten Personen und der Verkehrsopfer erforderlich, die bestehenden Vorschriften über den Versicherungsschutz der Rechtsentwicklung anzupassen? DAR 1962, 313

— Kraftfahrzeugversicherung als Aufgabe national-sozialistischer Rechtserneuerung, NZ 1935, 1192

— Rechtsprobleme der Kraftfahrversicherung, DAR 1954, 250

Morris, Clarence: Book Review, 107 U.Pa.L.R. 435 (1959)

Morris, Clarence — *Paul*, James, C. N.: The Financial Impact of Automobile Accidents, 110 U.Pa.L.R. 913 (1962)
(zit.: Morris & Paul)

Motive zu dem Entwurf eines Bürgerlichen Gesetzbuches für das Deutsche Reich, Bd. 2, Recht der Schuldverhältnisse, Berlin und Leipzig 1888

Müller-Stüler, Michael: Der Direktanspruch gegen den Haftpflichtversicherer (Veröffentlichungen des Seminars für Versicherungswissenschaft der Universität Hamburg und des Versicherungswissenschaftlichen Vereins in Hamburg e. V., N. F., Heft 32), Karlsruhe 1966

Münzel, Karl: Reform des Kraftfahrzeug-Haftungsrechts, NJW 1964, 805

Muth, Wolfgang: Die Entwicklung der Kfz-Unternehmenstarife, ZfV 1966, 441

— Straßenverkehrsunfälle im Jahre 1965, ZfV 1966, 432

Nixon, Richard M.: Changing Rules of Liability in Automobile Accident Litigation, 3 Law and Contemporary Problems 476 (1936)

Oftinger, Karl: Schweizerisches Haftpflichtrecht, 1. Bd. (Allgemeiner Teil), 2. Aufl., Zürich 1958 und 2. Bd. (Besonderer Teil), 2. Hälfte, 2. Aufl., Zürich 1962

— Buchbesprechung, SJZ 1955, 79

Ontario Legislative Assembly: Final Report of the Select Committee appointed on April 5, 1960, to examine into and to report on all Matters Relating to Persons who suffer Financial Loss or Injury as a result of Motor Vehicle Acidents, March 1963
(zit.: Final Report)

Pappenheim, Max: Verhandlungen des 26. DJT, Bd. 3, S. 163 ff. und S. 202 ff., Berlin 1902

Payne, Douglas J.: Compensating the Acident Victim, 13 Curr.L.Pr. 85 (1960)

Pétermann, Pierre: L'assurance et les accidents de la circulation, J.T. (Lausanne) 1930, 300

Picard, Maurice — *Besson*, André: Les assurances terrestres en droit français, 2. Aufl., Vol. 1, Paris 1964
(zit.: Picard - Besson)

Planiol, Marcel — *Ripert*, Georges: Traité pratique du droit civil français, 2. Aufl., Bd. VI (von Paul Esmein), Paris 1952
(zit.: Planiol - Ripert)

Preiß, Erich: Eine kurze Zusammenfassung über die Geschichte und Bedeutung der Kraftverkehrs-Versicherung, ZfV 1966, 356

Prölss, Erich H.: Versicherungsvertragsgesetz, 15. Aufl., 1965 und 16. Aufl., 1967, München und Berlin

Prosser, William L.: Handbook of the Law of Torts, 3. Aufl., St. Paul, Minn. 1964

Rasehorn, Theo: Das Verkehrshaftpflichtrecht am Scheideweg, DAR 1960, 107

Reinicke, Dietrich: Verjährung von Rückgriffsforderungen, VersR 1967, 1

Reinicke, Gerhard und Dietrich: Zum Quotenvorrecht der Versicherungs- und Versorgungsträger, NJW 1954, 1103

Ripert, Georges — *Boulanger*, Jean: Traité de droit civil d'après le traité de Planiol, Bd. II, Paris 1957
(zit.: Ripert - Boulanger)

Rodière, René: Jurisprudence en matière de droit civil. Responsabilité civile, R.T. 1965, 345

Rollins, Weld A.: A Proposal to Extend the Compensation Principle to Accidents in the Streets, 4 Mass. L.Q. 392 (1919)

Rother, Werner: Haftungsbeschränkung im Schadensrecht, München und Berlin 1965

Ryan, Lewis C. — *Greene*, Bruno H.: Pedestrianism: A Strange Philosophy, 42 A.B.A.J. 117 ff., 183 ff. (1956)

Sanden, Georg: Schmerzensgeld und Haftpflichtnovelle — Diskussionsbeiträge zum Karlsruher Forum 1967 und zur Jahrestagung 1967 des Deutschen Vereins für Verkehrswissenschaft, VersR 1967, 413

Saskatchewan Government Insurance Office: Saskatchewan's Automobile Accident Insurance Act Explained, Revised 1965, Regina, Saskatchewan, Canada
(zit.: A.A.I.A. Explained)

Sauerbrey, Wolfgang: Nochmals: Zur gerechten Kraftverkehrsversicherungsprämie, VW 1967, 291

Savatier, René: Sécurité routière et responsabilité civile à propos du „Projet Tunc", D. 1967 chr. 1

— Traité de la responsabilité civile en droit français civil, administratif, professionnel, procédural, Bd. II, Paris 1951

— Vers la socialisation de la responsabilité et des risques individuels? D.H. 1931, chr. 9

Schärer, Max: Die neue Automobilhaftpflicht, ZBJV 69 (1933) 305

Schmitz-Ohlstedt, Fred: Tote im Quadrat der Geschwindigkeit, Die Zeit, Nr. 43 v. 27. 10. 1967, S. 53

Schneider, Tilman: Der Fonds de Garantie Automobile im Rahmen des Schutzes der Verkehrsopfer, Internationale Vergleichung und rechtliche Einordnung (Arbeiten zur Rechtsvergleichung, Heft 32), Frankfurt und Berlin 1967

Selb, Walter: Schadensbegriff und Regreßmethoden. Eine Studie zur Wandlung der Denkformen des Regresses bei Schuldnermehrheit mit der Veränderung des Schadensbegriffes (Heidelberger Rechtswissenschaftliche Abhandlungen, N.F., Heft 10), Heidelberg 1963

— Individualschaden und soziale Sicherung, KF 1964, 3

Senger, Rolf: Die Stellung des geschädigten Dritten in der Haftpflichtversicherung, Diss. Hamburg 1934

Sieg, Karl: Ausstrahlungen der Haftpflichtversicherung (Veröffentlichungen des Seminars für Versicherungswissenschaft der Universität Hamburg und des versicherungswissenschaftlichen Vereins in Hamburg e.V., N.F., Heft 8), Hamburg 1952
(zit.: Ausstrahlungen)

— Haftungsersetzung durch Versicherungsschutz, ZHR 113 (1950) 95

— Schadensersatz und Versorgung, JZ 1954, 337

Smith, Young B. — *Lilly*, Austin J. — *Dowling*, Noel T.: Compensation for Automobile Accidents: A Symposium, 32 Col. L.R. 785 (1932)

Starck, B.: Les rayons et les ombres d'une esquisse de loi sur les accidents de la circulation, R.T. 1966, 635

Stiefel, Ernst — *Wussow*, Werner: Kraftfahrversicherung. Kommentar zu den Allgemeinen Bedingungen für die Kraftverkehrsversicherung — AKB, 6. Aufl., München und Berlin 1966
(zit.: Stiefel - Wussow)

Stoll, Hans: Das Handeln auf eigene Gefahr, Berlin und Tübingen 1961

— Urteilsanmerkung, JZ 1964, 61

Strahl, Ivar: Tort Liability and Insurance, 3 Scand. Studies in Law 199 (1959)

Taylor, Irwin M.: Law of Insurance, Legal Almanach Series No. 37, New York 1960

The American Law Institute: Restatement of the Law of Torts, Volume II, St. Paul, Minn. 1934
(zit.: Restatement, Second, Torts)

Thees, Hans: Der Schutz des geschädigten Dritten in der Haftpflichtversicherung, DJ 1938, 935

Thode, E. Wayne: Book Review, 115 U.Pa.L.R. 138 (1966)

Thurston, Edward S.: Book Review, 43 Yale L.J. 160 (1933)

Toulemon, André — *Moore*, Jean: A propos de la responsabilité civile. Progrès ou régression? Gaz. Pal. 1965. 1. Doctr. 111

Trendel, Ludwig: Gefährdungshaftung — Zwangshaftpflichtversicherung — Reichskasse für Verkehrsunfälle, DAR 1935, 73 ff., 85 ff., 97 ff., 113 ff., 145 ff.

Tunc, André: La sécurité routière. Esquisse d'une loi sur les accidents de la circulation, Paris 1966

— A propos du projet Tunc, J.T. 1966, 451

— Pour une loi sur les accidents de la circulation, J.T. 1966, 349

— Pour une loi sur les accidents de la circulation, Rev. droit cont. 1966, 63

— Conférence faite à l'Association Etudiants de la Faculté de droit de l'université de Bruxelles, Rev. droit pénal et de crim. 1965/66, 595

— Sur un projet de loi en matière d'accidents de la circulation, R.T. 1967, 82

— Le projet de loi sur les accidents de la circulation des professeurs Keeton et O'Connell, Rev. int. dr. comp. 1966, 439

— Urteilsanmerkung, D. 1965, 405

— The Twentieth Century Development and Function of the Law of Torts in France, 14 Int. Comp. L.Q. 1089 (1965)

— La réforme du droit des accidents de la circulation: le message du Président Johnson, les projets du Président Bedour et du Professeur Street, Rev. int. dr. comp. 1968, 513

— L'indemnisation des dommages corporels subis par accident: Le rapport de la commission royale néo-zélandaise, Rev. int. dr. comp. 1968, 697

— Une vision moderne de l'assurance automobile: Le projet de l'American Insurance Association, Droit Social 1969, 137

Ussing, Henry: Evolution et transformation du droit de la responsabilité civile, Rev. int. dr. comp. 1955, 485

Ussing, Henry: The Scandinavian Law of Torts, Impact of Insurance on Tort Law, 1 A. J. Comp. L. 359 (1952)

Vogler, Oskar: Grundlagen und Grenzen der anglo-amerikanischen Gefährdungshaftung und der rule in Rylands v. Fletcher, Diss. Münster 1965

Waleffe, F.: A propos du projet Tunc, J. T. 1966, 417

Ward, Peter: Book Review, 59 Col. L. R. 545 (1959)

Weimar, Wilhelm: Die Haftung bei Unfällen, Köln 1960

Weitnauer, Hermann: Remarques sur l'évolution de la responsabilité civile délictuelle en droit allemand, Rev. int. dr. comp. 1967, 807

— Aktuelle Probleme des Rückgriffs des Versicherers gegen den Schädiger, DB 1968, 879

Wimmer, August: Unfallträchtigkeiten im Schwerpunkt der Verkehrsrechtspflege, DAR 1967, 8

Wolff, Hans J.: Verwaltungsrecht III (Ordnungs- und Leistungsrecht, Verfahrens- und Prozeßrecht). Ein Studienbuch, 1. Aufl., München und Berlin 1966
(zit.: Wolff III)

Wright, Cecil A.: The Adequacy of the Law of Torts, C.L.J. 1961, 44

— The Law of Torts: 1923—1947, 26 Can.B.Rev. 46 (1948)

Würdinger, Hans: Zwangshaftpflichtversicherung für Kraftfahrzeuge, DR 1937, 58 ff.

Wussow, Hansjoachim: Wann wird die Erfüllung des Versicherungsanspruchs in der Haftpflichtversicherung unmöglich? VersR 1959, 976

Wussow, Werner und Hansjoachim: Allgemeine Versicherungsbedingungen für Haftpflichtversicherung — AHB, Kommentar, 4. Aufl., Frankfurt 1964
(zit.: Wussow)

Yadin, Uri: Outline of an Automobile Compensation Plan for Israel, 13 A.J. Comp.L. 276 (1964)

Zweigert, Konrad — *Kötz*, Hein: Die Haftung für gefährliche Anlagen in den EWG-Ländern sowie in England und in den Vereinigten Staaten von Amerika, Tübingen 1966
(zit.: Zweigert - Kötz)

FSC
www.fsc.org
MIX
Papier | Fördert
gute Waldnutzung
FSC® C083411

Kolibri 360 GmbH
Ferdinand-Jühlke-Straße 7
99095 Erfurt, Deutschland
produktsicherheit@kolibri360.de

Druck:
CPI Druckdienstleistungen GmbH
im Auftrag der
Kolibri 360 GmbH
Ferdinand-Jühlke-Str. 7
99095 Erfurt